Albert Memmi

Der Kolonisator und der Kolonisierte



EVROPA

Die jüngsten Debatten über Postkolonialismus oder die Rückgabe von Kunstwerken aus den früheren Kolonien zeigen, dass das Trauma der Kolonialherrschaft auch nach der Erringung der politischen Unabhängigkeit auf vielen Ländern der Dritten Welt noch lastet. Nach wie vor existiert ein rassistisch oder kolonialistisch gefärbter Überlegenheitsdünkel, den die Erste Welt gegenüber den Menschen und Gesellschaften in den früheren Kolonien einnimmt.

Auf hohem literarischen Niveau und mit einem unbestechlichen, präzisen Blick für die Realität seiner Gesellschaft zeichnete der in Tunesien als Jude geborene Albert Memmi erstmals in den 1950er Jahren mit seinen beiden Porträts einen Grundtext der antikolonialen Opposition.

Adam Shatz würdigt in seinem erstmals in der *London Book Review* erschienenen Artikel das Verdienst Alberts Memmis als bedeutendster Autor der Dekolonisierung. Seine hier wieder veröffentlichte Studie habe – auch wenn sie heute gewiss anders als in der Phase des Zerfalls der großen Kolonialimperien zu lesen ist – nichts von ihrer Aktualität eingebüßt.

# Albert Memmi
# Der Kolonisator und der Kolonisierte
## Zwei Porträts

Mit einem Vorwort von Jean-Paul Sartre
und einem Nachwort zur Neuausgabe
von Adam Shatz

Europäische Verlagsanstalt

Die Übersetzung folgt der französischen Ausgabe *Portrait du colonisé précédé du Portrait du colonisateur*, die 1966 im Verlag Jean-Jacques Pauvert erschienen ist. © Albert Memmi.

Aus dem Französischen von Udo Rennert

Das Vorwort von Jean-Paul Sartre wurde dem Band: „Kolonialismus und Neokolonialismus. Sieben Essays" (S. 23–28) entnommen mit freundlicher Genehmigung © Rowohlt Taschenbuchverlag GmbH, Reinbek bei Hamburg 1968.

Bibliografische Information der Deutschen Nationalbibliothek
Die Deutsche Nationalbibliothek verzeichnet diese Publikation in der Deutschen Nationalbibliografie; detaillierte bibliografische Daten sind im Internet über http://dnb.d-nb.de abrufbar.

3. Auflage /Neuausgabe mit einem Nachwort von Adam Shatz,
erstmals veröffentlicht in London Book Review, 13. August 2020
Übersetzung Anja Lerz

Umschlagfoto: Fulvio Roiter
Umschlaggestaltung: nach Entwürfen von MetaDesign
Signet: Dorothee Wallner nach Caspar Neher »Europa« (1945)
Satz: Christian Wöhrl, Hoisdorf
Printed in Germany


ISBN 978-3-86393-107-0
Auch als E-Book erhältlich, ISBN 978-3-86393-576-4

Informationen zu unserem Verlagsprogramm finden Sie im Internet unter www.europaeischeverlagsanstalt.de

# Inhalt


Jean-Paul Sartre: Vorwort 7

Vorwort des Autors zur französischen Ausgabe von 1966 13

Porträt des Kolonisators 23

1. Gibt es den Kolonialisten? 25
2. Der Kolonisator, der sich verneint 36
3. Der Kolonisator, der sich bejaht 54

Porträt des Kolonisierten 77

1. Mythisches Porträt des Kolonisierten 79
2. Die Situation des Kolonisierten 86
3. Die beiden Antworten des Kolonisierten 106

Schluss 122

Nachwort zur deutschen Ausgabe von 1980 128

Nachwort zur Neuausgabe von Adam Shatz 135

# Jean-Paul Sartre
## Vorwort

Nur der Südstaatler ist befugt, sich über Sklaverei zu äußern: er kennt den Neger*; die Leute im Norden, abstrakt denkende Puritaner, kennen nur den Menschen an sich. Dies schöne Argument erfüllt stets noch seinen Zweck: in Houston, in der Presse von New Orleans und endlich – immer ist man irgend jemandes Nordstaatler – im »französischen« Algerien; da werden die Zeitungen nicht müde, uns zu versichern, dass einzig der Kolonisator qualifiziert sei, über die Kolonie zu sprechen: wir, die Bewohner des Mutterlandes, verfügen nicht über seine Erfahrung; wir müssen Afrikas brennende Erde durch seine Augen sehen, oder wir sehen dort nichts als Flammen.

Leuten, die sich von solcher Erpressung einschüchtern lassen, empfehle ich, das Buch *Der Kolonisator und der Kolonisierte* zu lesen. Hier steht Erfahrung gegen Erfahrung: der Autor, ein Tunesier, hat in *La Statue de sel* (dt. *Die Salzsäule)* seine harte Jugend erzählt. Was ist er nun in Wahrheit? Kolonisator oder Kolonisierter? Er selbst würde sagen: weder das eine noch das andere; Sie vielleicht: sowohl das eine wie das andere; im Grunde kommt es auf dasselbe hinaus. Er gehört einer jener eingeborenen, aber nicht islamischen Gruppen an, die, »mehr oder minder begünstigt im Verhältnis zu den kolonisierten Massen ... sich ausgeschlossen sehen ... von der kolonisierenden Gruppe«, die ihren Bemühungen, sich in die europäische Gesellschaft zu integrieren, immerhin »nicht ablehnend gegenübersteht«. De facto mit dem Subproletariat solidarisch, durch magere Privilegien von ihm getrennt, befinden sich jene Individuen in einer permanenten Malaise. Memmi hat diese doppelte Solidarität und diese doppelte Zurückweisung erfahren: die Spannung, die die Kolonisatoren den Kolonisierten und die »sich selbst verneinenden Kolonisatoren« den »sich selbst bejahenden Kolonisatoren« entgegenstellt. Er hat sie so gut verstanden, weil er sie zuerst als seinen eigenen Widerspruch erfahren hat. Er zeigt in seinem Buch vortrefflich, dass diese seelischen Zerrissenheiten, bloße Verin-

* Sartre benutzt hier die Sprache des Kolonisators. Diese zu ändern, wäre eine Verfälschung. Auch insgesamt folgt der Text der dt. Erstausgabe. (A.d.Verl.)

nerlichungen der sozialen Konflikte, einen nicht zum Handeln disponieren. Derjenige aber, der darunter leidet, kann, wenn er sich seiner selbst bewusst wird, wenn er sein Komplizentum, seine Versuchungen und seine Ausgeschlossenheit erkennt, andere aufklären, indem er von sich selbst spricht: als »belangloser Faktor innerhalb der Konfrontierung« *repräsentiert* dieser Verdächtige niemanden; da er aber zugleich *ist*, was alle sind, spricht er als zuverlässiger Zeuge.

Aber Memmis Buch *erzählt* nicht; wenn es sich von Erinnerungen nährt, so hat es sie ganz assimiliert; es ist *formgewordene* Erfahrung; zwischen der rassistischen Usurpation der Kolonisatoren und der künftigen Nation, die die Kolonisierten schaffen werden und von der »er vermutet, dass er in ihr keinen Platz haben wird«, versucht er, seine Partikularität zu leben, indem er sie in Richtung auf das Universale überschreitet. Nicht auf den Menschen, der noch nicht existiert, sondern auf eine strenge Vernunft hin, die sich für alle als zwingend erweist. Dieses nüchterne und klare Werk reiht sich ein unter die »leidenschaftlichen Geometrien«; seine ruhige Objektivität ist überwundenes Leiden und Aufbegehren.

Deshalb wohl auch kann man ihm einen Anflug von Idealismus zum Vorwurf machen: gewiss wird alles gesagt, doch kann man die Reihenfolge bekritteln. So wäre es vielleicht besser gewesen, zu zeigen, wie der Kolonialist und sein Opfer gleichermaßen im Räderwerk des kolonialen Apparats stecken, jener schweren Maschine, die gegen Ende des Zweiten Kaiserreichs und in der Dritten Republik konstruiert wurde und sich nun, nachdem sie die Kolonialherren voll zufriedengestellt hat, gegen sie kehrt und sie zu zermalmen droht. Tatsächlich ist der Rassismus dem System immanent: die Kolonie verkauft Lebensmittel und Rohstoffe billig ans Mutterland und kauft dafür teure Fertigprodukte. Dieser sonderbare Handel ist nur dann für beide Teile profitabel, wenn der Eingeborene für nichts oder fast nichts arbeitet. Das ländliche Subproletariat kann nicht einmal auf die Benachteiligtesten unter den Europäern als Verbündete zählen: alle leben von ihm, selbst noch die »kleinen Kolonisatoren«, die, obwohl von den Großgrundbesitzern ausgebeutet, im Vergleich zu den Algeriern noch Privilegierte sind: das Durchschnittseinkommen der Algerienfranzosen ist zehnmal so groß wie das der Araber. Daher die Spannung. Damit Löhne und Lebenshaltungskosten möglichst niedrig bleiben, bedarf es einer heftigen Konkurrenz der eingeborenen Arbeiter untereinander, also einer Steigerung der Geburtenrate; da aber die Ressourcen des Landes durch die koloniale Usurpation begrenzt sind, sinkt bei *gleichbleibenden Löhnen* der Lebensstandard des Moslems unablässig, und die Bevölkerung lebt im Zustand permanenter Unterernährung. Die Eroberung geschah durch Gewalt; die Überausbeutung und die Unterdrückung erfordern die Aufrechterhaltung der Gewalt, also die Anwesenheit der Armee. Nun gäbe es da keinen Widerspruch, wenn überall auf der Welt der Terror herrschte: aber der Kolonisator erfreut sich drüben im Mutterland der demokratischen Rechte, die das Kolonialsystem den Kolonisierten verweigert: tatsächlich ist es das System, das das Anwachsen der Bevölkerung begünstigt, um den Preis der Arbeitskraft zu senken, und das System ist es auch, das die *Assimilierung der Eingeborenen* verbietet: hätten sie das Wahlrecht, würde ihre zahlenmäßige Überlegenheit das System augenblicklich sprengen. Der Kolonialismus verweigert die *Menschenrechte* Menschen, die er gewaltsam in Elend und Unwissenheit, also, wie Marx sagen würde, im Zustande des »Untermenschentums« hält. Den Fakten selbst, den Institutionen, der Art des Tausches und der Produktion ist der Rassismus immanent; der politische und der soziale Status stärken einander wechselseitig: da der Eingeborene ein Untermensch ist, betrifft die Erklärung der Menschenrechte ihn nicht; umgekehrt ist er, da er die Rechte nicht hat, schutzlos den unmenschlichen Kräften der Natur ausgesetzt, den »ehernen Gesetzen« der Wirtschaft. Der Rassismus ist *bereits* da, getragen von der kolonialistischen Praxis, in jedem Augenblick erzeugt durch den kolonialen Apparat und unterhalten durch Produktionsverhältnisse, die zwei Arten von Individuen unterscheiden: für die einen bilden das Privileg und das Menschsein eine Einheit; sie werden Menschen durch den freien Gebrauch ihrer Rechte; bei den anderen wird durch die Rechtlosigkeit ihr Elend, ihr chronischer Hunger, ihre Unwissenheit, kurz, das Untermenschentum sanktioniert. Ich habe immer gedacht, dass die Ideen sich in den Dingen abzeichnen und dass sie schon im Menschen sind, wenn er ihnen Form gibt, um sich seine Situation zu erklären. Der »Konservatismus« des Kolonisators, sein »Rassismus«, die ambivalenten Beziehungen zum Mutterland, all das ist *im Voraus* gegeben, schon ehe es sich im »Nero-Komplex« manifestiert. Memmi würde mir wahrscheinlich erwidern, er sage nichts anderes – das weiß ich*; im übrigen ist möglicherweise er es, der recht hat: indem er seine Ideen in der Reihenfolge ihrer Entdeckung, das heißt ausgehend von menschlichen Intentionen und gelebten Beziehungen darstellt, gewährleistet er die Authentizität seiner Erfahrungen: er hat zuerst in seinen Beziehungen zu den anderen, in seinen Beziehungen zu sich selbst gelitten; er ist, indem er den Widerspruch, der ihn zerriss, vertiefte, auf die objektive Struktur gestoßen;

* Schreibt er nicht: »Die koloniale Situation erzeugt ebenso Kolonialisten, wie sie Kolonisierte hervorbringt«? Der ganze Unterschied zwischen uns liegt vielleicht darin, dass er eine Situation sieht, wo ich ein System sehe.

und er liefert sie uns ohne Zutaten, roh, noch ganz durchdrungen von seiner Subjektivität.

Doch lassen wir die Krittelei. Das Werk etabliert einige zwingende Wahrheiten. Zunächst die, dass es weder gute noch böse Kolonisatoren gibt: es gibt Kolonisatoren. Einige von ihnen verneinen ihre objektive Realität: durch den kolonialen Apparat trainiert, führen sie täglich *in der Tat* aus, was sie im Traum verdammen, und jede ihrer Handlungen trägt dazu bei, die Unterdrückung aufrechtzuerhalten; sie werden nichts ändern, niemandem nutzen und in der Malaise moralischen Trost finden, das ist alles.

Die anderen – und das ist die Mehrzahl – beginnen oder enden damit, sich selbst zu bejahen.

Memmi hat die Folge der Schritte, die zur »Selbst-Absolution« führen, hervorragend beschrieben. Der Konservatismus hat die Auslese der Mittelmäßigen zur Folge. Wie kann sie ihre Privilegien begründen, diese ihrer Mittelmäßigkeit bewusste Elite von Usurpatoren? Einziges Mittel: den Kolonisierten erniedrigen, um sich selbst zu erhöhen; den Eingeborenen den Status von Menschen absprechen, sie als bloße *Privationen* definieren. Das wird nicht schwerfallen, da ja gerade das System ihnen alles vorenthält; die kolonialistische Praxis hat die koloniale Idee den Dingen selbst aufgeprägt; es ist der Lauf der Dinge, der zugleich den Kolonisator und den Kolonisierten hervorbringt. So rechtfertigt sich die Unterdrückung durch sich selbst: die Unterdrücker schaffen und erhalten mit Gewalt die Übel, die *in ihren Augen* den Unterdrückten mehr und mehr zu dem machen, was er sein müsste, um sein Schicksal zu verdienen. Der Kolonisator kann sich die Absolution nur erteilen, wenn er systematisch die «Entmenschlichung« des Kolonisierten betreibt, das heißt, wenn er sich jeden Tag etwas mehr mit dem Kolonialapparat identifiziert. Der Terror und die Ausbeutung entmenschlichen, und der Ausbeuter ermächtigt sich selbst zu dieser Entmenschlichung, um weiter ausbeuten zu können. Die Maschine dreht sich im Kreis; unmöglich, die Idee von der Praxis und die Praxis von der objektiven Notwendigkeit zu unterscheiden. Diese Momente des Kolonialismus bedingen sich bald gegenseitig, bald gehen sie ineinander auf. Die Unterdrückung, das ist *zunächst* der Hass des Unterdrückers gegen den Unterdrückten. Nur eins steht dessen leibhaftiger Vernichtung im Wege: der Kolonialismus selbst. Hier stößt der Kolonisator auf seine eigene Widersprüchlichkeit: mit dem Kolonisierten würde die Kolonialherrschaft verschwinden, der Kolonisator inbegriffen. Wo es kein Subproletariat mehr gibt, da gibt es keine Überausbeutung mehr: man würde in die gewöhnlichen Formen der kapitalistischen Ausbeutung zurücksinken; die Löhne und Preise würden sich nach denen des Mutterlandes richten: es wäre der Ruin. Das System erfordert gleichzeitig den Tod und die Vermehrung seiner Opfer; jede Veränderung träfe es tödlich: ob man die Eingeborenen assimiliert oder massakriert, der Preis der Arbeitskraft wird fortwährend ansteigen. Die schwerfällige Maschine hält diejenigen, die gezwungen werden, sie in Gang zu halten, zwischen Leben und Tod – immer näher am Tod als am Leben; eine versteinerte Ideologie bemüht sich, *Menschen* als sprechende Tiere zu betrachten. Vergeblich: um ihnen Befehle geben zu können, und seien sie noch so hart, noch so beleidigend, muss man sie zuvor *anerkennen*; und da man sie nicht ununterbrochen bewachen kann, muss man sich wohl oder übel entschließen, ihnen zu vertrauen: niemand kann einen Menschen »wie einen Hund« behandeln, wenn er ihn nicht zuvor als Menschen anerkannt hat. Die unmögliche Entmenschlichung des Unterdrückten verkehrt sich in die Selbstentfremdung des Unterdrückers: er ist es, er selbst, der durch seine geringste Geste das Menschsein wieder hervorruft, das er zerstören möchte; und da er es bei den anderen verneint, muss er sich selbst versteinern, muss die Trägheit und Undurchdringlichkeit eines Felsblocks annehmen, muss, kurzum, sich seinerseits »entmenschlichen«.

Eine unerbittliche Wechselseitigkeit fesselt den Kolonisator an den Kolonisierten, sein Produkt und sein Los. Memmi hat das deutlich herausgestellt; wir entdecken mit ihm, dass das Kolonialsystem eine gegen die vorige Jahrhundertmitte entstandene Bewegung ist, die ihre eigene Zerstörung von selbst bewerkstelligen wird: lange schon kostet sie die Mutterländer mehr als sie ihnen einbringt: Frankreich wird erdrückt von der Last Algerien, und wir wissen jetzt, dass wir den Krieg aufgeben werden, ohne Sieg oder Niederlage, wenn wir zu arm sein werden, um ihn zu bezahlen. Aber vor allem anderen ist es die mechanische Starre des Apparats, die im Begriff ist, diesen zu zerstören: die alten Gesellschaftsstrukturen sind pulverisiert, die Eingeborenen »atomisiert«, und die koloniale Gesellschaft kann sie nicht integrieren, ohne sich selbst zu zerstören; sie werden also ihre Einheit *gegen sie* wiedergewinnen müssen. Diese Ausgeschlossenen werden ihren Ausschluss im Namen des nationalen Selbstbewusstseins fordern: es ist der Kolonialismus, der den Patriotismus der Kolonisierten hervorbringt. Diesen von einem Unterdrückungssystem auf dem Niveau von Tieren gehaltenen Menschen gewährt man keinerlei Recht, nicht einmal das Recht zu leben, und ihre Lebensbedingungen verschlechtern sich mit jedem Tag: wenn einem Volk nichts mehr bleibt als die Wahl seiner Todesart, wenn es von seinen Unterdrückern nur ein einziges Geschenk bekommen hat, die Verzweiflung –was hat es dann noch zu verlieren? Gerade aus seinem Unglück wird ihm sein Mut kommen; die ewige Zurückweisung, die die Kolonisation ihm entgegensetzt, wird es mit der absoluten Zurückweisung der

Kolonialherrschaft erwidern. Das Geheimnis des Proletariats, hat Marx einmal gesagt, liegt darin, dass es die Zerstörung der bürgerlichen Gesellschaft in sich birgt. Man muss Memmi dankbar sein, dass er uns daran erinnert hat: auch der Kolonisierte hat sein Geheimnis, und wir wohnen dem gräulichen Todeskampf des Kolonialismus bei.

# Vorwort des Autors zur französischen Ausgabe von 1966

*Diese Neuauflage widme ich meinen franko-kanadischen Freunden, weil sie sowohl Kanadier als auch Franzosen sein wollen.*

Ich müsste lügen, wenn ich behaupten wollte, mir sei die ganze Bedeutung dieses Buches von Anfang an klar gewesen. Ich hatte einen ersten Roman geschrieben, *La Statue de sel*, die Lebensgeschichte einer Modellfigur, um zu versuchen, mich in meinem eigenen Leben zurechtzufinden. Aber die Unmöglichkeit eines menschenwürdigen Lebens im zeitgenössischen Nordafrika, die mir stattdessen klar wurde, bewog mich zu dem Versuch, den Ausweg in einer Mischehe zu suchen. Daraus wurde der Roman *Agar*, der mit einem erneuten Fehlschlag endete. Damals setzte ich große Hoffnungen auf das Paar, das für mich noch immer einen der dauerhaftesten Glückszustände des Menschen darstellt; vielleicht die einzig wirkliche Aufhebung der Einsamkeit. Aber am Ende entdeckte ich, dass auch das Paar keine isolierte Gemeinschaft ist, keine Oase der Erneuerung und des Vergessens inmitten der Welt; vielmehr enthielt es die ganze Welt in sich. Nun war dies für meine unglücklichen Helden die Welt der Kolonisation, und wenn ich das Scheitern ihres Abenteuers verstehen wollte, das eines gemischtrassischen Paares in einer Kolonie, musste ich den Kolonisator und den Kolonisierten verstehen, möglicherweise sogar das gesamte koloniale Verhältnis und die koloniale Situation. All das entfernte mich sehr weit von mir selbst und von meinen Lebensschwierigkeiten, aber die Auseinandersetzung kam immer wieder auf mich zu, und noch ohne zu wissen, wohin ich gelangen würde, und ohne den Anspruch, einen so komplexen Zustand ganz zu erfassen, musste ich zumindest ein Ende für meine Angst finden.

Ich müsste also gleichfalls lügen, wenn ich behaupten wollte, dieses »Porträt«, das ich schließlich von einem der bedeutendsten Unterdrückungsverhältnisse unserer Tage entworfen habe, sei von der Absicht geleitet worden, zunächst den Unterdrückten schlechthin zu zeichnen. Sicherlich werde ich eines Tages dieses allgemeine Bild des Unterdrückten liefern. Aber um genau zu sein, es müsste ein wirklich allgemeines Bild daraus werden, d.h. ein Porträt der Synthese, durch Überlagerung mehrerer Einzelzüge, mehrerer konkreter Porträts von verschiedenen Unterdrückten. Ein Bild des Unterdrückten schlechthin setzt meiner Meinung nach all diese Unterdrückten voraus, statt sie vorwegzunehmen, wie dies bestimmte Philosophen glauben, die ihre Konstruktion für ideale Schöpfungen ihres Geistes halten, mit denen sie dann die Wirklichkeit beherrschen möchten; dabei sind dies in den meisten Fällen Stilisierungen, denen keine Wirklichkeit entspricht. Jedenfalls hatte ich damals nicht die Absicht, alle Unterdrückten darzustellen, nicht einmal alle Kolonisierten. Ich war Tunesier und somit Kolonisierter. Ich entdeckte, dass es nur wenige Aspekte meines Lebens und meiner Person gab, auf die dieser Umstand keinen Einfluss hatte. Nicht nur mein Denken, meine persönlichen Vorlieben und mein Verhalten, sondern auch das Verhalten derer, mit denen ich zu tun hatte, war davon betroffen. Als ich als junger Student erstmals die Sorbonne besuchte, gab es Gerüchte, die mich beunruhigten. Hatte ich als Tunesier das Recht, meine »agrégation« in Philosophie einzureichen?* Ich fragte den Vorsitzenden des Prüfungsausschusses. »Ein Recht ist es nicht«, erklärte er mir, »es ist eine Gunst.« Er zögerte und suchte als Jurist nach den exakten Begriffen. »Nehmen wir an, es sei eine koloniale Gunst.« Ich habe bis heute nicht verstanden, was das eigentlich bedeutete, aber ich konnte aus ihm nichts weiter herausbekommen, und man kann sich vorstellen, mit welcher Seelenruhe ich in der Folgezeit arbeitete. Kurz gesagt, ich habe diese Bestandsaufnahme der Lage des Kolonisierten vor allem deshalb unternommen, um mich selbst zu verstehen und meinen Platz unter den anderen Menschen zu finden. Es waren meine Dozenten – keineswegs alles Tunesier –, die mich später davon überzeugten, dass dieses Bild zugleich das ihre war. Es waren die Reisen, die Gespräche, die Auseinandersetzungen und die Lektüre zahlreicher Bücher, die mir im Verlauf meiner Arbeit immer mehr bestätigten, dass das, was ich geschildert hatte, das Los vieler Menschen überall auf der Welt ist.

Zugleich machte ich die Entdeckung, dass sich alle Kolonisierten im Grunde ähnlich waren; ich musste in der Folgezeit feststellen, dass überhaupt alle Unterdrückten bis zu einem bestimmten Punkt Ähnlichkeiten aufweisen. So weit war ich anfangs noch nicht, und teils aus Vorsicht, teils weil ich andere Sorgen im Kopf hatte, sparte ich mir diese Erkenntnis lieber auf, die ich heute für unleugbar halte. Doch in diesem Bild erkannten sich so viele unterschiedliche Menschen wieder, dass ich die Vorstellung

* Prüfung zur Erlangung der Lehrbefähigung an Schulen und/oder Universitäten in Frankreich (A. d. Ü.).

aufgeben musste, es sei nur das meinige oder das des kolonisierten Tunesiers oder sogar Nordafrikaners allein. Man hat mir gesagt, die Kolonialpolizisten hätten dieses Buch fast überall in den Räumen der militanten Kolonisierten beschlagnahmt. Ich bin überzeugt, dass ich ihnen nichts anderes gegeben habe, als was sie bereits waren, was sie bereits gelebt haben. Aber indem sie ihre eigenen Gefühlsregungen, ihr Aufbegehren und ihre Forderungen wiedererkannten, gewannen diese in ihren Augen, so nehme ich an, eine neue Legitimität. Und so getreu auch die Beschreibung unserer gemeinsamen Erfahrungen sein mochte – die Leser waren davon vielleicht doch weniger betroffen als von deren innerem Zusammenhang, den ich ihnen gezeigt hatte. Als der Algerienkrieg kurz bevorstand und schließlich ausbrach, prophezeite ich für mich die zu erwartende Dynamik der Ereignisse und wagte es schließlich auch, sie öffentlich anzukündigen. Das koloniale Verhältnis, das ich darlegen wollte, kettete den Kolonisierten wie den Kolonisator in einer Art erbarmungsloser Abhängigkeit aneinander, formte ihre Charakterzüge und diktierte ihr Verhalten. Ebenso wie es eine deutliche Logik im wechselseitigen Verhalten der beiden Partner der Kolonisation gab, musste meiner Meinung nach ein zweiter Mechanismus, der sich aus dem ersten ergab, unerbittlich die Auflösung dieser Abhängigkeit vorantreiben. Insgesamt bestätigten die Ereignisse in Algerien dieses Muster, das ich in der Folgezeit so oft in der Sprengung anderer kolonialer Situationen wiedergefunden habe.

Jedenfalls fügte sich die Vielfalt von Ereignissen, die ich von Kindheit an erlebt hatte und die in ihrer äußeren Erscheinung oft unzusammenhängend und widersprüchlich waren, auf diese Weise zu dynamischen Konstellationen zusammen. Wie konnte der Kolonisator seine Arbeiter anständig behandeln und zugleich von Zeit zu Zeit in eine Menge von Kolonisierten schießen lassen? Wie konnte der Kolonisierte sich selbst so unerbittlich verneinen und zugleich in so maßloser Weise das Recht auf sich selbst fordern? Wie konnte er den Kolonisator verabscheuen und zugleich leidenschaftlich bewundern (jene Bewunderung, die ich trotz allem auch in mir verspürte)? Das war es, was ich vor allem für mich selbst brauchte: meine Gefühle und Gedanken in eine Ordnung und mein Verhalten mit ihnen vielleicht in Einklang zu bringen. Aufgrund meines Charakters und meiner Erziehung musste ich dies freilich mit aller Strenge tun und den Konsequenzen so weit wie möglich folgen. Wäre ich auf halbem Wege stehengeblieben, hätte ich nicht alle Tatsachen berücksichtigt, hätte ich nicht versucht, all diesem Material einen inneren Zusammenhang zu verleihen und daraus so lange Bilder zu rekonstruieren, bis sie zueinander passten, so wäre es mir wohl kaum gelungen, mich zu überzeugen, und ich wäre vor allem mit mir selbst unzufrieden geblieben. Aber zur gleichen Zeit begann ich zu ahnen, welche Hilfe für die Menschen im Kampf die einfache, aber genaue und systematische Beschreibung ihrer Nöte, ihrer Demütigung und ihres objektiven Zustands der Unterdrückung sein konnte. Ich begann zu ahnen, wie explosiv die Enthüllung einer ihrem Wesen nach explosiven Situation für das ungetrübte Bewusstsein des Kolonisierten wie des Kolonisators sein konnte. Als ob die Enthüllung einer gewissen Zwangsläufigkeit in ihren jeweiligen Marschrouten den Kampf immer notwendiger und jeden Versuch, den anderen aufzuhalten, immer verzweifelter machte. Kurz, das Buch war meinen Händen entglitten.

Darf ich gestehen, dass mich das etwas beunruhigt hat? Nach den eigentlichen Kolonisierten, den Algeriern, Marokkanern oder Schwarzafrikanern wurde es allmählich von anderen anerkannt, in Anspruch genommen und genutzt, die in anderer Weise beherrscht werden, wie manche südamerikanische Länder, die Japaner oder die Neger in den Vereinigten Staaten. Die letzten in dieser Reihe waren die Kanadier französischer Abstammung, die mir die Ehre erwiesen, dass sie glaubten, zahlreiche Muster ihrer eigenen Entfremdung darin wiederzufinden. Ich konnte das Leben dieses Buches nur mit Erstaunen beobachten, so wie ein Vater mit einer Mischung aus Stolz und Besorgnis seinen Sohn beobachtet, der dabei ist, sich einen Ruf zu erwerben, bei dem sich Beifall und Entrüstung mischen. Tatsächlich hatte dies nicht nur Vorteile, denn ein solcher Wirbel hat gerade dazu geführt, dass etliche Passagen übersehen wurden, die mir sehr am Herzen lagen. Dazu gehören die Ausführungen über das, was ich als *Nero-Komplex* bezeichnet habe; die Beschreibung des *kolonialen Verhältnisses* als *objektiver Zustand*, dem beide Partner der Kolonisation unterworfen sind; oder der Versuch einer Definition des Rassismus im Zusammenhang mit der Herrschaft einer Gruppe über eine andere; oder auch die Analyse des Scheiterns der europäischen Linken, insbesondere der kommunistischen Parteien, weil sie den nationalen Aspekt der kolonialen Befreiungsbewegungen unterschätzt hatten; und vor allem außer einem Porträt, das ich so abgeklärt wie nur möglich wollte, die Bedeutung und der unersetzliche Reichtum der gelebten Erfahrung.

Denn trotz allem denke ich immer noch, dass zumindest in meinen Augen der Wert dieses Unterfangens in seiner ursprünglichen Bescheidenheit und Besonderheit liegt, so dass nichts in diesem Buch auf Erfindungen und Spekulationen oder sogar auf willkürlichen Extrapolationen beruht. Es handelt sich an jeder Stelle um eine Erfahrung, die zwar stilisiert und in eine Form gebracht, aber hinter jedem einzelnen Satz verborgen ist. Und wenn ich schließlich einverstanden war mit diesem allgemeinen Gang, den das Unternehmen am Ende angenommen hat, so eben deshalb, weil ich weiß, dass ich für jede Zeile, jedes Wort zahlreiche und völlig konkrete Tatsachen beibringen könnte.

Aus diesem Grund hat man mir vorgeworfen, dass meine Porträts nicht gänzlich auf einen ökonomischen Unterbau gestellt sind, obwohl ich es oft genug wiederholt habe, dass der Begriff des *Privilegs* im Zentrum des Kolonialverhältnisses steht, ohne Zweifel ein ökonomisches Privileg. Und ich benutze die Gelegenheit, nochmals nachdrücklich zu bestätigen: für mich ist der wirtschaftliche Aspekt der Kolonisation grundlegend. Geht aus diesem Buch nicht die Anprangerung einer vorgeblich moralischen und kulturellen Mission der Kolonisation und der Nachweis hervor, dass in ihr der Begriff des Profits eine wesentliche Rolle spielt?* Habe ich nicht immer wieder betont, dass zahlreiche Formen der *Verarmung* des Kolonisierten das nahezu unmittelbare Resultat der *Vorteile* sind, die der Kolonisator dort vorfindet? Sehen wir nicht auch heute noch, wie die Entkolonisierung in bestimmten Ländern deshalb so mühselig vor sich geht, weil der Ex-Kolonisator auf seine Privilegien nicht wirklich verzichtet hat und hinterlistig versucht, sie wiederzugewinnen? Aber *das koloniale Privileg ist nicht ausschließlich wirtschaftlicher Natur.* Wenn man das Leben von Kolonisator und Kolonisiertem betrachtet, so entdeckt man rasch, dass die tägliche Erniedrigung des Kolonisierten und seine objektive Vernichtung nicht allein ökonomischer Art sind. Der permanente Triumph des Kolonisators liegt nicht nur in der Ökonomie. Der kleine, der armselige Kolonisator hielt sich nichtsdestoweniger für etwas Höheres als der Kolonisierte, und in gewissem Sinne war er das auch wirklich – objektiv und nicht nur in seiner Phantasie. Und das machte ebenso einen Teil des kolonialen Privilegs aus. Die Marxsche Entdeckung von der Bedeutung der Ökonomie innerhalb jedes Unterdrückungsverhältnisses steht außer Frage. Aber dieses Verhältnis enthält noch andere Eigenschaften, die sich meiner Ansicht nach im Kolonialverhältnis auffinden lassen.

Aber, so wird man erneut einwenden, laufen all diese Erscheinungen in *letzter Instanz* nicht auf einen mehr oder weniger verborgenen ökonomischen Aspekt hinaus? Oder anders: ist der ökonomische Aspekt nicht der primäre Faktor, der Motor der Kolonisation? Möglicherweise, aber das ist noch nicht einmal sicher. Im Grunde genommen wissen wir überhaupt nicht, was der Mensch letztlich ist, was für ihn das Wesentliche ist, das Geld, der Sex oder der Stolz, ob die Psychoanalyse gegenüber dem Marxismus recht behält oder ob das von den einzelnen Individuen und Gesell-

* »Die Kolonisation, das ist vor allem eine ökonomisch-politische Ausbeutung.« S. 125

schaften abhängt. Bevor ich hierüber zu dieser letzten Instanz gelangte, wollte ich jedenfalls die ganze Komplexität jener Wirklichkeit darstellen, die vom Kolonisierten wie vom Kolonisator gelebt wird. Weder die Psychoanalyse noch der Marxismus können unter dem Vorwand, die Triebkraft oder eine der grundlegenden Triebkräfte des menschlichen Verhaltens entdeckt zu haben, das gesamte menschliche Erleben, alle Gefühle, alles Leiden, alle verborgenen Ursprünge des Verhaltens einfach hinwegfegen, um darin lediglich das Profitstreben oder den Ödipuskomplex zu sehen.

Ich möchte noch ein Beispiel anführen, das wahrscheinlich gegen mich sprechen wird. (Aber so verstehe ich meine Rolle als Schriftsteller: sie kann sich sogar gegen meine eigene Person kehren.) Diesem Porträt des Kolonisierten, das nun einmal so sehr das meinige ist, geht ein Porträt des Kolonisators voraus. Wie kann ich es mir erlauben, mit einer derart bedrückenden Lebensgeschichte in gleicher Weise auch das Bild meines Gegners zu zeichnen? An dieser Stelle muss ich ein spätes Eingeständnis machen: in Wahrheit kannte ich den Kolonisator fast ebenso gut und aus dem Inneren heraus. Das muss ich erklären. Ich sagte bereits, dass ich Tunesier bin. Wie alle Tunesier wurde ich demnach als Bürger zweiter Klasse behandelt, bestimmter politischer Rechte beraubt, hatte keinen Zugang zu den meisten Verwaltungspositionen, war zweisprachig aufgewachsen, meine Ausbildung lag lange Zeit im Ungewissen usw...., man wird all das in meinem Porträt des Kolonisierten lesen. Aber ich war kein Moslem. In einem Land, in dem so viele Gruppen von Menschen nebeneinander lebten, aber jede ängstlich darauf bedacht war, ihre Eigenart zu wahren, hatte das eine wesentliche Bedeutung. Vereinfacht ausgedrückt können wir sagen, dass der Jude ebenso viel mit dem Kolonisator wie mit dem Kolonisierten gemeinsam hatte. War er einerseits unleugbar Eingeborener, wie man damals sagte, dem Moslem denkbar nahe durch das unerträgliche Elend seiner Armen, durch seine Muttersprache (meine eigene Mutter sprach in ihrem ganzen Leben kein Wort Französisch), durch Gemüt und Gebräuche, die Vorliebe für dieselbe Musik und dieselben Wohlgerüche und eine fast identische Küche, versuchte er andererseits, sich hingebungsvoll mit dem Franzosen zu identifizieren. Mit einer großen, schwungvollen Bewegung, die ihn zum Okzident hin entriss, der ihm als Inbegriff aller eigentlichen Zivilisation und Bildung erschien, kehrte er dem Orient leichten Herzens den Rücken, wählte unwiderruflich die französische Sprache, kleidete sich nach italienischer Mode und übernahm höchst bereitwillig sogar die Ticks der Europäer. (Womit er übrigens versuchte, einer der Ambitionen eines jeden Kolonisierten zu folgen, der sich noch nicht für die Revolte entschieden hat.) Noch besser – oder schlechter, wie man will –, in dieser *Pyramide kleiner Tyrannen,* wie ich sie zu beschreiben versucht habe und die das Gerippe jeder Kolonialgesellschaft darstellt, fand sich der Jude um genau einen Rang höher als sein mohammedanischer Mitbürger. Sein Privileg war lächerlich, aber es reichte aus, ihm einigen Dünkel zu verleihen und in ihm die Hoffnung zu wecken, er stehe nicht auf derselben Stufe wie die Masse der muselmanischen Kolonisierten, die die unterste Ebene der Pyramide bildeten. Es genügte zugleich, dass er sich seit dem Tag bedroht fühlte, an dem das Gebäude zum ersten Mal wankte. Man hat das recht gut bei den Barrikadenkämpfen in Algier beobachten können, wo zahlreiche Juden Seite an Seite mit den »Pieds-noirs«* ihre Schüsse abfeuerten. Nebenbei gesagt ist auch mein Verhältnis zu meinen Glaubensgenossen nicht gerade erleichtert worden, als ich mich entschlossen hatte, die Kolonisierten zu unterstützen. Kurz, wenn ich es auch für unumgänglich hielt, die Kolonisation anzuprangern, obwohl sie für die meisten weniger drückend gewesen ist, habe ich doch diese widersprüchlichen Regungen gekannt, die ihre Gemüter bewegten. Schlug denn nicht auch mein eigenes Herz beim Anblick der kleinen blau-weiß-roten Fahne auf den Schiffen der »Compagnie Générale Transatlantique«, die den Hafen von Tunis mit Marseille verband?

All dies, um zu sagen, dass dieses Porträt des Kolonisators zum Teil auch das meinige war; nehmen wir an, ein Bild in geometrischer Projektion. Insbesondere bei der Schilderung des wohlwollenden Kolonisators habe ich mich von einer Gruppe von Philosophiedozenten in Tunis anregen lassen, meinen Kollegen und Freunden, deren Großherzigkeit außer Zweifel steht, leider aber auch ihre Ohnmacht, ihre Unfähigkeit, sich für das Gehör zu verschaffen, was in den Kolonien vor sich ging. Nun habe ich mich gerade unter ihnen am wohlsten gefühlt. Als ich mühsam daran arbeitete, die von der Kolonisation aufgerichteten Mythen zu zerstören, konnte ich da gegenüber den in der Brust des Kolonisierten entstandenen Gegenmythen nachsichtig sein? Gleich meinen Freunden musste ich über seine freilich unsichere Behauptung unwillkürlich lächeln, die andalusische Musik sei die schönste der Welt oder darüber, dass der Europäer durch und durch hartherzig und bösartig sei, man brauche nur zu beobachten, wie grob er mit seinen Kindern umgehe. Aber trotz ihres beträchtlichen guten Willens in den Augen des Kolonisierten und obwohl sie bereits von der übrigen französischen Kolonie geächtet waren, brachte ihnen das letztlich nur den Argwohn des Kolonisierten ein. Nun war mir all dies nur zu sehr vertraut; ihre Schwierigkeiten, ihr notwendiger Zwiespalt und die damit verbundene Iso-

* Die in Algerien geborenen und aufgewachsenen Franzosen (A.d.Ü.)

lierung und, was am schwersten wog, ihr Zaudern vor der Aktion, all das war zu einem großen Teil auch mein Schicksal. (Ich wurde eines Tages heftig beschimpft, weil ich es für sinnlos und gefährlich gehalten hatte, ein Gerücht weiterzugeben, das sich der Medina* bemächtigt hatte, wonach der diplomatische Vertreter Frankreichs wahnsinnig geworden sei.) Würde ich weiter gehen als sie? Im Grunde genommen verstand ich selbst den »Piednoir« mit seinen höchst einfachen Gefühlen und Gedanken, wenngleich ich sein Verhalten missbilligte. Ein Mensch ist das, was seine objektive Lage aus ihm macht, das habe ich oft genug wiederholt. Ich habe mich gefragt, ob es mir wirklich gelungen wäre, die Kolonisation ebenso nachdrücklich zu verurteilen, wenn ich mehr von ihr profitiert hätte. Ich würde mir das natürlich wünschen; aber allein schon deshalb, weil ich unter ihr kaum weniger gelitten habe als die anderen, habe ich einen genaueren Begriff von ihr bekommen. Kurz gesagt, noch der eingefleischteste und bornierteste »Piednoir« war im Grunde von Geburt aus mein Bruder. Das Leben hat uns unterschiedlich behandelt: er wurde als legitimer Sohn des Mutterlandes anerkannt, als Erbe des Privilegs, das er dann um jeden Preis verteidigte, selbst um den schändlichsten; ich war eine Art Mischling der Kolonisation, der jedermann verstand, weil er niemandem gänzlich zugehörte.

* * *

Noch ein Wort zum Schluss dieses neuen Vorworts, das schon zu lang geraten ist. Dieses Buch hat bei seinem Erscheinen ebenso viel Unruhe und Wut wie Begeisterung hervorgerufen. Einerseits hat man darin eine unverschämte Provokation gesehen, andererseits ein Wegzeichen. Alle Welt war sich darin einig, das Buch als eine Waffe, als ein Werkzeug im Kampf gegen die Kolonisation zu kennzeichnen; das ist es allerdings geworden. Aber nichts scheint mir lächerlicher, als sich mit einem geborgten Mut und mit Heldentaten zu brüsten, die man nie begangen hat: ich habe diesen Text ziemlich unbefangen abgefasst, ich wollte einfach zunächst das koloniale Verhältnis verstehen, in das ich so fest verstrickt war. Nicht dass ich diese Philosophie nie gehabt hätte, die meiner Untersuchung zugrunde liegt und in gewisser Weise meinem Leben Farbe gibt. Ich bin bedingungslos gegen jede Form von Unterdrückung; ich sehe in ihr die Hauptgeißel der Menschheit, die die besten Kräfte des Menschen in eine falsche Richtung lenkt und verdirbt, überdies nicht nur die des Unterdrückten, sondern auch des Unterdrückers, denn man wird beides erleben: ebenso wie die Kolonisation

* Mohammedanischer Teil der Stadt (A.d.Ü.)

den Kolonisierten zerstört, so zersetzt sie auch den Kolonisator. Aber das war eigentlich nicht die Absicht meines Buches. Die Wirkung dieses Textes hat sich in gewisser Weise während seines Entstehens eingestellt, und zwar allein durch die Tugend der Wahrheit. Das heißt, dass es wahrscheinlich genügt hat, möglichst genau das Kolonialverhältnis, die Art und Weise, wie der Kolonisator notwendig handeln musste, und die allmähliche und unerbittliche Zerstörung des Kolonisierten zu beschreiben, um die absolute Ungerechtigkeit der Kolonisation ans Licht zu bringen und zugleich ihre fundamentale Instabilität zu enthüllen und ihr Ende vorauszusagen.

Das einzige Verdienst, das ich mir demnach zurechne, besteht darin, dass ich versucht habe, jenseits meines eigenen Unglücks Rechenschaft abzulegen über einen Aspekt der menschlichen Wirklichkeit, der unerträglich und deshalb unannehmbar ist und der zwangsläufig immer neue Erschütterungen auslöst, unter denen alle bis ins Innerste zu leiden haben. Ich wünschte, dieses Buch würde nicht länger als Ärgernis angesehen, sondern es würden ruhige Überlegungen angestellt, warum diese Schlussfolgerungen, die sich mir aufgedrängt haben, weiterhin von so vielen Menschen spontan nachvollzogen werden, die sich in einer ähnlichen Situation befinden. Liegt das nicht einfach daran, dass diese beiden Porträts, die ich versuchsweise entworfen habe, schlicht ihre Modelle getreu wiedergeben, die meines vorgehaltenen Spiegels nicht bedürfen, um sich wiederzuerkennen, um ganz von sich aus den richtigen Weg in ihrem elenden Leben zu entdecken? Die hartnäckige Verwechslung zwischen dem Künstler und seinem Gegenstand ist bekannt (was wohl eines der Anzeichen für unsere fortwährende Barbarei, unser verzweifelt magisches Denken ist). Statt sich über die Äußerungen der Schriftsteller aufzuregen und ihnen vorzuwerfen, dass sie eine Unordnung schaffen wollen, die von ihnen lediglich beschrieben und prophezeit wird, täte man besser daran, ihnen aufmerksamer zuzuhören und ihre warnenden Hinweise ernster zu nehmen. Bin ich denn am Ende nicht im Recht, wenn ich jetzt, nach so vielen verheerenden und vergeblichen Kolonialkriegen und da sich Frankreich heute zum Vorkämpfer der Entkolonialisierung auf der Welt macht, meine, dass dieses Buch für den Kolonisator ebenso nützlich hätte sein können wie für den Kolonisierten?

Albert Memmi — Paris, Februar 1966

# Porträt des Kolonisators

# 1. Gibt es den Kolonialisten?

## *Der Sinn des Aufbruchs in die Kolonien*

Hier und da wird der Kolonisator gern noch als ein hochgewachsener Mann mit sonnengebräunter Haut, in Stiefeln und auf eine Schaufel gestützt dargestellt – denn er verschmäht es keineswegs, selbst Hand anzulegen, während sein Blick in die Ferne auf den Horizont seiner Ländereien gerichtet ist; inmitten zweier Handlungen gegen die Natur kümmert er sich um die Menschen, pflegt die Kranken und verbreitet die Kultur, kurz, ein edler Abenteurer, ein Pionier.

Ich weiß nicht, ob diesem naiven Klischee jemals eine gewisse Realität entsprochen hat oder ob es nur als Bildchen auf den kolonialen Banknoten vorkommt. Die wirtschaftlichen Motive des Kolonialunternehmens werden heute von allen Geschichtsschreibern des Kolonialismus ins Licht gerückt, kein Mensch glaubt mehr an die kulturelle und moralische *Mission* des Kolonisators, nicht einmal in den historischen Anfängen. Jedenfalls ist in unseren Tagen der Aufbruch in die Kolonie nicht die Entscheidung für einen ungewissen Kampf, der gerade um seiner Gefahren willen gesucht wird, es ist nicht die Versuchung des Abenteuers, sondern die der Bequemlichkeit.

Man braucht übrigens nur den Europäer über die Kolonien zu befragen: was hat ihn dazu bewogen, das Heimatland zu verlassen und vor allem, was hat ihn veranlasst, im Exil auszuharren? Zuweilen spricht er auch von Abenteuer, vom Pittoresken und Fremdartigen. Aber warum hat er dies nicht in Arabien oder einfach in Zentraleuropa gesucht, wo man nicht seine eigene Sprache spricht, wo er nicht auf eine zahlenmäßig bedeutende Gruppe seiner Landsleute trifft, auf eine Verwaltung, die ihm dient und eine Armee, die ihn schützt? Ein solches Abenteuer hätte mehr an Unvorhergesehenem bereitgehalten; aber dieses Fremdartige wäre für ihn dort zwar sicherer und echter, doch von zweifelhaftem *Gewinn* gewesen: das Fremdartige an der Kolonie, sofern es das für ihn überhaupt gibt, muss sich in allererster Linie rentieren. Unbefangen und präziser als die Sprachakrobaten wird unser Reisender uns die beste Definition anbieten, die es für

»Kolonie« gibt: man verdient dort mehr und gibt weniger aus. Man begibt sich in die Kolonie, weil die Situationen dort gesichert, die Gehälter höher, die Karrieren steiler und die Geschäfte einträglicher sind. Dem frischgebackenen Universitätsabsolventen hat man eine Stelle angeboten, dem Beamten die Einstufung in eine höhere Besoldungsgruppe, dem Geschäftsmann beträchtliche Steuererleichterungen und dem Industriellen Rohstoffe und Arbeitskräfte zu ungewöhnlich niedrigen Löhnen.

Aber nehmen wir einmal an, dass es diesen naiven Reisenden wirklich gibt, der genauso zufällig in der Kolonie landet, wie er auch in Toulouse oder Colmar hätte ankommen können.

Wird er sehr lange brauchen, um die Vorteile seiner neuen Situation zu sehen? Auch wenn er erst im Nachhinein entdeckt wird, so drängt sich der ökonomische Sinn des Aufbruchs in die Kolonien kaum weniger stark oder schnell auf. Der Europäer in den Kolonien mag sicherlich auch die neue Landschaft lieben und das Malerische ihrer Gebräuche genießen. Wenn ihn jedoch das Klima abschrecken würde, wenn er sich inmitten dieser fremdartig gekleideten Menschenmassen unbehaglich fühlen und seiner Heimat nachtrauern würde, dann stellte sich das Problem, ob diese Widrigkeiten und Unannehmlichkeiten für die Vorteile der Kolonie in Kauf genommen werden sollen oder nicht.

Bald verhehlt er es nicht länger, überall kann man ihn vernehmlich träumen hören: noch ein paar Jahre, und er wird sich ein Haus im Mutterland kaufen … alles in allem eine Art Fegefeuer, aber eines, das sich auszahlt. Von jetzt an reicht es ihm zwar, das Exotische hat er satt, und manchmal wird er krank, aber er klammert sich an dieses Land – er steckt in der Falle bis zur Pensionierung oder sogar bis zu seinem Tod. Warum sollte er ins Mutterland zurückgehen, wo er seinen Lebensstandard auf die Hälfte reduzieren müsste? Wieder zurück in die Metropole, wo es mit den Beförderungen so quälend lange dauert? …

Als in den letzten Jahren die Geschichte in Bewegung geraten war und das Leben für die Kolonisatoren schwieriger und oft gefährlich wurde, da war es diese einfache, keinen Einwand duldende Rechnung, die sie zurückgehalten hat. Selbst diejenigen, die in der Kolonie als Zugvögel bezeichnet werden, haben keine übertriebene Eile an den Tag gelegt, abzureisen. Einige, die eine Rückkehr erwogen, fürchteten plötzlich überraschend eine neue Fremdartigkeit: sich in ihrer ursprünglichen Heimat wiederzufinden. Man kann ihnen ein Stück weit glauben; sie haben ihr Land vor so langer Zeit verlassen, dass mit ihm keine freundschaftlichen Verbindungen mehr bestehen, ihre Kinder sind in der Kolonie geboren, und dort haben sie auch ihre Toten begraben. Aber sie übertreiben ihren Trennungsschmerz. Sie haben sich zwar mit ihren täglichen Gewohnheiten innerhalb der Kolonialbevölkerung eingerichtet, aber sie haben ihr auch die Sitten des Mutterlandes mitgebracht und auferlegt, jenes Mutterlandes, in dem sie regelmäßig die Ferien verbringen, aus dem sie ihre verwaltungstechnischen, politischen und kulturellen Anregungen beziehen und auf das ihre Augen unverändert gerichtet bleiben. Im Grunde genommen ist ihr Gefühl des Fremdseins wirtschaftlicher Art, nämlich das des Neureichen, der Gefahr läuft, zu verarmen.

Deshalb werden sie so lange wie möglich ausharren, denn je mehr Zeit vergeht, um so länger dauern die Vorteile, die wohl einige Beunruhigungen wert sind und die man in jedem Fall zu früh verlieren wird. Aber erst wenn eines Tages die Wirtschaft betroffen ist, wenn die »Lage«, wie man sagt, wirklich gefährlich wird, erst dann fühlt sich der Kolonisator bedroht und denkt daran, diesmal ernsthaft, in die Metropole zurückzukehren.

Auf der kollektiven Ebene liegt die Angelegenheit noch klarer. Die kolonialen Unternehmungen haben nie einen anderen erklärten Sinn gehabt. Während der französisch-tunesischen Verhandlungen haben sich einige Unbedarfte über den relativ guten Willen der französischen Regierung insbesondere im kulturellen Bereich gewundert, aber auch über die insgesamt schnelle Nachgiebigkeit der Herren der Kolonie. Die klugen Köpfe der Bourgeoisie und der Kolonie hatten eben erkannt, dass das wesentliche an der Kolonisation weder das Prestige einer Fahne ist noch die kulturelle Expansion, ja nicht einmal die Leitung der Verwaltung oder das Wohlergehen eines Beamtenkörpers. Die Naiven wundern sich darüber, dass man in allem Zugeständnisse machen konnte, solange die Basis, d.h. die ökonomischen Vorteile, erhalten blieb. Und wenn Herr Mèndes-France seine berühmte Blitzreise unternehmen konnte, so geschah dies mit ihrem Segen und unter dem Schutz eines der ihren. Genau das war sein Programm und der wichtigste Inhalt der Abkommen.

## *Der Eingeborene und der Privilegierte*

Wenn der Kolonisator – durch Zufall oder Zielstrebigkeit – einmal den Profit entdeckt hat, fehlt ihm allerdings noch die bewusste Einsicht in die historische Rolle, die ihm zugedacht ist. Zur Erkenntnis der neuen Situation bedarf es noch eines Schrittes: er muss zugleich den Ursprung und die Bedeutung dieses Profits verstehen. Freilich braucht man darauf nicht lange zu warten. Wie könnte er über längere Zeit hinweg das Elend des Kolonisierten und den Zusammenhang zwischen diesem Elend und seinem eigenen Wohlergehen übersehen? Es wird für ihn deutlich, dass dieser leichte Gewinn nur darum so leicht ist, weil er anderen entrissen wird. Kurz gesagt, er macht zwei Entdeckungen auf einmal: er entdeckt die Existenz des Kolonisierten und damit sein eigenes *Privileg*.

Zweifellos *wusste* er, dass die Kolonie nicht ausschließlich von Kolonisten oder Kolonisatoren bewohnt war. Er hatte sogar eine bestimmte Vorstellung von den Kolonisierten, die er der Lektüre von Büchern aus seiner Kindheit verdankte; im Kino hatte er diesen oder jenen Dokumentarfilm über einige ihrer Gebräuche gesehen, die meistens wegen ihrer Fremdartigkeit ausgesucht worden waren. Aber diese Menschen gehörten eben den Regionen der Phantasie, der Bücher oder der Kinovorstellungen an. Sie betrafen ihn nicht oder kaum, nur auf dem Umweg über die Vermittlung von Bildern, die seiner gesamten Nation gemeinsam waren, militärische Heldenepen, unbestimmte strategische Überlegungen. Das hatte ihn ein wenig beunruhigt, als er für sich den Entschluss fasste, selbst in die Kolonie zu gehen, aber nicht anders, als ihn das möglicherweise ungünstige Klima beunruhigt hatte oder das Wasser, das dort zu kalkhaltig sein sollte. Und auf einmal sind diese Menschen kein simples Zubehör einer geographischen oder historischen Kulisse mehr, sondern treten real in sein Leben ein.

Er kann sich nicht einmal dafür entscheiden, ihnen aus dem Weg zu gehen, er muss in beständiger Beziehung mit ihnen leben, denn gerade diese Beziehung ist es, die ihm dieses Leben ermöglicht, das er in der Kolonie freiwillig gesucht hat, diese Beziehung ist es, die so einträglich ist und die das Privileg schafft. Er befindet sich auf der einen Schale einer Waage, deren andere den Kolonisierten trägt. Ist sein Lebensstandard hoch, so deshalb, weil der des Kolonisierten niedrig ist; wenn er von Arbeitskräften profitieren kann, von einer zahlreichen und anspruchslosen Dienerschaft, so deshalb, weil der Kolonisierte nach Belieben ausgebeutet werden kann und von den Gesetzen der Kolonie nicht geschützt wird; wenn er so leicht einen Posten in der Verwaltung erhält, so darum, weil diese Stellen für ihn reserviert werden und der Kolonisierte von ihnen ausgeschlossen ist; je freier er atmet, um so mehr schnürt es dem Kolonisierten die Kehle zu.

Es ist unmöglich für ihn, das alles nicht zu entdecken. Er ist es nicht, den die öffentlichen Reden vielleicht überzeugen werden, denn diese Reden hat er selbst, sein Vetter oder sein Freund verfasst; die Gesetze, die seine weitgehenden Rechte und die Pflichten der Kolonisierten festhalten, sie sind von ihm gemacht, die kaum verhüllten Anweisungen zur Diskriminierung, die Quoten bei den Ausscheidungsprüfungen und Stellenvergaben; er ist zwangsläufig in das Geheimnis ihrer Anwendung eingeweiht, da er nun einmal damit betraut ist. Selbst wenn er sich gegenüber dem Funktionieren des gesamten Apparates blind und taub stellen wollte – es genügt, dass er dessen Früchte empfängt: der Nutznießer des gesamten Unternehmens ist eben er.

### *Der Usurpator*

Es ist also unmöglich, dass er die fortdauernde *Illegitimität* seiner Situation überhaupt nicht wahrnimmt. Darüber hinaus ist es in gewisser Weise eine zweifache Illegitimität. Als Fremder, der in der Folge historischer Zufälle ins Land gekommen ist, hat er nicht nur erfolgreich einen Platz für sich erobert, sondern ebenso erfolgreich den des Einwohners genommen und sich unerhörte Privilegien auf Kosten der eigentlichen Anspruchsberechtigten gewährt. Und das nicht aufgrund örtlicher Gesetze, die auf ihre Weise aus der Tradition die bestehende Ungleichheit legitimieren, sondern indem er die hergebrachten Regeln außer Kraft setzt und an deren Stelle die eigenen einführt. Damit erweist er sich in doppelter Weise als ungerecht: er ist ein Privilegierter, dazu noch illegitim privilegiert, er ist ein Usurpator. Und schließlich ist er das nicht nur in den Augen des Kolonisierten, sondern auch in seinen eigenen. Wenn er gelegentlich einwendet, dass es auch unter den Kolonisierten Privilegierte gibt, Feudalherren oder Bourgeois, deren Reichtum dem seinen gleichkommt oder ihn übertrifft, so tut er das ohne Überzeugung. Dass man nicht der einzige Schuldige ist, kann einen zwar beruhigen, aber nicht freisprechen. Er würde rasch erkennen, dass die Privilegien der eingeborenen Privilegierten weniger empörend sind als die seinigen. Er weiß ferner, dass selbst die bevorzugtesten Kolonisierten nie etwas anderes als Kolonisierte sein werden, d.h. ihnen werden bestimmte Rechte auf ewig vorenthalten, bestimmte Vorteile strikt verweigert. Kurz gesagt, er weiß, dass er in seinen eigenen und in den Augen seines Opfers der Usurpator ist: mit diesen Aspekten und dieser Situation muss er sich abfinden.

### *Der kleine Kolonisator*

Bevor wir sehen, wie diese drei Entdeckungen – Profit, Privileg und Usurpation –, diese drei Schritte im Bewusstsein des Kolonisators seine Person formen werden, durch welche Mechanismen sie aus dem Neuankömmling einen Kolonisator oder Kolonialisten machen, müssen wir erst einem häufig gemachten Einwand begegnen: in der Kolonie, so ist oft zu hören, leben nur Kolonisten (»colons«). Wie kann man bei Eisenbahnern von Privilegierten sprechen, bei mittleren Beamten oder selbst bei kleinen Landwirten, die hart rechnen müssen, um ebenso gut zu leben wie ihre Landsleute in vergleichbaren Stellungen im Mutterland? …

Einigen wir uns auf eine praktische Terminologie und unterscheiden zwischen dem Koloniebewohner (»colonial«), dem Kolonisator (»colonisateur«) und dem Kolonialisten (»colonialiste«). Der Koloniebewohner wäre der Europäer, der in der Kolonie lebt, allerdings ohne Privilegien, so dass seine Lebensbedingungen nicht besser sind als die jener Kolonisierten, die seiner wirtschaftlichen und sozialen Schicht angehören. Aus Charakterveranlagung oder moralischer Überzeugung wäre er der wohlwollende Europäer, der gegenüber dem Kolonisierten nicht die Haltung des Kolonisators einnimmt. Also gut, sagen wir es gleich, obwohl wir soeben scheinbar das Gegenteil geäußert haben: *der so definierte Kolonialbewohner existiert nicht, weil alle Europäer in den Kolonien privilegiert sind.*

Gewiss, nicht alle Europäer in den Kolonien sind Potentaten, erfreuen sich eines Besitzes von mehreren Tausend Hektar Land und sitzen in führenden Verwaltungspositionen. Viele von ihnen sind selbst Opfer der Herren der Kolonisation. Sie werden von ihnen wirtschaftlich ausgebeutet und politisch benutzt, um Interessen zu verteidigen, die oft nicht mit den eigenen übereinstimmen. Aber die gesellschaftlichen Verhältnisse sind fast nie eindeutig. Im Gegensatz zu allem, was man gern glauben möchte, zu den frommen Wünschen wie zu den betreffenden Beteuerungen: tatsächlich ist der kleine Kolonisator im Allgemeinen mit dem Kolonisator solidarisch und ein hartnäckiger Verteidiger kolonialer Prinzipien. Warum?

Solidarität mit seinesgleichen? Defensive Reaktion als Äußerung der Angst einer Minderheit, die inmitten einer feindseligen Mehrheit lebt? Zum Teil. Aber in den schönen Zeiten der Kolonisation, als die Europäer der Kolonien noch von Polizei und Armee sowie einer ständig interventionsbereiten Luftwaffe geschützt waren, da hatten sie keine Angst, jedenfalls nicht genug, um eine solche Einmütigkeit zu erklären. Mystifikation? Sicherlich eher. Es trifft zu, dass der kleine Kolonisator selbst einen Kampf führen, eine Befreiung zuwege bringen müsste, wenn er nicht so sehr von den eigenen Leuten hinters Licht geführt und von der Geschichte geblendet wäre. Aber ich glaube nicht daran, dass eine Mystifikation sich auf eine vollständige Illusion gründen, das menschliche Verhalten gänzlich beherrschen kann. Wenn der kleine Kolonisator das Kolonialsystem mit einer solchen Verbissenheit verteidigt, so deshalb, weil er mehr oder weniger davon profitiert. Die Mystifikation liegt darin, dass er mit der Verteidigung seiner höchst beschränkten Interessen zugleich andere, weit wichtigere verteidigt, deren Opfer er außerdem noch ist. Aber selbst als Betrogener und Opfer kommt auch er noch auf seine Rechnung.

Und zwar deshalb, weil das Privileg eine relative Angelegenheit ist: ob mehr oder weniger, jeder Kolonisator ist privilegiert, denn er ist es *vergleichsweise* und zum Schaden des Kolonisierten. Fallen die Privilegien der Mächtigen der Kolonisation ins Auge, so sind die winzigen Privilegien auch des kleinen Kolonisators doch zahlreich. Jede Geste seines täglichen Lebens bringt ihn in ein Verhältnis mit dem Kolonisierten, und mit jeder Geste profitiert er von einem anerkannten Vorteil. Hat er Schwierigkeiten mit den Gesetzen? Die Polizei und selbst die Justiz werden ihn milder behandeln. Benötigt er einen Dienst der Verwaltung? Das wird für ihn weniger bürokratisch erledigt; die Formalitäten werden abgekürzt, man wird ihm einen Schalter vorbehalten, vor dem weniger Bittsteller stehen und wo er nicht so lange warten muss. Er sucht eine Stelle? Muss er sich einem Auswahlverfahren unterziehen? Die Stellen und Posten werden für ihn im Voraus reserviert; die Prüfungen werden in seiner Sprache durchgeführt, was für den Kolonisierten Schwierigkeiten mit sich bringt, die ihm kaum eine Chance lassen. Ist er denn so mit Blindheit geschlagen, dass er niemals zu sehen vermag, dass er bei objektiv gleichen Umständen, gleicher wirtschaftlicher Stellung und bei gleichen Leistungen immer im Vorteil ist? Wendet er denn kein einziges Mal den Kopf, um all die Kolonisierten zu bemerken, einige unter ihnen ehemalige Mitschüler oder Kollegen, die er so weit hinter sich gelassen hat?

Aber auch wenn er nichts verlangen würde und nichts nötig hätte – es genügt bereits sein bloßes Erscheinen, damit sich an seine Person das positive Vorurteil all jener heftet, die in der Kolonie zählen, ja sogar noch das Vorurteil derer, die nicht zählen, denn er profitiert von dem positiven Vorurteil, vom Respekt des Kolonisierten selbst, der ihm mehr zugesteht als den Besten seinesgleichen, der z. B. seinem Wort mehr Vertrauen schenkt als einem seiner eigenen Landsleute. Und das alles, weil er von Geburt an eine Eigenschaft besitzt, die unabhängig von seinen persönlichen Leistungen oder seiner objektiven Klasse ist: er gehört zur Gruppe der Kolonisatoren, deren Werte herrschen und an denen er teilhat. Das Land richtet sich nach seinen traditionellen Feiertagen, ja selbst nach seinen religiösen Festen und nicht nach denen der Einheimischen; der arbeitsfreie Tag in der Woche ist der seines Herkunftslandes, es ist die Flagge seiner Nation, die auf den großen Bauwerken weht, es ist seine Muttersprache, die den gesellschaftlichen Umgang ermöglicht; selbst seine Kleidung, sein Akzent, sein Benehmen drängen sich schließlich dem Kolonisierten zur Nachahmung auf. Der Kolonisator partizipiert an einer überlegenen Welt, und er kann gar nicht anders als automatisch deren Privilegien zu genießen.

Und es ist abermals ihre konkrete, ökonomische, psychologische Situation innerhalb des kolonialen Komplexes, einerseits gegenüber den Kolonisierten, andererseits den Kolonisatoren, die etwas über den Charakter der anderen Bevölkerungsgruppen aussagt, über jene, die weder Kolonisatoren noch Kolonisierte sind: die Staatsangehörigen der anderen Mächte (Italiener und Malteser in Tunesien), die Anwärter auf eine Assimilierung (die Mehrheit der Juden) und die in neuerer Zeit Assimilierten (Korsen in Tunesien, Spanier in Algerien). Man könnte noch die Behördenangestellten hinzufügen, die aus den Kolonisierten selbst rekrutiert worden sind.

Die Armut der Italiener oder der Malteser ist so groß, dass es lächerlich scheinen mag, bei ihnen von Privilegien zu sprechen. Aber wenn sie auch oft genug schlimm dran sind, so tragen doch die wenigen Brosamen, die man ihnen achtlos hinwirft, dazu bei, sie aufzuspalten und tatsächlich von den Kolonisierten zu trennen. Mehr oder weniger im Vorteil gegenüber den kolonisierten Massen, zeigen sie eine Tendenz, ihnen gegenüber ähnliche Beziehungen herzustellen, wie sie zwischen Kolonisator und Kolonisiertem bestehen. Zugleich sind sie keineswegs identisch mit der Gruppe der Kolonisatoren, haben in dem kolonialen Komplex nicht dieselben Funktionen und unterscheiden sich von dieser Gruppe auf je spezifische Weise.

All diese Nuancen werden unmittelbar deutlich, sobald man das Verhältnis dieser Personen zur kolonialen Situation untersucht. Wenn die Italiener in Tunesien die Franzosen auch immer um ihre Privilegien in Justiz und Verwaltung beneidet haben, so sind sie dennoch in einer besseren Lage als die Kolonisierten. Sie stehen unter dem Schutz internationaler Gesetze und eines durchaus aktiven Konsulats, ständig unter den wachsamen Augen der Metropole. Vom Kolonisator alles andere als ablehnend behandelt, sind oft sie es, die sich lange Zeit nicht entscheiden können zwischen der Assimilierung und der Treue zu ihrem Heimatland. Schließlich sind es dieselbe europäische Herkunft, eine gemeinsame Religion und zumeist dieselben Sitten, die sie gefühlsmäßig dem Kolonisator näherbringen. Aus all dem resultieren am Ende gewisse Vorteile, die der Kolonisierte zweifellos nicht genießt: eine erleichterte Stellensuche, eine weniger große Ungesichertheit gegenüber Not und Krankheit und eine weniger ungewisse Schulbildung für die Kinder; schließlich auch bestimmte Rücksichten von Seiten des Kolonisators, eine weitgehend respektierte Menschenwürde. Man wird verstehen, dass sie – obwohl theoretisch ebenfalls benachteiligt – gegenüber dem Kolonisierten bestimmte Verhaltensweisen an den Tag legen, die sie mit dem Kolonisator gemein haben.

Gegenbeweis: die Italiener, die aufgrund ihrer Verwandtschaft zweiten Grades mit dem Kolonisator von der Kolonisation nur aus zweiter Hand profitieren, stehen den Kolonisierten sicherlich näher als den Franzosen. Sie unterhalten mit ihnen nicht diese gezwungenen, förmlichen Beziehungen, sie haben nicht diesen Ton an sich, aus dem immer der Herr herausklingt, der sich an seine Sklaven wendet, ein Ton, von dem sich der Franzose überhaupt nicht freimachen kann. Im Gegensatz zu den Franzosen sprechen die Italiener fast alle die Sprache des Kolonisierten, pflegen mit ihnen dauerhafte Freundschaften, und, ein besonders aufschlussreiches Merkmal, sie gehen auch Mischehen mit ihnen ein. Kurz gesagt, die Italiener, die darin keinen besonderen Vorteil zu sehen vermögen, halten nicht auf große Distanz zwischen sich und den Kolonisierten. Dasselbe Resultat würde sich, um nur einige Nuancen verschoben, auch bei den Maltesern ergeben.

Die Situation der Juden – ewig schwankende und erfolglose Anwärter auf eine Assimilierung – lässt sich unter einem ähnlichen Aspekt sehen. Ihr beständiger und nur zu berechtigter Ehrgeiz dient dem Ziel, ihrer Lage als Kolonisierte zu entrinnen, eine zusätzliche Last in einer ohnehin drückenden Situation. Deshalb bemühen sie sich, dem Kolonisator zu gleichen, in der offen geäußerten Hoffnung, dass er in ihnen nicht länger etwas anderes als sich selbst sehen möge. Daher ihre Versuche, die Vergangenheit zu vergessen und gemeinsame Gewohnheiten abzulegen, daher ihre enthusiastische Übernahme der Sprache, der Kultur und der Sitten des Okzidents. Der Kolonisator weist zwar diese Aspiranten auf einen Platz unter seinesgleichen nicht immer offen zurück, aber er hat ihnen auch noch nie gestattet, einen solchen Platz zu erobern. So leben sie in einem schmerzlichen und beständigen Zwiespalt. Vom Kolonisator nicht angenommen, teilen sie manches von der konkreten Situation des Kolonisierten und sind mit ihm tatsächlich in vieler Hinsicht solidarisch, aber im Übrigen lehnen sie die Werte des Kolonisierten ab, als gehöre dieser einer untergehenden Welt an, der sie mit der Zeit zu entrinnen hoffen.

Die seit kurzem Assimilierten sind im Allgemeinen weitab vom durchschnittlichen Kolonisator anzusiedeln. Jeder von ihnen möchte den anderen als Kolonisator übertrumpfen; sie tragen eine stolze Verachtung des Kolonisierten zur Schau und kehren beständig ihren erborgten Adel heraus, was häufig ihre bürgerliche Rohheit und ihre Gier kaschieren soll. Noch zu unsicher im Umgang mit ihren Privilegien, können sie diese nur in Angst genießen und verteidigen sie besonders erbittert. Und wenn die Kolonisation einmal in Gefahr gerät, so stellen sie deren tatkräftigste Verteidiger, ihre Stoßtruppen und hier und da auch ihre Provokateure. Jene Kolonisierten, die eine Position unter den Behördenangestellten, Führungskräften, Polizisten oder als Kaid* usw. erlangt haben, bilden eine Gruppe, die das Ziel verfolgt, ihrer politischen und gesellschaftlichen Situation zu entfliehen. Indem sie sich jedoch entscheiden, zu diesem Zweck in den Dienst des Kolonialherren zu treten und ausschließlich seine Interessen zu verteidigen, übernehmen sie am Ende auch seine Ideologie, sogar den eigenen Leuten und sich selbst gegenüber.

Sie alle schließlich, die mehr oder weniger mystifiziert, mehr oder weniger Nutznießer sind, sie werden so weit missbraucht, dass sie das ungerechte System akzeptieren (indem sie es verteidigen oder sich damit abfinden), das so schwer auf dem Kolonisierten lastet. Ihre Verachtung kann nur eine Entschädigung sein für ihr Elend, so wie auch der europäische Antisemitismus nur allzu oft eine bequeme Ablenkung ist. Das also ist das Prinzip der Pyramide der kleinen Tyrannen: jeder wird von einem Mächtigeren gesellschaftlich unterdrückt und findet immer einen weniger Mächtigen, auf den er sich stützen und dem gegenüber er selbst Tyrann sein kann. Welche Genugtuung und welcher Stolz für einen kleinen Schreiner, der nicht kolonisiert ist, neben einem arabischen Hilfsarbeiter einherzugehen, der auf dem Kopf eine Bretterdiele und ein paar Nägel trägt! Für alle existiert zumindest jene tiefe Befriedigung, im Schlechten besser dazustehen als der Kolonisierte: sie sind niemals so ganz und gar in jene Erniedrigung verstrickt, in die sie durch die koloniale Tatsache gedrängt werden.

### *Vom Koloniebewohner zum Kolonisator*

Den Koloniebewohner gibt es nicht, da es nicht vom einzelnen Europäer in den Kolonien abhängt, ob er Koloniebewohner bleibt, selbst wenn er die Absicht dazu hätte.

Ob er es ausdrücklich gewünscht hat oder nicht, er wird durch die Institutionen, die Sitten und die Menschen als Privilegierter empfangen. Vom Zeitpunkt seiner Ankunft oder von Geburt an befindet er sich in einer Situation vollendeter Tatsachen, in der sich jeder Europäer befindet, der in der Kolonie lebt, und die ihn zum Kolonisator macht. Tatsächlich stellt sich jedoch das moralische Grundproblem für den Kolonisator nicht auf dieser Ebene, nämlich das der Verpflichtung seiner Freiheit und damit seiner Verantwortung. Er hätte zweifellos auch die Wahl gehabt, das koloniale Abenteuer nicht zu wagen, aber sobald das Unternehmen gestartet ist, hängt es nicht mehr von ihm ab, dessen Bedingungen abzulehnen. Wir müssen

* Höherer arabischer Beamter im Dienst der Kolonialmacht (A.d.Ü.)

noch hinzufügen, dass er sich vielleicht als Opfer dieser Bedingungen gefunden hat, unabhängig von jeder vorherigen Wahl, wenn er in der Kolonie als Kind von Kolonisatoren geboren wurde oder wenn er zum Zeitpunkt seiner Entscheidung den realen Sinn der Kolonisation wirklich nicht gekannt hat.

Das eigentliche Problem des Kolonisators stellt sich auf einer zweiten Ebene: wenn er einmal den Sinn der Kolonisation erkannt und sich seine eigene Lage sowie die des Kolonisierten und die notwendige Beziehung zwischen beiden bewusst gemacht hat, wird er dann diese Bedingungen akzeptieren? Wird er sich als Privilegierten verneinen oder bejahen und so das Elend des Kolonisierten, dieses zwangsläufige Korrelat seiner Privilegien verstärken? Wird er Usurpator bleiben und damit die Unterdrückung und das Unrecht gegenüber dem eigentlichen Einwohner der Kolonie bestätigen, diese notwendigen Bedingungen der eigenen weitgehenden Freiheit und des eigenen Prestiges? Wird er sich schließlich als Kolonisator bejahen, dieses Bild von ihm, das bereits auf ihn wartet, von dem er spürt, wie es bereits Gestalt annimmt unter der beginnenden Gewöhnung an das Privileg und die Unrechtmäßigkeit, ständig unter den Blicken der Usurpierten? Wird er sich mit dieser Situation abfinden, mit diesem Blick und mit seiner eigenen Verurteilung, der er bald nicht mehr entgehen kann?

## 2. Der Kolonisator, der sich verneint

*Der wohlmeinende Kolonisator …*

Auch wenn sich jeder Koloniebewohner in der unmittelbaren Lage des Kolonisators befindet, so liegt doch keine Zwangsläufigkeit darin, dass aus jedem Kolonisator ein Kolonialist wird. Und die Besten verweigern sich demgegenüber. Aber das Kolonialverhältnis ist keine bloße Idee, sondern ein Ensemble *gelebter Situationen*, und wer sie ablehnt, dem bleibt nur die Wahl, sich diesen Situationen physisch zu entziehen oder auf seinem Platz zu verharren und für deren Veränderung zu kämpfen. Es kommt vor, dass ein Neuankömmling, ein zufällig von seiner Firma versetzter Angestellter oder ein Beamter mit guten Absichten – seltener ein weniger naiver oder gedankenloser Geschäftsmann oder höherer Beamter – betroffen von seinen ersten Kontakten mit den kleinen Aspekten der Kolonisation, der Vielzahl der Bettler, den halbnackt herumirrenden Kindern, den Trachomen usw., irritiert angesichts einer ebenso offensichtlichen Organisation des Unrechts, empört über den Zynismus seiner eigenen Landsleute (»Beachten Sie das Elend einfach nicht, Sie werden sehen, man gewöhnt sich sehr schnell daran!«), nach kurzer Zeit erwägt, wieder abzureisen. Da er verpflichtet ist, bis zum Ablauf seines Kontrakts auszuharren, läuft er tatsächlich Gefahr, sich an das Elend und alles Übrige zu gewöhnen. Aber es kommt vor, dass unser Mann, der nichts anderes als Koloniebewohner sein wollte, sich nicht daran gewöhnt: dann wird er zurückkehren.

Es kann auch geschehen, dass er aus den verschiedensten Gründen nicht abreist. Aber nachdem er den ökonomischen, politischen und den moralischen Skandal der Kolonisation einmal erkannt hat und ihn unmöglich wieder vergessen kann, ist es ihm auch nicht mehr möglich, das zu werden, was seine Landsleute geworden sind. Er entschließt sich zu bleiben, und zwar mit der Absicht, die Kolonisation abzulehnen.

Aber das ist nicht unbedingt eine vehemente Verweigerung. Diese Empörung geht nicht immer Hand in Hand mit einer Entscheidung für eine aktive politische Betätigung. Es ist mehr eine prinzipielle Haltung, einige Beteuerungen, die einen Kongress von Gemäßigten nicht erschrecken würden, jedenfalls nicht in der Metropole. Ein Protest, von Zeit zu Zeit eine Unterschrift, vielleicht geht er so weit, einer Gruppe beizutreten, die dem Kolonisierten nicht ganz und gar feindlich gegenübersteht. Das genügt bereits, um ihm bald bewusst zu machen, dass er nichts anderes getan hat, als etwas an seinen Schwierigkeiten und seinem Unbehagen zu verändern. Es ist nicht so einfach, sich einer konkreten Situation in Gedanken zu entziehen, sich deren Ideologie zu verweigern und dabei fortwährend deren objektive Verhältnisse zu erleben. Sein Leben trägt fortan das Signum eines Widerspruchs, der bei jedem seiner Schritte auftaucht und ihm jede Übereinstimmung mit sich selbst und jede Ruhe nehmen wird.

Wehrt er sich im Grunde genommen nicht lediglich gegen einen Teil seiner selbst, gegen das, zu dem er allmählich wird, sobald er das Leben in der Kolonie für sich akzeptiert? Denn diese Privilegien, die er halblaut aufkündigt, sind auch die seinen, auch er genießt sie. Wird er weniger zuvorkommend behandelt als seine Landsleute? Profitiert er nicht von denselben Erleichterungen, wenn er reisen will? Wie sollte er nicht halb zerstreut überschlagen, dass er sich bald einen Kühlschrank, einen Wagen und vielleicht sogar ein Haus leisten kann? Wie sollte er es anstellen, sich dieses Prestiges zu entledigen, das ihn wie ein Heiligenschein umgibt und über das er sich gern empören möchte?

Sollte er seinen Widerspruch schließlich etwas abschwächen und sich in seiner unbehaglichen Lage einrichten, dann werden ihn auch seine Landsleute noch zur Raison bringen. Zunächst mit einer ironischen Nachsicht; sie kennen diese etwas alberne Befangenheit des Neuankömmlings aus eigener Erfahrung; sie wird sich in den Prüfungen des Koloniallebens unter einer Vielzahl kleiner und angenehmer Kompromisse von selbst geben.

Sie *muss* sich einfach geben, man besteht darauf, denn die humanitäre Romantik gilt in der Kolonie als schwere Krankheit, als die schlimmste aller Gefahren. Sie ist nicht mehr und nicht weniger als der Übergang in das Lager des Feindes.

Wenn er hartnäckig bleibt, so wird er lernen, dass er sich auf einen unausgesprochenen Konflikt mit den Seinen einlässt, der stets offen bleibt und nur durch seine Niederlage oder seine Heimkehr in den Schoß der Kolonisatoren beendet werden kann. Es ist schon erstaunlich, wie heftig die

Kolonisatoren auf jeden aus den eigenen Reihen reagieren, der die Kolonisation gefährdet. Offensichtlich können sie gar nicht anders, als in ihm einen Verräter zu sehen. Er stellt sie in ihrer ganzen Existenz in Frage, er bedroht das gesamte Mutterland, das sie repräsentieren wollen und letztlich in der Kolonie auch repräsentieren. Die Unstimmigkeit liegt nicht bei ihnen. Was wäre, strenggenommen, das logische Resultat der Haltung eines Kolonisators, der die Kolonisation ablehnt? Doch nur der Wunsch nach ihrem Verschwinden, d.h. nach dem Verschwinden der Kolonisatoren als solcher. Wie sollten sie sich nicht wütend gegen eine Einstellung verteidigen, die auf ihre Opferung hinauslaufen würde, auf dem Altar der Gerechtigkeit vielleicht, aber letztlich doch auf ihr Opfer. Und das um so mehr, wenn sie die ganze Ungerechtigkeit ihrer Position erkennen würden. Aber gerade sie haben sie akzeptiert und sich mit Mitteln daran gewöhnt, die wir noch kennenlernen werden. Wenn er diesen unerträglichen Moralismus nicht überwindet, der ihn am Leben hindert, wenn er daran so fest glaubt, dass er den Anfang damit macht, aus der Kolonie fortzugehen, dann beweist er, dass es ihm ernst ist mit seinen Gefühlen, er fängt an, seine Probleme zu lösen... und hört auf, seinen Landsleuten welche zu schaffen. Im anderen Fall darf er nicht darauf zu hoffen, sie völlig unbehelligt weiterhin beunruhigen zu können. Sie werden zum Angriff übergehen und ihm Schlag auf Schlag versetzen; seine Kollegen werden gehässig, seine Vorgesetzten bedrohen ihn; das geht bis zu seiner Frau, die sich ins Zeug legen und weinen wird – Frauen haben weniger Probleme mit einer abstrakten Humanität –, sie gesteht es ein, die Kolonisierten bedeuten ihr nichts, und sie fühlt sich nur unter Europäern wohl.

Gibt es also keinen anderen Ausweg als die reuevolle Heimkehr in den Schoß der kollektiven Kolonialität oder die Abreise? Doch, einen gibt es noch. Da sein Aufbegehren ihm die Tür zur Kolonisation versperrt hat und ihn inmitten der Kolonialwüste isoliert, warum sollte er nicht an die des Kolonisierten pochen, den er verteidigt und der ihn sicherlich dankbar und mit ausgebreiteten Armen empfangen würde. Er hat erkannt, dass das eine das Lager des Unrechts ist, demnach muss das andere das Lager des Rechts sein. Dann soll er doch noch einen Schritt tun und den Weg seiner Revolte zu Ende gehen, die Kolonie besteht ja nicht nur aus Europäern! Er lehnt die Kolonisatoren ab und wird von ihnen verurteilt – warum nimmt er nicht die Kolonisierten an und lässt sich von ihnen annehmen, warum wird er nicht zum Überläufer?

In Wirklichkeit gibt es so wenige Kolonisatoren, selbst wenn sie sehr guten Willen beweisen, die daran denken, diesen Weg einzuschlagen, dass das Problem eher theoretischer Natur ist; aber für das Verständnis der kolonialen Situation ist es entscheidend. Die Verneinung der Kolonisation ist eine Sache, den Kolonisierten zu bejahen und sich von ihm bejahen zu lassen, scheint eine andere zu sein, und zwischen beidem besteht alles andere als ein Zusammenhang.

Um diese zweite Sinnesänderung zuwege zu bringen, hätte unser Mann anscheinend ein moralischer Held sein müssen, und schon weit davor ergreift ihn ein Schwindelgefühl. In letzter Konsequenz, so haben wir gesagt, hätte er mit dem Lager der Unterdrücker, mit deren Wirtschaft und Verwaltung brechen müssen. Das wäre der einzige Weg, ihnen den Mund zu stopfen. Was für eine entscheidende Demonstration, auf ein Viertel seines Einkommens oder auf die bevorzugte Behandlung durch die Verwaltung zu verzichten! Aber lassen wir das; man gibt heutzutage durchaus zu, dass man in Erwartung der Revolution Revolutionär und Ausbeuter zugleich sein kann. Er stellt fest, dass die Kolonisierten das Recht auf ihrer Seite haben, dass er so weit gehen kann, ihnen zuzustimmen oder sogar Hilfe anzubieten, aber damit ist er auch am Ende mit seiner Solidarität: *er gehört nicht zu ihnen und verspürt auch keinerlei Bedürfnis danach.* Undeutlich ahnt er den Tag ihrer Befreiung, die Rückeroberung ihrer Rechte, aber er denkt nicht einmal ernstlich daran, ihre befreite Existenz mit ihnen zu teilen.

Ein Zeichen für Rassismus? Mag sein, ohne dass ihm das besonders bewusst wäre. Wer kann sich davon völlig befreien in einem Land, in dem jedermann von ihm befallen ist, einschließlich der Opfer? Ist es so natürlich, auch nur in Gedanken, ohne dazu verpflichtet zu sein, ein Geschick auf sich zu nehmen, auf dem eine so tiefe Verachtung lastet? Wie sollte er es überhaupt anstellen, diese Verachtung auf sich zu ziehen, die sich an die Person des Kolonisierten heftet? Und wie sollte er auf den Gedanken kommen, an einer schließlichen Befreiung teilzunehmen, da er doch schon frei ist? In der Tat, das alles ist nur ein Gedankenspiel. Und überdies handelt es sich gar nicht unbedingt um Rassismus! Er hat einfach Zeit gehabt, sich darüber klar zu werden, dass die Kolonie keine Verlängerung der Metropole und für ihn keine Heimat ist. Das steht nicht im Widerspruch zu seinen Grundpositionen. Im Gegenteil, weil er den Kolonisierten entdeckt hat, seine existenzielle Eigenständigkeit, weil der Kolonisierte plötzlich nicht länger Bestandteil seines exotischen Traums, sondern zur lebendigen und leidenden Menschheit geworden ist, weigert sich der Kolonisator, an dessen Vernichtung teilzuhaben und entschließt sich, ihm zu Hilfe zu kommen. Aber gleichzeitig hat er verstanden, dass er nichts anderes getan hat, als seinen Wohnsitz zu wechseln: er hat eine andere Zivilisation vor sich, andere Sitten als die eigenen und Menschen, deren Reaktionen ihn oft überraschen und mit denen er keine tiefe Übereinstimmung empfindet.

Und da wir einmal an diesem Punkt angelangt sind, sollte er sich auch eingestehen – selbst wenn er sich dagegen wehrt, hierin mit dem Kolonialisten übereinzustimmen –, dass er gar nicht anders kann, als diese Gesellschaft und diese Menschen negativ zu beurteilen. Wie könnte man leugnen, dass ihre Sitten merkwürdig verknöchert sind, ihre Technik hoffnungslos rückständig und ihre Kultur überholt ist? Nun, er zögert nicht mit der Antwort: für diese Fehler kann man die Kolonisierten nicht verantwortlich machen, sie gehen auf das Konto einer jahrzehntelangen Kolonisation, die ihre eigene Geschichte eingeschläfert hat. Bestimmte Argumente der Kolonialisten machen ihm manchmal zu schaffen, z.B. die Frage, ob die Kolonisierten nicht bereits *vor* der Kolonisation rückständig waren. Wenn sie sich kolonisieren ließen, dann gerade deshalb, weil sie nicht in der Lage waren zu kämpfen, weder militärisch noch technisch. Gewiss, ihr Versagen in der Vergangenheit bedeutet nichts für die Zukunft; kein Zweifel, dass sie diesen Rückstand aufholen würden, wenn man ihnen die Freiheit gäbe; er ist voll Vertrauen in die geistigen Fähigkeiten der Völker, eigentlich aller Völker. Trotzdem bleibt, dass er von einem grundlegenden Unterschied zwischen dem Kolonisierten und sich ausgeht. Das Kolonialverhältnis ist spezifisch historisch, die Lage und der Zustand des Kolonisierten, zum augenblicklichen Zeitpunkt natürlich, sind dennoch besonderer Art. Er räumt auch ein, dass dies für ihn weder sein Verhältnis noch seine Situation noch sein Zustand ist.

Zuverlässiger als die großen geistigen Erschütterungen werden ihn die kleinen Zermürbungen des täglichen Lebens in dieser entscheidenden Entdeckung bestärken. Anfangs hat er Kuskus aus Neugier gegessen, jetzt kostet er ihn nur noch von Zeit zu Zeit aus Höflichkeit, er findet, dass er schwer im Magen liegt und eine geisttötende Wirkung hat, ohne wirklich nahrhaft zu sein. »Es ist ›étouffe-chrétien‹ «, sagt er scherzhaft und meint damit, dass er stopft. Oder, wenn er Kuskus gern isst, dann kann er diese »Jahrmarktmusik« nicht ertragen, die ihm jedes Mal entgegenschlägt und ihn halb benommen macht, wenn er an einem Café vorbeigeht; »dass das immer so laut sein muss! wie können sie sich dabei noch unterhalten?« Er leidet unter diesem Geruch von ranzigem Hammelfett, der aus dem Hängeboden unter der Treppe oder aus dem Stockwerk dringt, in dem der kolonisierte Hausmeister wohnt, und der das Haus verpestet. Viele Eigenheiten des Kolonisierten schockieren oder irritieren ihn. Er empfindet einen Widerwillen, den er vergeblich zu verbergen sucht und der sich in seinen Bemerkungen verrät, die denen des Kolonialisten merkwürdig ähnlich sind. Tatsächlich hat er sich weit entfernt von jenem Augenblick, da er *a priori* sicher war, dass es überall auf der Welt nur eine menschliche Natur gebe. Sicherlich glaubt er noch daran, aber eher wie an eine abstrakte Universalität oder ein Ideal, das in der geschichtlichen Zukunft liegt …

Sie gehen zu weit, wird man sagen, Ihr wohlmeinender Kolonisator ist gar nicht mehr so wohlmeinend: er hat sich allmählich gewandelt, ist er jetzt nicht schon zum Kolonialisten geworden? Keineswegs; diese Anklage wäre in den meisten Fällen vorschnell und ungerecht. Man kann einfach nicht sein ganzes Leben lang in einer Umgebung *leben*, die für einen pittoresk bleibt, d.h. in einem mehr oder weniger starken Grad unvertraut. Man kann sich dafür als Tourist interessieren, sich eine Zeitlang dafür begeistern, aber am Ende wird man ihrer überdrüssig und wehrt sich dagegen. Um ohne Beklemmung zu leben, darf man nicht von sich und der Welt abgelenkt werden, man muss um sich herum die Gerüche und Geräusche seiner Kindheit wiederherstellen – sie allein verlangen keinen großen Aufwand, sondern lediglich spontane Gesten und Gefühlsreaktionen. Es wäre ebenso absurd, einen solchen Gleichklang von Seiten des wohlwollenden Kolonisators zu verlangen, wie von den linken Intellektuellen zu fordern, die Arbeiter nachzuahmen, wie das vorübergehend Mode war. Nachdem man eine Zeitlang hartnäckig darauf bestanden hatte, nachlässig gekleidet zu erscheinen, seine Hemden ewig lang anzubehalten und Nagelschuhe zu tragen, musste man wohl oder übel das Bornierte dieses Unterfangens einsehen. Immerhin sind hier die Sprache und die Grundlage der Küche gemeinsam, die Freizeitbeschäftigungen beruhen auf denselben Motiven, und die Frauen folgen demselben Rhythmus der Mode. Der Kolonisator kann nur auf eine wie auch immer geartete Identifikation mit dem Kolonisierten verzichten. »Warum sollte man in den arabischen Ländern keinen Fez tragen und sich in Schwarzafrika nicht das Gesicht dunkel färben?« hat mir eines Tages ein Lehrer gereizt zur Antwort gegeben.

Es ist nicht unwichtig hinzuzufügen, dass dieser Lehrer Kommunist war.

### *Die Politik und der wohlmeinende Kolonisator*

Nachdem ich das gesagt habe, gebe ich gern zu, dass man andererseits nicht in einen übertriebenen Romantizismus der nationalen Eigenheiten verfallen darf. Man kann der Meinung sein, dass die Anpassungsschwierigkeiten des wohlmeinenden Kolonisators keine übergroße Bedeutung haben; dass es im Wesentlichen auf die Geschlossenheit der ideologischen Haltung ankommt, nämlich auf die Verurteilung der Kolonisation. Vorausgesetzt natürlich, dass diese Schwierigkeiten nicht am Ende die Richtigkeit des moralischen Urteils in Frage stellen. Links oder rechts zu sein ist nicht nur eine

Frage der Denkweise, sondern auch (und vielleicht vor allem) eine Weise zu fühlen und zu leben. Stellen wir einfach fest, dass es nur sehr wenige Kolonisatoren gibt, die sich von diesem Widerwillen und diesem Zweifel nicht überwältigen lassen, und dass andererseits diese Nuancen mitberücksichtigt werden müssen, um das Verhältnis des wohlmeinenden Kolonisators zum Kolonisierten und zur kolonialen Situation zu verstehen.

Nehmen wir also an, es sei unserem wohlmeinenden Kolonisator gelungen, sowohl das Problem seiner eigenen Privilegien als auch das seiner affektiven Schwierigkeiten auszuklammern. Dann bleibt uns nur noch eine Betrachtung seiner ideologischen und politischen Einstellung.

Im Mutterland war er Kommunist oder Sozialist gleich welcher Schattierung oder einfach Demokrat und ist dies in der Kolonie geblieben. Er ist entschlossen, ungeachtet der möglichen Veränderungen seines eigenen individuellen oder nationalen Empfindungsvermögens dies auch weiterhin zu bleiben. Aber noch mehr: er ist auch entschlossen, als Kommunist, Sozialist oder Demokrat zu handeln, d.h., sich für wirtschaftliche Gleichheit und gesellschaftliche Freiheit einzusetzen, was, auf die Verhältnisse in der Kolonie übertragen, bedeutet, einen Kampf für die Befreiung des Kolonisierten und für die Gleichheit von Kolonisatoren und Kolonisierten zu führen.

### *Der Nationalismus und die Linke*

Damit berühren wir eines der merkwürdigsten Kapitel in der Geschichte der gegenwärtigen Linken (sofern man es unternommen hätte, eine zu schreiben), dem man die Überschrift »Der Nationalismus und die Linke« geben könnte. Die politische Haltung eines Linken zur Kolonialfrage wäre darin ein besonderer Abschnitt; die vom linken Kolonisator gelebten menschlichen Beziehungen sowie die Art und Weise, wie er die Kolonisation zugleich verneint und lebt, wären ein weiterer.

In der europäischen Linken besteht ein unbestreitbares Unbehagen gegenüber dem Nationalismus. Der Sozialismus hat schon seit so langer Zeit seine Mission als internationalistisch verstanden, dass es so aussah, als bestehe ein unlösbarer Zusammenhang zwischen dieser Tradition und seiner Lehre, als gehöre der Internationalismus zum Bestand seiner grundlegenden Prinzipien. Bei den Linken meiner Generation provoziert das Wort »Nationalist« immer noch eine misstrauische, um nicht zu sagen feindselige Reaktion. Als die UdSSR, die »internationale Heimat« des Sozialismus, als Nation auftrat – aus Gründen, deren Erörterung wegen ihrer Komplexität hier unterbleiben muss – da schienen ihre Argumente selbst für viele ihrer ergebensten Bewunderer kaum überzeugend. Man wird sich erinnern, dass unlängst die Regierungen der vom Nazismus bedrohten Völker an nationale Regungen appelliert haben, die ein wenig in Vergessenheit geraten waren. Diesmal haben die Arbeiterparteien, durch das russische Beispiel vorbereitet, angesichts der drohenden Gefahr und der Entdeckung, dass das Nationalgefühl unter ihren Truppen noch mächtig war, sich diesem Appell angeschlossen und ihn erwidert. Die kommunistische Partei Frankreichs hat ihn sogar für sich beansprucht und sich als

»nationale Partei« proklamiert, die die Trikolore und die Marseillaise wieder in ihre alten Ehren einsetzt. Und es ist dieselbe Taktik – oder dieselbe Wiedererweckung –, die nach dem Krieg gegenüber den Versuchen des jungen Amerika aufkam, in den alten europäischen Nationen ihre Dollars zu investieren. Statt sich im Namen der sozialistischen Ideologie gegen eine kapitalistische Gefahr zu schlagen, haben es die kommunistischen Parteien und ein Großteil der Linken vorgezogen, die eine nationale Einheit der anderen nationalen Einheit entgegenzusetzen, und warfen in recht fataler Weise Amerikaner und Kapitalisten in einen Topf. Aus alledem hat sich schließlich eine gewisse Befangenheit der sozialistischen Einstellung zum Nationalismus ergeben, eine schwankende Haltung in der Ideologie der Arbeiterparteien. Die Zurückhaltung der Journalisten und Essayisten der Linken gegenüber diesem Problem ist in dieser Hinsicht höchst aufschlussreich. Sie gehen ihm so weit wie möglich aus dem Weg; sie wagen den Nationalismus weder zu verurteilen noch gutzuheißen; sie wissen weder, auf welche Weise, noch ob sie ihn überhaupt in ihr Verständnis der historischen Zukunft integrieren oder ob sie ihn unberücksichtigt lassen wollen. Mit einem Wort, die gegenwärtige Linke ist gegenüber dem Nationalismus ohne Orientierung.

Nun hat aus verschiedenen Gründen historischer, soziologischer und psychologischer Art der Kampf der Kolonisierten um ihre Befreiung einen ausgeprägt nationalen und nationalistischen Charakter angenommen. Während die europäische Linke einerseits gar nicht anders kann, als diesen Kampf wie jede Hoffnung auf Freiheit zu billigen, zu ermutigen und zu unterstützen, empfindet sie andererseits ein tiefes Zaudern, eine echte Besorgnis über die nationalistische Form dieser Befreiungsversuche. Aber noch mehr: das Wiederaufkommen des Nationalismus in den Arbeiterparteien ist vor allem eine neue *Form* für denselben *sozialistischen Inhalt.* So hat es den Anschein, als ob die soziale Befreiung, die das letzte Ziel bleibt, sich in Richtung auf eine mehr oder weniger dauerhafte nationale Form verändert hätte; die Internationalen haben die Nationen einfach zu früh begraben. Nun erkennt der Mann der Linken nicht immer genügend deutlich den unmittelbaren sozialen Inhalt des Kampfes der nationalistischen Kolonisierten. Kurz gesagt, er entdeckt in diesem Kampf des Kolonisierten, den er a priori unterstützt, weder die traditionellen Mittel noch die letzten Ziele dieser Linken wieder, der er angehört. Und diese Besorgnis, diese Orientierungslosigkeit sind natürlich beim Kolonisator der Linken besonders ausgeprägt, d.h. bei jenem Linken, der in der Kolonie lebt und mit diesem Nationalismus tagtäglich zu tun hat.

Greifen wir als Beispiel ein in diesem Kampf eingesetztes Mittel heraus: den Terrorismus. Es ist bekannt, dass die Tradition der Linken Terrorismus und politischen Mord verurteilt. Seit die Kolonisierten sich dazu entschlossen haben, diese Mittel einzusetzen, ist der Kolonisator der Linken in einen tiefen Konflikt geraten. Er versucht, den Terrorismus von der *bewussten* Handlung des Kolonisierten abzutrennen, aus ihm eine bloße Begleiterscheinung von dessen Kampf zu machen: das sind, so versichert er, spontane Ausbrüche von Massen, die zu lange unterdrückt waren, oder sogar Machenschaften von Seiten zweifelhafter Elemente, die von der Führung der Bewegung schwer unter Kontrolle zu bringen sind. Selbst in Europa gab es nur wenige, die als Beobachter und Bewunderer zu sagen wagten, dass die Unterdrückung des Kolonisierten so unmenschlich und das Missverhältnis der Kräfte so groß war, dass dieser – moralisch gerechtfertigt oder nicht – diese Mittel schließlich *bewusst* eingesetzt hat. Der Kolonisator der Linken mochte sich noch so sehr bemühen, bestimmte Aktionen erschienen ihm einfach unverständlich, empörend und politisch sinnlos, z.B. der Tod von Kindern oder Fremden bei den Anschlägen oder sogar von Kolonisierten, die zwar nicht grundsätzlich gegen den Kampf waren, diese bestimmte Praxis jedoch missbilligten. Am Anfang war er so verwirrt, dass ihm nichts Besseres einfiel, als solche Akte zu *leugnen*; in *seiner* Sicht des Problems konnten sie tatsächlich nirgends untergebracht werden. Dass es die Grausamkeit der Unterdrückung ist, die die Blindheit der Reaktion erklärt, das konnte er als Argument kaum gelten lassen: er kann beim Kolonisierten nicht gutheißen, was er selbst an der Kolonisation bekämpft, was der eigentliche Grund dafür ist, dass er sie verurteilt.

Nachdem er sich immer wieder in den Verdacht geflüchtet hat, die Nachricht von einem Terroranschlag sei eine Falschmeldung, sagt er schließlich angesichts der Aussichtslosigkeit seines Bemühens, dass solche Anschläge *Irrtümer* sind, d.h. dass sie *nicht* zum Wesen der Bewegung gehören *sollten*. Ich bin überzeugt, dass die Anführer sie missbilligen, beteuert er entschlossen. Ein Journalist, der stets die Sache der Kolonisierten unterstützt hatte und nicht länger auf Distanzierungen warten wollte, die nicht ausgesprochen wurden, forderte schließlich einige Anführer öffentlich auf, gegen diese Attentate Stellung zu nehmen. Selbstverständlich erfolgte keinerlei Reaktion, und seine Naivität ging nicht so weit, dass er auch noch auf einer Antwort bestanden hätte. Was konnte man gegenüber diesem Schweigen noch tun? Interpretieren. Er versuchte, das Phänomen sich und anderen trotz seines Unbehagens zu erklären, aber er versuchte niemals, und das muss hervorgehoben werden, es zu *rechtfertigen*. Die Anführer, so fügt er jetzt hinzu, können und werden nicht sprechen, aber deshalb denken sie nicht weniger daran. Das geringste Anzeichen einer Einsicht hätte er mit Freuden und Erleichterung aufgenommen. Und da diese Anzeichen nicht kommen können, sieht er sich vor eine fürchterliche Alternative gestellt: entweder er setzt die koloniale Situation mit jeder beliebigen anderen gleich, dann muss er auf sie dieselben Schemata anwenden, d. h. sie und den Kolonisierten aufgrund seiner traditionellen Werte verurteilen; oder er betrachtet die Lage in den Kolonien als etwas Besonderes und verzichtet auf seine gewohnten politischen Denkweisen, auf seine Werte, d.h., er verzichtet auf das, was ihn gerade dazu gebracht hat, Partei zu ergreifen. Kurz, entweder erkennt er den Kolonisierten nicht an, oder er erkennt sich selbst nicht mehr an. Da er sich indessen nicht entschließen kann, einen dieser beiden Wege einzuschlagen, bleibt er auf der Kreuzung und erhebt sich in die Lüfte. Er unterstellt abwechselnd den einen wie den anderen Hintergedanken nach seinen Vorstellungen und rekonstruiert einen Kolonisierten nach seinen Wünschen, kurz, er beginnt zu phantasieren.

Gleichermaßen beunruhigt ist er über die Zukunft dieser Befreiung, zumindest jedoch über deren unmittelbare Zukunft. Es geschieht häufig, dass die künftige Nation, die sich ahnt, bereits jenseits des Kampfes erkennbar wird, sich beispielsweise religiös gibt oder keinerlei Bemühen um demokratische Freiheiten an den Tag legt. Auch dort gibt es keinen anderen Ausweg, als ihr einen – noch kühneren und großzügigeren – verborgenen Gedanken zu unterschieben: im Grunde ihres Herzens sind alle klardenkenden und verantwortungsbewussten Kombattanten keine Theokraten, sie lieben die Freiheit und verehren sie. Es sind die Umstände, die ihnen nicht gestatten, ihre wahren Gefühle zu zeigen; der religiöse Glaube ist unter den kolonisierten Massen noch zu sehr lebendig, das darf man nicht vergessen. Sie zeigen kein besonderes Interesse an der Demokratie? Da sie genötigt sind, jede Hilfe anzunehmen, vermeiden sie auf diese Weise, die Besitzenden, Bourgeois und Feudalherren zu brüskieren.

Allerdings bequemen sich die widerspenstigen Fakten fast niemals dazu, den Platz einzunehmen, den seine Hypothesen ihnen zuweisen, und das Unbehagen des linken Kolonisators bleibt lebendig und ergreift ihn stets aufs Neue. Die Anführer der Kolonisierten können die religiösen Gefühle ihrer Untergebenen nicht verurteilen, das hat er eingesehen, aber so weit zu gehen, sich ihrer auch noch zu bedienen! Diese Proklamationen im Namen Gottes, der Begriff des heiligen Krieges beispielsweise, das ist ihm fremd und erschreckt ihn. Ist das wirklich noch reine Taktik? Wie sollte man übersehen, dass die meisten der ehemals kolonisierten Nationen sich, sobald sie befreit sind, beeilen, die Religion in ihre Verfassung aufzunehmen? Dass ihre neu entstehenden gesetzlichen Bestimmungen, ihre Rechtsprechung, kaum eine Ähnlichkeit mit den Prämissen von Freiheit und Demokratie aufweisen, die der linksstehende Kolonisator erwartet?

Jetzt, wo er innerlich davor zittert, sich ein weiteres Mal zu täuschen, geht er noch einen Schritt zurück und wagt eine Prognose über die etwas fernere Zukunft: *nach einiger Zeit* werden zweifellos aus dem Schoß dieser Völker Führer an die Spitze gelangen, die keine mystifizierten Bedürfnisse mehr äußern und in Übereinstimmung mit den moralischen (und sozialistischen) Geboten der Geschichte ihre wahren Interessen verteidigen. Es war unvermeidlich, dass allein die Bourgeoisie und die Grundherren, die sich eine gewisse Bildung aneignen konnten, die Kader der Bewegung stellen und ihr diese Gangart vorgegeben haben. *Nach einiger Zeit* werden sich die Kolonisierten von der Xenophobie und den rassistischen Versuchungen befreien, die der Kolonisator der Linken nicht ohne Besorgnis bei ihnen registriert. Es ist die unvermeidliche Reaktion auf den Rassismus und die Xenophobie des Kolonisators; man muss warten, bis der Kolonialismus samt den Wunden, die er im Fleisch der Kolonisierten zurückgelassen hat, verschwunden ist. Danach werden sie sich auch vom religiösen Obskurantismus befreien …

Aber indem er auf den Sinn des unmittelbaren Kampfes wartet, kann der Kolonisator der Linken nicht anders, als gespalten zu bleiben. Links zu sein, das bedeutet für ihn nicht nur, die nationale Befreiung der Völker zu akzeptieren und zu unterstützen, sondern auch die politische Demokratie und die Freiheit, die Wirtschaftsdemokratie und die Gerechtigkeit, die Ablehnung der rassistischen Xenophobie und den Universalismus, den materiellen und geistigen Fortschritt. Und wenn jede wirkliche Linke den nationalen Fortschritt der Völker wünschen und unterstützen muss, so auch, wenn nicht überhaupt aus dem Grund, weil dieser Fortschritt all dies bedeutet. Wenn der Kolonisator der Linken die Kolonisation und sich als Kolonisator verneint, so geschieht das im Namen des Ideals. Und nun macht er die Entdeckung, dass es keine Verbindung gibt zwischen der Befreiung der Kolonisierten und der Anwendung eines linken Programms, mehr noch, dass er möglicherweise den Geburtshelfer einer Gesellschaftsordnung spielt, in der *es keinen Platz gibt für einen Linken als solchen,* zumindest nicht in der unmittelbaren Zukunft.

Es geschieht sogar, dass aus den unterschiedlichsten Gründen – um die Sympathie reaktionärer Kräfte zu gewinnen, um einen Zusammenschluss zu erreichen, der auf dem nationalen Gedanken oder gemeinsamen Überzeugungen beruht –, die Befreiungsbewegungen *von nun an* die Ideologie der Linken verbannen und deren Hilfe systematisch ablehnen und sie damit in eine unerträgliche Verwirrung stürzen, indem sie sie zur Sterilität verurteilen. Und als militanter Linker findet sich der Kolonisator dann sogar praktisch aus der kolonialen Befreiungsbewegung ausgeschlossen.

### *Der Überläufer*

Darüber hinaus schließen ihn seine eigenen Schwierigkeiten, dieses Zögern, das von außen betrachtet so merkwürdig an Reue erinnert, noch stärker aus; sie lassen ihn suspekt erscheinen, nicht nur in den Augen des Kolonisierten, sondern auch bei den Linken der Metropole, darunter leidet er am meisten. Er hat sich von den Europäern der Kolonie losgesagt, aber er hat es gewollt, er missachtet ihre Beschimpfungen und ist sogar stolz darauf. Aber die Linken sind seine eigentliche Heimat, ihr Urteil ist es, das für ihn zählt, ihnen gegenüber möchte er sein Leben in der Kolonie rechtfertigen. Nun stößt er bei seinen Genossen und Richtern kaum auf Verständnis; der geringste seiner schüchternen Einwände erregt nur Argwohn und Unwillen. Was soll das, sagen sie ihm; ein Volk wartet, das Hunger leidet, Krankheiten und Verachtung erduldet; jedes vierte Kind stirbt, noch bevor es ein Jahr alt ist, und er verlangt Zusicherungen über die Mittel und das Ziel des Kampfes! Was er nicht alles für Bedingungen an seine Mitarbeit knüpft! Als ob es hier um Moral und Ideologie ginge! Für den Augenblick ist die einzige Aufgabe die, dieses Volk zu befreien. Was die Zukunft angeht, so ist noch genug Zeit, sich darum zu kümmern, sobald sie zur Gegenwart geworden ist. Trotzdem, er besteht darauf, dass man jetzt bereits erkennen könne, welche Gestalt diese Gesellschaft nach der Befreiung annehmen werde … Man bringt ihn mit einem entscheidenden Argument zum Schweigen – entscheidend insofern, als es die klare Absage bedeutet, an diese Zukunft zu denken –, man sagt ihm, dass ihn das Schicksal des Kolonisierten nichts angeht, dass es einzig Sache des Kolonisierten ist, was er mit seiner Freiheit anfängt.

An diesem Punkt versteht er überhaupt nichts mehr. Wenn er dem Kolonisierten helfen will, so gerade deshalb, weil sein Schicksal ihn etwas angeht, weil ihrer beider Schicksal ein Stück weit dasselbe ist und den Kolonisierten genau wie ihn selbst betrifft, weil er weiterhin in der Kolonie zu leben gedenkt. Er wird das bittere Gefühl nicht los, dass die Haltung der Linken in der Metropole ziemlich abstrakt ist. Sicher, zur Zeit des Widerstandes gegen die Nazis, da war die einzige Aufgabe, die zur Debatte stand und die Kämpfer einigte, die Befreiung gewesen. Aber alle kämpften auch für eine bestimmte politische Zukunft. Wenn man etwa den Gruppen der Linken versichert hätte, das künftige Regime werde theokratisch oder autoritär, oder wenn man den Rechten gesagt hätte, es werde kommunistisch sein, wenn sie sich darüber im Klaren gewesen wären, dass man sie aus zwingenden soziologischen Gründen nach dem Kampf zerschlagen würde, hätten dann die einen bzw. die anderen ihren Kampf fortgeführt? Vielleicht, aber hätte man dann ihr Zaudern und ihre Besorgnis so sehr empörend empfunden? Der Kolonisator der Linken fragt sich, ob er nicht aus Hochmut gesündigt hat, weil er an die Übertragbarkeit des Sozialismus und die Universalität des Marxismus geglaubt hat. Er gibt zu, dass er sich in dieser Sache im Recht glaubte, wenn er seine Weltanschauung verteidigte, die die Richtschnur seines Lebens sein sollte.

Aber das reicht noch nicht: da alle Welt sich einig scheint, die Linke in der Metropole und der Kolonisierte, (die sich in dieser Hinsicht merkwürdigerweise beide dem Kolonisator anschließen, was die unterschiedlichen Mentalitäten bestätigt), da alle Welt ihm nachruft: »Geh heim, du Armleuchter!«, unterwirft er sich. Er unterstützt die *bedingungslose* Befreiung der Kolonisierten einschließlich der von ihnen eingesetzten Mittel und der Zukunft, die sie sich anscheinend gewählt haben. Ein Journalist der besten Wochenschrift der französischen Linken hat schließlich das Eingeständnis gemacht, das Schicksal der Menschheit könne im Koran und in der arabischen Liga liegen. Im Koran, sei's drum, aber in der arabischen Liga! Muss die gerechte Sache eines Volkes auch dessen Mystifikationen und Irrtümer enthalten? Um nicht weiterhin ausgeschlossen und verdächtigt zu sein, wird der linke Kolonisator alle ideologischen Parolen der Kolonisierten während ihres Kampfes akzeptieren: *er wird vorübergehend vergessen, dass er zur Linken gehört.* Ist es damit für ihn genug? Keineswegs. Denn um wirklich ein Überläufer zu werden, wozu er sich am Ende entschlossen hat, genügt es nicht, diejenigen vorbehaltlos anzunehmen, von denen man angenommen werden *möchte*, man muss auch von ihnen angenommen *werden.*

Der erste Punkt ging nicht ohne Schwierigkeiten und ernsthaften Widerspruch ab, da der linke Kolonisator das aufgeben musste, warum er diese vielen Anstrengungen unternommen hat, d.h. seine politischen Wertvorstellungen. Es ging auch nicht ohne eine Quasi-Utopie, über deren Möglichkeit wir uns einig waren. Der Intellektuelle oder der progressive

Bourgeois kann den Wunsch haben, dass das, was ihn von seinen Kameraden im Kampf trennt, sich eines Tages abschwächt – Klassenmerkmale, auf die er freiwillig verzichten würde. Aber man strebt nicht ernsthaft danach, die Sprache, die Gebräuche, die Religion usw. zu ändern, nicht einmal für ein ruhiges Gewissen und auch nicht für eine materielle Sicherheit.

Der zweite Punkt ist auch nicht einfacher. Damit er sich wirklich in den Zusammenhang des kolonialen Kampfes einfügt, reicht sein uneingeschränkter guter Wille allein nicht aus, es muss auch die Möglichkeit bestehen, dass der Kolonisierte ihn annimmt. *Und nun hegt er den Argwohn, dass er in der künftigen Nation keinen Platz haben wird.* Dies wird die letzte und erschütterndste Entdeckung für den linken Kolonisator sein, eine Entdeckung, die er häufig erst am Vorabend der Befreiung der Kolonisierten macht, obwohl sie in Wahrheit schon von Anfang an möglich war.

Um diesen Punkt zu verstehen, muss man sich einen Wesenszug in der Natur des Kolonialismus vor Augen halten: die koloniale Situation ist ein Verhältnis zwischen zwei Völkern. Nun gehört unser Linker zum Volk der Unterdrücker und wird, ob er will oder nicht, dazu verurteilt sein, an dessen Verhängnis ebenso teilzunehmen wie zuvor an dessen Glück. Wenn seine Landsleute, die Kolonisatoren, eines Tages aus der Kolonie verjagt werden sollten, wird der Kolonisierte bei ihm wahrscheinlich keine Ausnahme machen. Sollte er weiterhin unter den Kolonisierten leben können, wie ein geduldeter Fremder, so würde er zusammen mit den anderen ehemaligen Kolonisatoren den Groll eines Volkes ertragen, das früher von ihnen drangsaliert wurde. Sollte andererseits die Macht der Metropole über die Kolonie fortdauern, würde er weiterhin trotz der Bekundungen seines guten Willens seinen Teil des Hasses abbekommen. Im Grunde genommen hängt der Charakter einer Kolonisation nicht von einem oder mehreren großzügigen und aufgeklärten Individuen ab. Die Kolonialverhältnisse werden nicht durch den guten Willen oder die Geste eines einzelnen verbessert; sie bestanden bereits vor seiner Ankunft oder Geburt; ober sie akzeptiert oder ablehnt, ändert nichts Grundsätzliches daran. Im Gegenteil, sie sind es, die wie jede Institution *a priori* seinen Platz und den des Kolonisierten und schließlich auch ihr eigentliches gegenseitiges Verhältnis bestimmen. Mag er sich auch noch so sehr beruhigen: »Ich habe in diesem oder jenem Punkt immer zu den Kolonisierten gehalten«, so argwöhnt er, dass er, selbst wenn er als einzelner in keiner Weise schuldig wäre, dennoch an einer kollektiven Verantwortung teilhat, als Mitglied einer unterdrückerischen Nation. Als Gesellschaft insgesamt unterdrückt, ergreifen die Kolonisierten zwangsläufig eine Form der nationalen und ethnischen Befreiung, aus der er unvermeidlich ausgeschlossen bleiben muss.

Muss er nicht auch hier auf den Gedanken kommen, dass dieser Kampf nicht der seine ist? Warum sollte er für eine Gesellschaftsordnung kämpfen, der gegenüber er erkennt, akzeptiert und entscheidet, dass dort für ihn kein Platz ist …?

### *Die Unmöglichkeit des linken Kolonisators*

Sobald ihr Spielraum ein wenig eingeengt wird, zerbröckelt die Rolle des linken Kolonisators. Ich bin davon überzeugt, dass es historische Situationen gibt, die unmöglich sind, und diese ist eine davon. Letztlich ist das tatsächliche Leben in der Kolonie aufgrund seiner Ideologie für den Kolonisator der Linken unannehmbar, und wenn diese Ideologie die Oberhand gewänne, würde sie seine ureigene Existenz in Frage stellen. Die unerbittliche Konsequenz dieser Bewusstwerdung wäre die Aufgabe dieser Rolle.

Er kann natürlich versuchen, sich zu arrangieren, und sein ganzes Leben wird eine lange Kette von Kompromissen sein. Die Kolonisierten, unter denen er lebt, sind also nicht die Seinen und werden es niemals sein. Er hat es sich reiflich überlegt, dass er sich mit ihnen nicht identifizieren kann, und sie können ihn nicht annehmen. »Ich fühle mich unter den europäischen Kolonialisten wohler«, hat mir ein über jeden Zweifel erhabener linker Kolonisator gestanden, »als mit jedem Kolonisierten«. Er zieht eine solche Assimilierung nicht in Betracht, sofern er sie überhaupt je in Betracht gezogen hat; überdies fehlt ihm die für eine derartige Revolution nötige Phantasie. Er träumt zwar hier und da von einem neuen Morgen, einem ganz neuen Gesellschaftszustand, in dem der Kolonisierte nicht länger Kolonisierter wäre, aber andererseits erwägt er kaum eine tiefgreifende Änderung *seiner eigenen Situation und Persönlichkeit.* In diesem neuen, harmonischeren Zustand wäre er weiterhin das, was er schon ist, mit seiner gehüteten Sprache und seinen beherrschenden kulturellen Traditionen. Aufgrund eines gefühlsmäßigen Widerspruchs, den er an sich nicht wahrnehmen will oder kann, erwartet er, nach göttlichem Recht Europäer bleiben zu können in einem Land, das nicht mehr die Angelegenheit der Europäer wäre; diesmal jedoch nach dem göttlichen Recht der Liebe und des wiedergewonnenen Vertrauens. Sein Schutz und seine Würde wären nicht mehr durch eine Armee garantiert, sondern durch die Verbrüderung der Völker. Auf der juristischen Ebene wird es mehr als nur einige kleinere Veränderungen geben, von deren gelebtem Sinn und deren Konsequenzen er kaum etwas ahnt. Ohne von der künftigen jungen Nation eine deutliche verfassungsmäßige Vorstellung zu haben, hegt er die verschwommene Hoffnung, an ihr teilzuhaben, aber er behält sich das Recht vor, Bürger seines Ursprungslandes zu bleiben. Schließlich akzeptiert er, dass alles sich ändern wird, wünscht sich das Ende der Kolonisation herbei, weigert sich jedoch, der Tatsache ins Gesicht zu sehen, dass diese Revolution eine Umwälzung seiner Situation und seines Innersten mit sich bringen kann. Denn von der Phantasie ist es zu viel verlangt, sich ihr eigenes Ende vorzustellen, selbst wenn sie als eine andere wiedergeboren würde, zumal dann, wenn man, wie der linke Kolonisator, an dieser Wiedergeburt kaum ein Interesse hat.

Man versteht jetzt einen der am meisten enttäuschenden Züge des linken Kolonisators: seine politische Wirkungslosigkeit. Ihre Ursache liegt vor allem in ihm selbst. Sie ergibt sich aus dem besonderen Charakter seiner Einfügung in die kolonialen Verhältnisse. Seine Forderungen hängen im Vergleich zu denen des Kolonisierten oder selbst des rechten Kolonisators in der Luft. Wo hat man im Übrigen einen ernsthaften politischen Anspruch erlebt – der keine Mystifikation oder keine Phantasie wäre –, der sich nicht auf eine solide, konkrete Absicherung stützte, sei dies die Masse oder die Macht, das Geld oder die Gewalt? Der Kolonisator der Rechten ist nur konsequent, wenn er den kolonialen Status quo fordert, sogar auch dann, wenn er zynisch noch mehr Privilegien und noch mehr Rechte verlangt. Er verteidigt seine Interessen und seine Lebensweise, und er kann enorme Kräfte ins Werk setzen, um seinen Forderungen Nachdruck zu verleihen. Die Hoffnung und der Wille des Kolonisierten liegen nicht weniger klar zutage und beruhen auf verborgenen Kräften, die zwar selbst gerade erst erwacht, aber erstaunlicher Entwicklungen fähig sind. Der Kolonisator der Linken weigert sich, mit seinen Landsleuten gemeinsame Sache zu machen; zugleich ist es ihm unmöglich, sein Schicksal mit dem des Kolonisierten zu teilen. Wer ist er politisch? Für wen steht er, wenn nicht für sich selbst, d.h. für eine Kraft, die in der Auseinandersetzung ohne Bedeutung ist.

Sein politischer Wille leidet unter einem tiefen Bruch, dem seines eigenen Widerspruchs. Wenn er versucht, eine politische Bewegung ins Leben zu rufen, so wird er damit nie jemand anderen als Leute seinesgleichen interessieren, die bereits linke Kolonisatoren sind oder andere Überläufer, weder Kolonisatoren noch Kolonisierte, die ebenfalls keinen festen Boden unter den Füßen haben. Es wird ihm weder jemals gelingen, die Masse der Kolonisatoren auf seine Seite zu ziehen, weil er deren Interessen und Gefühle zu sehr verletzt, noch die Kolonisierten, denn seine Bewegung ist weder aus ihnen hervorgegangen, noch wird sie von ihnen getragen, ganz im Gegensatz zu all jenen Parteien, deren Forderungen tief im Volk verankert sind. Er braucht gar nicht erst den Versuch zu einer Initiative zu unternehmen, z.B. einen Streik auszulösen – seine absolute Ohnmacht, seine isolierte Stellung kämen ihm sofort zum Bewusstsein. Würde er es auf sich nehmen, seine Hilfe bedingungslos anzubieten, so könnte er nicht sicher sein, damit einen Einfluss auf die Ereignisse zu haben; sie wird in den meisten Fällen abgelehnt und für unwichtig gehalten. Übrigens unterstreicht diese Geste der Unentgeltlichkeit nur noch seine politische Ohnmacht.

Diese Kluft zwischen seiner Handlung und der des Kolonisierten wird unvorhersehbare und sehr oft unüberwindliche Schwierigkeiten zur Folge haben. Trotz seiner Bemühungen, den Anschluss an die reale Politik der Kolonie wiederzufinden, wird er sowohl in seiner Rhetorik als auch in seinen inhaltlichen Äußerungen ständig von einem Extrem ins andere fallen. Bald zögert er oder lehnt bestimmte Forderungen des Kolonisierten ab, deren Bedeutung er nicht sogleich versteht, was seine Lauheit zu bestätigen scheint. Dann, als wollte er mit den wirrköpfigsten Nationalisten wetteifern, befleißigt sich einer demagogischen Sprache, was das Misstrauen des Kolonisierten nur noch verstärkt. Er bietet dunkle und machiavellistische Erklärungen für die Handlungen der Kolonisatoren an, wo die simple Mechanik des Kolonialismus als Erklärung genügen würde. Oder er findet zum erstaunten Ärger des Kolonisierten wortreiche Entschuldigungen für das, was der Kolonisator an ihm verurteilt. Kurz gesagt, der wohlmeinende Kolonisator, der das Böse ablehnt, kann das Gute niemals erreichen, denn *die einzige für ihn mögliche Wahl ist nicht die zwischen dem Guten und dem Bösen, sondern die zwischen dem Bösen und der inneren Malaise.*

Er kann am Ende nicht umhin, sich über die Reichweite seiner Bemühungen und seiner Stimme Rechenschaft abzulegen. Seine verbalen Wutanfälle schüren nur den Hass seiner Landsleute und lassen den Kolonisierten kalt. Da der Kolonisator der Linken über keine Macht verfügt, haben seine Beteuerungen und Versprechen keinerlei Einfluss auf das Leben der Kolonisierten. Andererseits kann er mit dem Kolonisierten nicht in einen Dialog eintreten, ihm Fragen stellen oder von ihm Zusicherungen verlangen. Er macht gemeinsame Sache mit den Unterdrückern, und sobald er eine missverständliche Geste zeigt oder vergisst, sich auch nur die geringste Zurückhaltung aufzuerlegen – und er glaubt, sich Freiheiten herausnehmen zu können, die ihm aufgrund seiner wohlwollenden Haltung zustehen dann ist er sofort wieder verdächtig. Zudem gesteht er ein, dass er die Kolonisierten nicht durch Äußerungen des Zweifels oder öffentliche Fragen behindern darf. Kurz, alles liefert ihm den Beweis für seine Fremdheit, Einsamkeit und Wirkungslosigkeit. Er entdeckt allmählich, dass ihm nichts bleibt als zu schweigen. Er war bereits gezwungen, seine Erklärungen durch genügend lange Schweigepausen zu unterbrechen, um die Behörden nicht so sehr gegen sich aufzubringen, dass er die Kolonie hätte verlassen müssen. Muss man nicht zugeben, dass dieses Schweigen, an das er sich ganz gut gewöhnt, für ihn keinen inneren Bruch bedeutet? Dass er sich im Gegenteil bemühte, im Namen einer, abstrakten Gerechtigkeit für Interessen zu kämpfen, die nicht die seinen sind, mit diesen oft sogar unvereinbar?

Wenn er dieses Schweigen nicht ertragen kann und aus seinem Leben keinen fortwährenden Kompromiss machen will, wenn er zu den Besten gehört, kann er schließlich auch die Kolonie und seine Privilegien aufgeben. Und wenn seine politische Moral ihm das verbietet, was sie manchmal als Kapitulation ansieht, dann wird er in seinen Verurteilungen der Behörden so weit gehen, bis er in der schamhaften Sprache der Bürokratie »zur Disposition der Metropole zurückgestellt« wird. Von dem Augenblick an, da er kein Kolonisator mehr ist, hat er seinem Widerspruch und seinem inneren Unbehagen ein Ende gemacht.

# 3. Der Kolonisator, der sich bejaht

### *... oder der Kolonialist*

Der Kolonisator, der die koloniale Tatsache ablehnt, findet in seiner Revolte nicht das Ende seines Unbehagens. Wenn er seinem Dasein als Kolonisator kein Ende macht, richtet er sich in einem Zwiespalt ein. Wenn er diesen extremen Schritt verweigert, trägt er dazu bei, die koloniale Beziehung zu bestätigen, zu institutionalisieren: das konkrete Verhältnis seiner Existenz zu der des Kolonisierten. Man kann verstehen, dass es bequemer ist, die Kolonisation zu akzeptieren, den Weg zu Ende zu gehen, der *vom Koloniebewohner zum Kolonialisten* führt.

Der Kolonialist ist im Grunde nichts anderes als der Kolonisator, der sich als solcher bejaht, der infolgedessen die Kolonisation zu rechtfertigen sucht, wenn er sich seine Situation klarmacht. Diese Haltung ist logischer und gefühlsmäßig weniger widersprüchlich als der Eiertanz des Kolonisators, der sich verneint, aber weiterhin in der Kolonie lebt. Der eine versucht vergeblich, sein Leben mit seiner Ideologie in Einklang zu bringen, der andere, seine Ideologie seinem Leben anzupassen, sein Verhalten von Widersprüchen zu befreien und zu rechtfertigen. Alles in allem ist *der Kolonialist die natürliche Berufung des Kolonisators.*

Man hat sich daran gewöhnt, einen Unterschied zwischen dem *Einwanderer* und dem *Kolonialisten von Geburt* zu machen. Der Einwanderer werde die Kolonialideologie weniger überzeugt annehmen. Sicherlich ist der Werdegang des geborenen Kolonisators zum Kolonialisten stärker determiniert. Die Erziehung in der Familie, die bestehenden Interessen, die erworbenen Positionen, von denen er lebt und die durch den Kolonialismus ideologisch legitimiert werden, schränken seine Freiheit ein. Ich bin allerdings nicht der Ansicht, dass es sich hier um einen grundlegenden Unterschied handelt. Die objektive Lage des privilegierten Usurpators ist für beide dieselbe, für den, der sie als Erbe übernimmt, weil er in sie hineingeboren wird, wie für denjenigen, der von ihr vom Tag seiner Ankunft an profitiert. Mehr oder weniger schnell, mehr oder weniger ausgeprägt kommt ihnen unvermeidlich zu Bewusstsein, was sie sind und was sie sein werden, wenn sie diese Lage akzeptieren.

Es ist schon kein gutes Vorzeichen, wenn jemand sich dazu entschlossen hat, in der Kolonie zu leben, in der Mehrzahl der Fälle zumindest, wie es auch kein gutes Zeichen ist, wenn man die Mitgift heiratet. Ganz zu schweigen von dem Einwanderer, der von Anfang an bereit ist, alles zu akzeptieren, der ausdrücklich gekommen ist, um am kolonialen Profit teilzuhaben. Er ist der *Kolonialist aus Berufung.*

Das Modell von ihm ist bekannt, und seine Beschreibung fließt leicht aus der Feder. Im Allgemeinen ist dieser Mensch jung, intelligent und zivilisiert, Rückgrat hat er keines, dafür eine Nase fürs Geld. Jedenfalls rechtfertigt er alles, die Landsleute in der Kolonie wie das System. Er tut hartnäckig so, als habe er nichts von all dem Elend und Unrecht gesehen, das ihm in die Augen sticht; einzig darauf bedacht, sich einen Platz zu schaffen und seinen Teil abzubekommen. In den meisten Fällen hat man ihn übrigens aus der Kolonie angefordert oder dorthin versetzt: ein Gönner hat ihn geschickt, ein anderer empfängt ihn, und sein Platz wartet bereits auf ihn. Wenn es vorkommt, dass er nicht direkt herbestellt wurde, wird er bald ausersehen. Es dauert nicht lange, bis sich die Solidarität unter den Kolonialisten bemerkbar macht. Kann man denn einen Landsmann im Stich lassen? … Wie viele habe ich gesehen, die noch tags zuvor schüchtern und bescheiden angekommen waren und plötzlich, mit einem erstaunlichen Titel ausgestattet, ihre Unscheinbarkeit durch ein Prestige erhellt sehen, über das sie selbst überrascht sind. Schließlich, durch das Korsett ihrer gesellschaftlichen Rolle gestützt, erheben sie den Kopf und nehmen alsbald ein so maßloses Selbstvertrauen an, dass sie davon verdummen. Wie sollten diese Leute sich nicht beglückwünschen, die rettende Kolonie erreicht zu haben? Wie sollten sie nicht von der Vortrefflichkeit eines Systems überzeugt sein, das aus ihnen das macht, was sie sind? Von Stund an werden sie es aggressiv verteidigen; am Ende halten sie es für gerecht. Kurz, sie sind zu Kolonialisten geworden.

Wenn auch die Absicht weniger deutlich war, so ist doch das Ergebnis beim *Kolonialisten aus Überzeugung* dasselbe. Vielleicht hat man ihn zufällig in der Kolonie zum Beamten gemacht, oder er hat bei einem Vetter einen Unterschlupf gefunden, vielleicht ist er sogar als Linker angekommen und verwandelt sich durch denselben zwangsläufigen Mechanismus unweigerlich in einen gehässigen oder heimtückischen Kolonialisten. Als hätte er lediglich das Meer überqueren wollen und sonst nichts, als wäre er in der afrikanischen Hitze verrottet.

Wenn sich andererseits die Mehrzahl der in den Kolonien geborenen Kolonialisten an ihre historische Chance klammert und sie um jeden Preis verteidigt, so gibt es auch einige unter ihnen, die den umgekehrten Weg einschlagen, die Kolonisation ablehnen oder sogar am Ende die Kolonie verlassen. Sehr häufig sind das ganz junge Leute, und zwar die großherzigsten und offensten unter ihnen, die sich beim Übergang ins Erwachsenenalter entschließen, ihr Leben nicht als Kolonialist zu verbringen.

In den beiden Fällen sind es die Besten, die die Kolonie verlassen. Entweder aus ethischen Gründen: sie können es nicht ertragen, aus dem täglichen Unrecht ihren Nutzen zu ziehen. Oder einfach aus Stolz: weil sie glauben, dass mehr in ihnen steckt als in einem durchschnittlichen Kolonisator. Ihre Ambitionen und ihr Horizont reichen weiter als die Ziele der Kolonie, die im Gegensatz zur gängigen Meinung sehr beschränkt, zu sehr festgelegt sind und von Menschen mit einiger Tatkraft schnell erreicht werden. In beiden Fällen vermag die Kolonie die Besten nicht zu halten: weder unter jenen, die vorübergehend gekommen sind und jetzt nach Ablauf des Kontrakts empört, sarkastisch und enttäuscht zurückkehren; noch unter den in der Kolonie Geborenen, die das gezinkte Spiel nicht ertragen können, wo einem der Erfolg zu leicht in den Schoß fällt, wo man seine Fähigkeiten nicht voll entfalten kann.

»Die Kolonisierten, die die Prüfung bestehen, sind im Allgemeinen den Europäern in vergleichbarer Position überlegen«, das war das bittere Eingeständnis eines Prüfungsvorsitzenden, »bei ihnen kann man sicher sein, dass sie es verdient haben.«

### *Die Mittelmäßigkeit*

Der ständige »Absahnungsprozess«, dem die Schicht der Kolonisatoren ausgesetzt ist, erklärt einen der am häufigsten bei ihnen anzutreffenden Wesenszüge: die Mittelmäßigkeit.

Der Eindruck wird noch verstärkt durch eine vielleicht naive Enttäuschung: zu offenkundig ist das Missverhältnis zwischen dem Prestige, dem Anspruch und der Verantwortung des Kolonialisten und seinen wirklichen Fähigkeiten, den Ergebnissen seines Handelns. Wenn man sich der Kolonialgesellschaft nähert, ist man unwillkürlich darauf gefasst, einer Elite oder zumindest einer Auslese zu begegnen, etwa den besten, tatkräftigsten oder den zuverlässigsten Technikern. Diese Personen besetzen fast alle und überall de jure und de facto die ersten Stellen. Und das wissen sie und verlangen dafür die gebührende Würdigung und Wertschätzung. Die Gesellschaft der Kolonisatoren versteht sich als Gesellschaft von Führungskräften und ist bemüht, sich den entsprechenden Anschein zu geben. Die Empfänge für die Vertreter der Metropole erinnern mehr an Empfänge für einen Regierungschef als für einen höheren Verwaltungspräfekten. Die kleinste Fahrt im Auto zieht einen ganzen Schwarm von würdevollen Motorradfahrern mit knatternden Motoren und schrillen Trillerpfeifen hinter sich her. Nichts wird ausgelassen, um den Kolonisierten, den Fremden und vielleicht sogar den Kolonisator selbst zu beeindrucken.

Nun, bei näherem Zusehen entdeckt man hinter dem Gepränge oder dem einfältigen Stolz des kleinen Kolonisators lediglich Personen von geringem Format. Politiker mit dem Auftrag, die Geschichte zu gestalten, beinahe ohne alle historische Kenntnisse, stets von den Ereignissen überrascht und weder willens noch in der Lage, in langfristigen Perspektiven zu denken. Spezialisten, die für die technische Entwicklung eines Landes verantwortlich sind, entpuppen sich als Techniker außer Konkurrenz, vor der sie nach Kräften geschont werden. Was die Verwaltungsbeamten angeht, so hätte die Schlampigkeit und Armseligkeit der Kolonialverwaltung ein eigenes Kapitel verdient. Tatsächlich muss man sagen, dass eine bessere Führung der Kolonie kaum zu den Absichten der Kolonisation gehört.

Da es ebenso wenig eine Rasse der Kolonisatoren wie eine Rasse der Kolonisierten gibt, muss man eine andere Erklärung für das auffällige Versagen der Herren der Kolonie suchen. Wir haben bereits die Abwanderung der Besten erwähnt: die doppelte Abwanderung seitens der in der Kolonie Geborenen wie die der später Zugewanderten. Dieses Phänomen hat verhängnisvolle Konsequenzen: gerade die Mittelmäßigen bleiben zurück, und zwar für den Rest ihres Lebens, weil sie keine so hohen Erwartungen hegen. Nachdem sie ihre Position einmal erworben haben, werden sie sich hüten, sie wieder aufzugeben, solange man ihnen keine bessere anbietet, und das kann ihnen nur in der Kolonie passieren. Im Gegensatz zur öffentlichen Meinung und abgesehen von einigen Stellen, die zwangsläufig wechselnd besetzt werden, ist das der Grund, warum das Beamtenpersonal in den Kolonien relativ stabil ist. Die Beförderung der Mittelmäßigen ist kein korrigierbarer Irrtum, sondern eine endgültige Katastrophe, von der sich die Kolonie niemals erholt. Selbst den »Zugvögeln«, die viel Energie mitbringen, gelingt es niemals, den Charakter oder wenigstens die Verwaltungsroutine der kolonialen Präfekturen umzukrempeln.

Diese allmähliche Auslese der Mittelmäßigen, die sich in der Kolonie notwendig vollzieht, wird noch dadurch verschärft, dass die Besetzung neuer Stellen einem äußerst kleinen Personenkreis vorbehalten bleibt. Allein der Kolonisator ist durch seine Geburt, vom Vater zum Sohn, vom Onkel zum Neffen, vom Vetter zum Vetter durch eine exklusive und rassistische Rechtsprechung dazu berufen, die Geschäfte der Bürgerschaft zu führen.

Die Führungsschicht, ausschließlich aus den Reihen der Kolonisatoren hervorgegangen, mit Abstand die zahlenmäßig kleinste Gruppe, profitiert auf diese Weise nur von einer ungenügenden Frischluftzufuhr. Es kommt quasi zu einer Art Verkümmerung aufgrund der Verwandtschaftsbeziehungen innerhalb der Verwaltung. Letztlich ist es der Mittelmäßige, der den allgemeinen Ton in der Verwaltung angibt. Er ist das eigentliche Gegenüber des Kolonisierten, denn er ist es, der die Kompensation und das Kolonialleben am nötigsten braucht. Zwischen ihm und dem Kolonisierten entwickeln sich die Kolonialbeziehungen in ihrer typischsten Form. An diesen Beziehungen, an der kolonialen Situation, an seinem Status quo wird er um so stärker festhalten, als seine gesamte koloniale Existenz – er ahnt es wohl – davon abhängt. Er hat alles und endgültig auf die Kolonie gesetzt.

So kommt es, dass zwar nicht jeder Kolonialist mittelmäßig ist, aber jeder Kolonisator sich mit der Mittelmäßigkeit des Koloniallebens mehr oder weniger abfinden und einen Kompromiss mit der Mittelmäßigkeit jener abschließen muss, die in der Kolonie leben …

### *Der Nero-Komplex*

… Wie sich jeder Kolonisator auch mit seiner objektiven Situation arrangieren muss sowie mit den menschlichen Beziehungen, die daraus erwachsen. Wenn er sich auch entschieden hat, das Kolonialverhältnis zu bestätigen, hat der Kolonisator deshalb deren objektive Schwierigkeiten doch nicht ausgeräumt. Die koloniale Situation drängt jedem Kolonisator *wirtschaftliche*, politische und gefühlsmäßige *Gegebenheiten* auf, gegen die er sich auflehnen, denen er aber niemals entrinnen kann, da sie das eigentliche Wesen des Kolonialverhältnisses ausmachen. Und bald entdeckt der Kolonisator seinen eigenen Zwiespalt.

Indem er sich als Kolonisator bejaht, akzeptiert der Kolonialist zugleich das, was diese Rolle in den Augen der anderen und in seinen eigenen an Missbilligung impliziert, auch wenn er sich bewusst darüber hinwegsetzt.

Diese Entscheidung beschert ihm alles andere als eine glückliche und endgültige Seelenruhe. Im Gegenteil, die von ihm unternommenen Anstrengungen zur Überwindung dieses Zwiespalts liefern uns einen der Schlüssel zum Verständnis seiner Person. Und die menschlichen Beziehungen in der Kolonie wären vielleicht besser und für den Kolonisierten weniger bedrückend gewesen, wenn der Kolonialist ein überzeugtes Bewusstsein von seiner Legitimität gehabt hätte. Letzten Endes ist das Problem, das sich dem Kolonisator stellt, der sich verneint, dasselbe wie für den, der sich bejaht. Lediglich ihre Lösungen unterscheiden sich: *die des Kolonisators, der sich bejaht, macht aus ihm unweigerlich einen Kolonialisten.*

Aus dieser Bejahung seiner selbst und durch seine Situation erklären sich in der Tat mehrere Eigenschaften, die man zu einem kohärenten Syndrom zusammenfügen kann. Wir schlagen vor, dieses Syndrom als die *Usurpatorenrolle* (oder als *Nero-Komplex)* zu bezeichnen.

Sich als Kolonisator zu bejahen bedeutet im Grunde, so haben wir gesagt, sich als unrechtmäßigen Privilegierten zu bejahen, d.h. als Usurpator. Zweifellos beansprucht der Usurpator seinen Platz und verteidigt ihn notfalls mit allen Mitteln, aber – das bestreitet er gar nicht – er beansprucht ihn widerrechtlich. D.h. im Augenblick seines Triumphes lässt er zu, dass ein Bild über ihn triumphiert, das er selbst verurteilt. Sein Sieg *de facto* wird ihn demnach nie zufriedenstellen: er muss ihn also noch über Gesetze und Moral festschreiben. Dazu muss er die anderen von diesem Sieg überzeugen, wenn nicht sogar sich selbst. Kurz gesagt, um ihn ungeschmälert zu genießen, muss er sich von seinem Sieg und von den Umständen reinwaschen, unter denen er ihn errungen hat. Von daher seine Verbissenheit gegenüber offensichtlichen Nichtigkeiten, die bei einem Sieger überraschen muss: er gibt sich jede Mühe, die Geschichte zu fälschen, er lässt die Geschichtsbücher umschreiben, er würde sogar die Erinnerungen auslöschen, wenn er könnte. Er würde alles tun, um seiner Usurpation zur Legitimität zu verhelfen.

Aber wie? Wie soll man es anstellen, die Usurpation als legitim gelten zu lassen? Zwei Wege hierzu scheinen möglich: man beweist die überragenden Verdienste des Usurpators, die so überwältigend sind, dass sie nach einer solchen Belohnung verlangen; oder man kehrt die Versäumnisse des Usurpierten hervor, die so nachhaltig sind, dass sie nur eine derartige Ungnade provozieren können. Und diese beiden Methoden sind tatsächlich untrennbar miteinander verbunden. Seine Beunruhigung, sein Hunger nach Rechtfertigung zwingen den Usurpator, sich selbst in den Himmel zu heben und zugleich den Usurpierten noch tiefer als bis zum Erdboden zu drücken.

Im Übrigen ist mit dieser Komplementarität das komplexe Verhältnis dieser beiden Bewegungen noch nicht zureichend erfasst. Es kommt hinzu: je mehr der Usurpierte vernichtet wird, desto mehr triumphiert der Usurpator in der Usurpation und bestätigt sich infolgedessen in seiner Schuld und seiner eigenen Verurteilung: somit verstärkt sich das Spiel des Mechanismus, der unaufhörlich von seinem eigenen Rhythmus angetrieben und beschleunigt wird. Im Extremfall würde der Usurpator den Usurpierten gern verschwinden lassen, dessen bloße Existenz ihn zum Usurpator erhebt, dessen immer schwerer lastende Unterdrückung ihn selbst mehr und mehr zum Unterdrücker macht. Nero, das Modell des Usurpators, ist so dazu gebracht worden, Britannicus in wilder Wut zu verfolgen und ihm nachzustellen. Aber je mehr er ihm antut, um so stärker verschmilzt er mit der grausamen Rolle, die er sich gewählt hat. Und je tiefer er im Unrecht versinkt, um so unbarmherziger hasst er Britannicus und versucht, sein Opfer noch empfindlicher zu treffen, das ihn zum Peiniger macht. Nicht genug damit, dass er ihm den Thron geraubt hat, er versucht ihm auch noch das einzige Gut zu nehmen, das diesem geblieben ist, die Liebe von Junia. Das ist weder reiner Eifersucht noch Perversion, sondern diese innere Zwangsläufigkeit der Usurpation, die ihn unwiderstehlich fortreißt zu dieser letzten Versuchung: zur moralischen und physischen Unterdrückung des Usurpierten.

Im Fall des Kolonialisten enthält diese Grenze allerdings einen eigenen Steuermechanismus. Wenn er auch insgeheim den Wunsch hegen mag – manchmal äußert er ihn auch vernehmlich –, den Kolonisierten von der Liste der Lebenden zu streichen, so wäre ihm das doch unmöglich, ohne zugleich gegen sich selbst vorzugehen. Zu irgend etwas ist auch das Unglück nütze: die Existenz des Kolonialisten ist allzu sehr an die des Kolonisierten gebunden, diese Dialektik wird er nie überwinden. Er muss den Kolonisierten mit allen seinen Kräften leugnen, aber zugleich ist die Existenz seines Opfers für ihn unabdingbar, wenn er weiterbestehen will. Seit er sich dafür entschieden hat, das Kolonialsystem aufrechtzuerhalten, muss er zu dessen Verteidigung mehr Kraft aufwenden, als ihn dessen Ablehnung gekostet hätte. Seit ihm das Unrecht in der Beziehung zu Bewusstsein gekommen ist, die ihn an den Kolonisierten bindet, muss er ununterbrochen bestrebt sein, sich davon freizusprechen. Niemals wird er vergessen, die eigenen Tugenden öffentlich leuchten zu lassen; mit verbissener Wut wird er alles tun, so heroisch und groß zu erscheinen, dass er seine glückliche Stellung hoch verdient. Da er seine Privilegien ebenso sehr der eigenen Glorie wie der Erniedrigung des Kolonisierten verdankt, muss er ihn immerfort unerbittlich erniedrigen. Wenn er ihn schildert, wählt er die schwärzesten Farben; wenn es sein muss, tut er alles, ihn herabzusetzen, ihn zu vernichten. Aber aus diesem Zirkel kommt er nicht mehr heraus: man muss die Distanz erklären, die die Kolonisation zwischen ihm und dem Kolonisierten schafft; zu seiner Rechtfertigung ist er nunmehr gezwungen, diese Distanz sogar noch zu vergrößern, einen unversöhnlichen Gegensatz zwischen diesen beiden Gestalten aufrechtzuerhalten: der so ruhmreichen eigenen und der so verächtlichen des Kolonisierten.

## *Die beiden Porträts*

Diese Selbstrechtfertigung mündet endlich in eine regelrechte ideale Rekonstruktion der beiden Protagonisten des kolonialen Dramas. Nichts ist einfacher, als die vorgeblichen Charakterzüge dieser beiden Porträts zu erfassen, wie sie sich für den Kolonialisten darstellen. Dazu würden ein kurzer Aufenthalt in der Kolonie, einige Gespräche oder einfach ein flüchtiger Einblick in die dortige Presse und die sogenannten Kolonialromane genügen.

Diese beiden Bilder bleiben ihrerseits, wie wir sehen werden, nicht folgenlos. Das Bild des Kolonisierten, wie der Kolonisator ihn sieht, das sich aus dessen Situation zwangsläufig ergibt und dank seiner Zeitungen und seiner Literatur in der Kolonie und oft auch in der übrigen Welt verbreitet wird, wirkt sich am Ende in einer bestimmten Weise auf das Verhalten und damit auf den tatsächlichen Charakter des Kolonisierten aus.* In gleicher Weise spielt die Art, wie sich der Kolonialist selbst gern sieht, eine wesentliche Rolle bei der Herausbildung seiner endgültigen Gestalt.

Das liegt daran, dass es sich nicht lediglich um eine intellektuelle Neigung handelt, sondern um die Entscheidung für einen gesamten Lebensstil. Dieser Mann, vielleicht ein sensibler Freund und herzlicher Familienvater, der in seinem Heimatland aufgrund seiner gesellschaftlichen Situation, seiner familiären Umgebung oder seiner natürlichen Neigungen möglicherweise ein Demokrat gewesen wäre, wandelt sich zweifellos zum Konservativen, Reaktionär oder sogar zum Kolonialfaschisten. Er kann nicht anders, als die Diskriminierung und Kodifizierung des Unrechts gutzuheißen, er wird sich an polizeilichen Folterungen weiden und sich, wenn es sein muss, von der Notwendigkeit von Massakern überzeugen. Alles wird ihn in diese Richtung lenken, seine neuen Interessen, seine beruflichen Beziehungen und seine familiären und freundschaftlichen Bindungen, die er in der Kolonie eingeht. Der Mechanismus ist gleichsam zwangsläufig: *die koloniale Situation erzeugt ebenso Kolonialisten, wie sie Kolonisierte hervorbringt.*

## *Die Selbstverachtung*

Denn es bleibt nicht ohne Folgen, dass man eine Polizei und eine Armee nötig hat, um seinen Lebensunterhalt zu verdienen, und nur mit Gewalt und Ungerechtigkeit weiterexistieren kann. Es kommt nicht ohne Beschädigung davon, wer es auf sich nimmt, ständig mit der eigenen Missbilligung zu le-

* Vgl. unten das Porträt des Kolonisierten.

ben. Das Loblied auf sich und die Seinen, die stets erneuerte – sogar überzeugte – Beteuerung der Großartigkeit der eigenen Sitten, der Institutionen, der kulturellen und technischen Überlegenheit, das alles vermag die fundamentale Verurteilung nicht auszulöschen, die jeder Kolonialist tief in sich trägt. Wie könnte er das außer Acht lassen? Würde er versuchen, seine innere Stimme zum Schweigen zu bringen, alles würde ihn täglich aufs Neue an sie erinnern; allein der Anblick des Kolonisierten, die höflichen Anspielungen oder die offenen Anschuldigungen der Fremden, die Schuldbekenntnisse der Landsleute in der Kolonie und bis hin zur Metropole, wo er sich bei jedem Aufenthalt von einem etwas neidischen, etwas herablassenden Misstrauen umgeben sieht. Gewiss, man behandelt ihn rücksichtsvoll wie alle, die über eine gewisse ökonomische oder politische Macht verfügen oder an ihr teilhaben. Aber man lässt durchblicken, dass man ihn für einen findigen Burschen hält, der es verstanden hat, aus einer besonderen Situation seinen Nutzen zu ziehen, deren Einnahmequellen eigentlich von fragwürdiger Moral sind. Wenn es hoch kommt, signalisiert man ihm mit einem leichten Augenzwinkern ein stillschweigendes Einverständnis.

Gegen diese latente oder offene, aber immer gegenwärtige, in ihm wie bei den anderen stets wache Beschuldigung verteidigt er sich, so gut er kann. Einmal betont er die Schwierigkeiten seiner exotischen Existenz, das heimtückische Klima, das häufige Vorkommen von Krankheiten, den Kampf gegen einen unergiebigen Boden, das Misstrauen der feindseligen Bevölkerungsgruppen – hat er für das alles keine Entschädigung verdient? Dann ist er wieder wütend und aggressiv und schlägt einfach um sich; der Verachtung der anderen setzt er die eigene entgegen, beschuldigt den Bewohner der Metropole der Feigheit und Degeneration. Jetzt gesteht er seine Reichtümer aus der Fremde ein, schreit sie heraus, und außerdem, warum nicht? jene Privilegien des Lebens, das er sich gewählt hat, das leichte Leben, die zahlreichen Hausangestellten, die in Europa undenkbare Nutznießung einer anachronistischen Autorität und dann noch den niedrigen Benzinpreis. Kurz, nichts kann ihn retten – trotz der hohen Meinung von sich selbst, die ihn entschädigen soll und die er so gierig sucht. Weder der Fremde, der höchstens gleichgültig ist, sich jedoch nicht hinters Licht führen lässt, geschweige denn zum Komplizen wird; noch sein Herkunftsland, wo er immer suspekt ist und häufig attackiert wird, und auch nicht sein eigenes tägliches Handeln, das die stumme Revolte der Kolonisierten ignorieren möchte. Von den anderen unter Anklage gestellt, glaubt er eigentlich kaum an seine eigene Verteidigung; im Grunde seines Herzens *spricht sich der Kolonialist selbst schuldig.*

Unter diesen Umständen ist es klar, dass er nicht ernsthaft darauf rechnet, die Quelle dieser unverzichtbaren Großartigkeit in sich selbst zu finden, den Beweis für seine Rehabilitierung. Die Übertreibung seiner Eitelkeit, des allzu prächtigen Bildes, das der Kolonialist von sich hat, verrät ihn mehr, als sie ihm nützt. Und eigentlich hat er sich schon immer zugleich an etwas außerhalb seiner selbst orientiert: *diese letzte Zuflucht sucht er in der Metropole.*

Dieses Faustpfand muss letztlich zwei Vorbedingungen in sich vereinen. Erstens muss es einer Welt angehören, an der er selbst teilhat, wenn er will, dass die Verdienste des Vermittlers auf ihn zurückfallen. Zweitens muss diese Welt dem Kolonisierten völlig fremd sein, so dass er aus ihr niemals einen Nutzen ziehen kann. Nun ist es wunderbarerweise die Metropole, die diesen beiden Bedingungen zugleich genügt. Deshalb wird er sich auf die Vorzüge seiner Heimat berufen, wird sie feiern und größer machen und wird auf seinen besonderen Traditionen und seiner kulturellen Eigenständigkeit bestehen. Damit hat er in einem Zug die eigene Zugehörigkeit zu dieser begüterten Welt, seine durch Geburt begründete natürliche Verknüpfung mit der Metropole ebenso dargestellt wie die Unmöglichkeit für den Kolonisierten, an deren Herrlichkeit teilzuhaben, die gänzliche Andersartigkeit des Kolonisierten, die zugleich unbedeutend und verächtlich ist.

Dieses Erwähltsein, diese Gnade will der Kolonialist überdies täglich aufs Neue verdienen. Er präsentiert sich – er weist häufig darauf hin – als eines der bewusstesten Mitglieder der nationalen Gemeinschaft, letztlich als eines der besten unter ihnen. Denn *er* ist dankbar und treu. *Er* weiß, im Gegensatz zum Bewohner der Metropole, dessen Glück niemals bedroht ist, was er seiner Heimat schuldet. Dennoch ist seine Treue uneigennützig, allein durch die Tatsache verbürgt, dass er fern der Heimat lebt – sie ist nicht von all den Kleinlichkeiten im täglichen Leben des Einwohners der Metropole befleckt, der alles über Intrigen und Wahlmachenschaften ertrotzen muss. Sein reines Feuer für das Vaterland macht aus ihm am Ende den wahren Patrioten, der dieses am besten vertritt und an dem es einen seiner Edelsten hat.

Und es stimmt, dass er in gewissem Sinne Grund hat, das auch zu glauben. Er liebt die strahlendsten Symbole, die überschwänglichsten Zurschaustellungen der Macht seines Landes. Er wohnt allen Militärparaden bei, von denen er gar nicht genug bekommen kann und die reichlich für ihn veranstaltet werden. Er trägt einen Teil dazu bei, indem er ergeben und unübersehbar seine Fahnen aus dem Fenster hängt. Er bewundert die Armee und die Gewalt, er hat Respekt vor Uniformen und sehnt sich nach Orden. Wir begegnen hier einem Phänomen, das man mittlerweile als Prestigepolitik bezeichnet, die nicht nur einem ökonomischen Prinzip entspringt (»man zeigt seine Macht, um sie nicht anwenden zu müssen«), sondern auch einem tiefen Bedürfnis des Koloniallebens entspricht: es geht eben nicht nur darum, den Kolonisierten zu beeindrucken, sondern auch sich selbst zu beruhigen.

Nachdem er der Metropole die Vertretung und das Gewicht seiner eigenen kraftlosen Größe überantwortet hat, erwartet er von ihr, dass sie seine Hoffnungen erfüllt. Er verlangt, dass sie sein Vertrauen verdient, dass sie ihm jenes Bild von sich zurückspiegelt, das er sich wünscht: ein unerreichbares Ideal für den Kolonisierten und ein vollkommenes Mittel der Rechtfertigung für die eigenen erborgten Verdienste des Kolonisators. Häufig geschieht es, dass er lange genug hofft und am Ende selbst ein wenig daran glaubt. Die Neuankömmlinge mit ihrem noch ungetrübten Gedächtnis äußern sich über die Metropole bei weitem glaubwürdiger als die alten Kolonialisten. In ihren unvermeidlichen Vergleichen zwischen den beiden Ländern mögen die Aktiv- und Passivposten sich noch die Waage halten. Der Kolonialist hat die lebendige Wirklichkeit seines Herkunftslandes anscheinend vergessen. Im Lauf der Jahre hat er im Gegensatz zur Kolonie ein solches Monument der Metropole geschaffen, dass ihm die erstere einfach lächerlich und gewöhnlich Vorkommen muss. Es ist bemerkenswert, dass selbst noch für die in der Kolonie geborenen Kolonialisten, also für die, die körperlich an die Sonne, die Hitze und den ausgedörrten Boden gewöhnt und angepasst sind, das Musterbild einer Landschaft diesig, feucht und grün ist. Als ob die Metropole eine wesentliche Komponente des kollektiven Über-Ich der Kolonisatoren wäre, werden deren objektive Merkmale zu quasi-ethischen Qualitäten. Es ist selbstverständlich, dass der Dunst als solcher der prallen Sonne ebenso überlegen ist wie das Grün dem Ocker. Die Metropole vereint somit in sich nur positive Eigenschaften, die Angemessenheit des Klimas und die Harmonie der Landschaften, die gesellschaftliche Disziplin und eine seltene Freizügigkeit; sie vereint Schönheit, Moral und Logik.

Es wäre indessen naiv, dem Kolonialisten vorzuhalten, er solle doch so schnell wie möglich in diese wunderbare Welt zurückkehren und den Irrtum wiedergutmachen, dass er sie überhaupt verlassen hat. Seit wann sind Tugend und Schönheit dazu da, zur Alltäglichkeit herabgewürdigt zu werden?

Das Eigentümliche eines Über-Ich liegt gerade darin, dass es nicht gelebt wird, dass es aus der Distanz heraus, ohne jemals betroffen zu sein, das prosaische und unstete Leben von Menschen aus Fleisch und Blut regelt.

Die Metropole ist nur darum so großartig, weil sie jenseits des Horizonts liegt und die Möglichkeit schafft, die Existenz und das Leben des Kolonialisten aufzuwerten. Kehrte er dorthin zurück, so würde sie ihre Erhabenheit verlieren, und er wäre kein überlegener Mensch mehr: während er in der Kolonie alles ist, weiß der Kolonialist genau, dass er in der Metropole nichts wäre, er würde als ganz gewöhnlicher Mensch dorthin zurückkehren. Der Begriff der Metropole ist eigentlich komparativ. Auf sich selbst zurückgeführt, würde er sich verflüchtigen und zugleich das Übermenschliche des Kolonisators zerstören. Nur in der Kolonie wird der Kolonialist, weil er eine Metropole besitzt und die Menschen in seiner Umgebung nicht, gefürchtet und bewundert. Warum sollte man den einzigen Ort auf der Erde verlassen, wo man ohne Städtegründer oder Kriegsheld zu sein noch die Möglichkeit hat, Dörfer umzubenennen und seinen Namen der Geographie als Vermächtnis zu hinterlassen? Wo man nicht einmal den bloßen Spott oder die Wut der Einwohner fürchten muss, denn deren Meinung zählt nicht; wo man Tag für Tag den erhebenden Beweis für die eigene Macht und Bedeutung erfahren kann?

### *Der Konservative*

Es genügt also nicht, dass die Metropole dieses entfernte und niemals wirkliche Ideal darstellt, dieses Ideal muss auch unveränderlich und vor der Historie geschützt sein: für den Kolonialisten muss die Metropole *konservativ* sein.

Selbstverständlich steht sein eigener Konservatismus außer Zweifel. In dieser Hinsicht ist er auch am unnachsichtigsten, am wenigsten zu Kompromissen bereit. Im äußersten Fall erlaubt er eine Kritik an den Institutionen und Gebräuchen des Bewohners der Metropole; er ist nicht für das Schlechteste verantwortlich, da er sich auf das Beste beruft. Aber jedes Mal wird er von Erregung und panischer Angst ergriffen, wenn jemand auf den Gedanken verfällt, an die politische Verfassung der Kolonie zu rühren. Das ist der einzige Punkt, an dem die Reinheit seines Patriotismus getrübt wird, seine unerschütterliche Anhänglichkeit an das Mutterland ins Wanken gerät. Er kann sich zu der Drohung versteigen – man höre und staune! es auf eine Sezession ankommen zu lassen. Was jedoch angesichts seines so sehr zur Schau getragenen und doch in gewissem Sinne echten Patriotismus widersinnig und absurd erscheint. Aber der Nationalismus des Kolonialisten ist in Wirklichkeit besonderer Art. Er bezieht sich im Wesentlichen auf jenen Aspekt seines Vaterlandes, der sein Dasein als Kolonialist duldet und schützt. Eine Metropole, die beispielsweise so demokratisch würde, dass sie gleiche Rechte für alle auch in den Kolonien verwirklichen wollte, könnte es womöglich fertigbringen, auch die Kolonialunternehmen aufzugeben. Eine derartige Veränderung wäre für den Kolonialisten *eine Sache auf Leben und Tod*, eine Infragestellung seines ganzen Lebenssinnes.

Man versteht, dass sein Nationalismus ins Wanken gerät und er sich weigert, diesen gefährlichen Aspekt seines Vaterlandes wahrzunehmen.

### *Die faschistische Versuchung*

Damit er als Kolonialist überleben kann, muss die Metropole auf immer und ewig Metropole bleiben. Und soweit dies von ihm abhängt, wird er sich verständlicherweise auch mit allen Kräften dafür einsetzen.

Aber man kann noch einen Schritt weitergehen: *Jede Kolonialmacht trägt in ihrem Schoß den Keim der faschistischen Versuchung.*

Was ist der Faschismus anderes als eine Staatsform der Unterdrückung zum Nutzen einiger weniger? Nun dient der gesamte administrative und politische Apparat der Kolonie keinen anderen Zwecken. Die menschlichen Beziehungen entspringen dort einer möglichst weit vorangetriebenen Ausbeutung, sie beruhen auf Ungleichheit und Verachtung und werden durch den unumschränkten Autoritätsanspruch der Polizei gesichert. Wer den Kolonialismus am eigenen Leib erfahren hat, der zweifelt keinen Augenblick, dass er eine Spielart des Faschismus darstellt. Man darf sich nicht zu sehr darüber verwundern, dass Institutionen, die letzten Endes von einer liberalen Zentralgewalt abhängen, dermaßen verschieden von denen der Metropole sein können. Dieses totalitäre Gesicht, das demokratische Regierungen in ihren Kolonien häufig annehmen, ist nur scheinbar ein Widerspruch: da sie gegenüber dem Kolonisierten durch den Kolonialisten repräsentiert werden, können sie kein anderes haben.

Es ist kaum mehr erstaunlich, dass der Kolonialfaschismus sich nur mit Mühe auf die Kolonie beschränkt. Ein Krebsgeschwür will nichts anderes, als sich weiter ausbreiten. Der Kolonialist kann gar nicht anders, als die gewaltsamen und reaktionären oder doch mindestens konservativen Regierungen und Richtungen zu unterstützen, diejenigen, die den gegenwärtigen Zustand der Hauptstadt als den für ihn adäquaten aufrechterhalten oder besser noch die Basis der Unterdrückung garantieren werden. Und da Vorbeugen besser ist als Heilen, wie sollte er da nicht versucht sein, das Entstehen solcher Regierungsformen und Regime zu provozieren? Wenn man hinzufügt, dass seine finanziellen und damit politischen Mittel immens sind, dann versteht man, dass er für die zentralen Institutionen eine ständige Gefahr darstellt, einen Eiterherd, der ständig droht, den ganzen Organismus der Metropole zu vergiften. Aber selbst wenn er niemals etwas unternehmen würde, so wird doch allein schon seine Existenz, die des Kolonialsystems, sich der zögernden Metropole fortwährend als Beispiel anbieten, als verführerische Extrapolation eines politischen Stils, bei dem die Schwierigkeiten durch die völlige Leibeigenschaft der Beherrschten gelöst werden. Es ist nicht übertrieben, wenn man sagt, dass im selben Maße, wie die koloniale Situation den Europäer in den Kolonien verrotten lässt, *der Kolonialist ein Keim der Verrottung für die Metropole ist.*

### *Das Ressentiment gegenüber der Metropole*

Die Gefahr und das Zwiespältige seines übertriebenen patriotischen Feuers findet und bestätigt sich außerdem in der allgemeinen Ambiguität seiner Beziehungen zur Metropole. Gewiss, er singt ihr Lob und klammert sich an sie, bis sie notfalls gelähmt oder erstickt ist. Zugleich hegt er jedoch gegen die Metropole und ihre Bewohner ein tiefes Ressentiment.

Wir haben bis jetzt lediglich über die privilegierte Stellung des Kolonisators gegenüber dem Kolonisierten gesprochen. Tatsächlich erweist sich der Europäer in den Kolonien als zweifach Privilegierter: gegenüber dem Kolonisierten und gegenüber dem Bewohner der Metropole. Die kolonialen Vorteile bedeuten auch, dass – gleichgültig in welcher Höhe – der Beamte ein besseres Gehalt bezieht, der Kaufmann weniger Steuern bezahlt, der Industrielle Rohstoffe und Arbeitskräfte billiger bekommt als ihre Kollegen in der Metropole. Damit sind die Parallelen jedoch noch nicht erschöpft. Wie das Kolonialprivileg an die Existenz des Kolonisierten gebunden ist, so hängt es auch von der Metropole und deren Bewohnern ab. Der Kolonialist weiß ganz genau, dass er die Metropole zwingt, eine Armee zu unterhalten, dass die Kolonie, die für ihn nur mit Vorteilen verbunden ist, den Bewohner des Mutterlandes mehr kostet, als sie ihm einbringt.

Und wie die Natur der Beziehungen zwischen Kolonisator und Kolonisiertem von deren ökonomischem und gesellschaftlichem Verhältnis abgeleitet ist, hängen auch die Beziehungen zwischen Kolonisator und Bewohner der Metropole von deren wechselseitigen Situationen ab. Der Kolonisator ist alles andere als neidisch auf die alltäglichen Schwierigkeiten seines Landsmannes, die Steuern, die auf diesem allein lasten, und auf dessen mittelmäßige Einkünfte. Von seiner alljährlichen Reise ins Mutterland kehrt er verärgert zurück, unzufrieden mit sich und wütend auf den Bewohner der Metropole. Wieder einmal hat er auf die Vorwürfe antworten müssen, auf die unverhüllten Angriffe, war er gezwungen, sich des so wenig überzeugenden Arsenals der Gefahren der afrikanischen Sonne und der Darminfektionen zu bedienen und seine Zuflucht zur Mythologie der Helden in Kolonialuniform zu nehmen. Sie sprechen auch nicht dieselbe politische Sprache: *obwohl beide derselben politischen Klasse zugehören, steht der Kolonialist natürlich weiter rechts als der Bewohner der Metropole.* Ein neu angekommener Kollege drückte mir gegenüber seine naive Verwunderung darüber aus, dass Boule-Spieler, die in der Metropole allenfalls der S. F. I. O.* oder sogar der radikalen Linken angehörten, in der Kolonie Reaktionäre oder Faschisten sind.

Es besteht also ein echter – politisch und ökonomisch begründeter – Antagonismus zwischen dem Kolonialisten und dem Bewohner der Metropole. Und in dieser Hinsicht ist der Kolonialist durchaus im Recht, wenn er von seiner Entfremdung gegenüber der Metropole spricht: er hat nicht mehr dieselben Interessen wie seine Landsleute. In einem gewissen Maß nimmt er an ihnen keinen Anteil mehr.

Diese Dialektik zwischen überschwänglicher Begeisterung und Ressentiment, die den Kolonialisten mit dem Heimatland verbindet, beeinträchtigt in besonderer Weise die Art seiner Zuneigung diesem gegenüber. Zweifellos bemüht er sich, von ihm das erhabenste Bild zu zeichnen, aber diese Anwandlung wird durch alles abgeschwächt, was er von ihm erwartet. Auch wenn er in seinen chauvinistischen Bemühungen niemals erlahmt und seine Schmeicheleien vervielfacht, so kann er seine Wut und Enttäuschung doch kaum verhehlen. Ständig muss er darauf bedacht sein und notfalls intervenieren, dass die Metropole weiterhin die Truppen unterhält, die ihn schützen, und jene politische Linie beibehält, die ihn duldet, und dass sie schließlich jenes Gesicht bewahrt, das ihm zusagt und das er dem Kolonisierten entgegenhalten kann. Und die Kolonialausgaben sind der Preis, den die Metropolen zu zahlen haben, die von der fragwürdigen Großartigkeit überzeugt sind, Metropolen zu sein.

### *Die Ablehnung des Kolonisierten*

Die Ungeheuerlichkeit der kolonialen Unterdrückung ist indessen so groß, dass diese Glorifizierung der Metropole für eine Rechtfertigung des Kolonialverhältnisses allein nie ausreichen würde. In Wirklichkeit kann die Dis-

* Französische Sektion der Arbeiterinternationale (A.d.Ü.)

tanz zwischen Herr und Knecht nie groß genug sein. Deshalb widmet sich der Kolonisator fast immer ebenso beflissen der systematischen Entwertung des Kolonisierten.

Dazu braucht man ihn auch gar nicht erst zu ermuntern: er ist ganz erfüllt von diesem seinem Thema, das sein Bewusstsein und sein Leben entzweit. Er möchte es aus seinen Gedanken verbannen und sich die Kolonie ohne Kolonisierte vorstellen. In einem gängigen Scherzwort, das ernster ist, als es klingt, heißt es: »Alles könnte so schön sein, ... wenn nur die Eingeborenen nicht wären.« Aber der Kolonialist ist sich darüber im Klaren, dass die Kolonie ohne die Kolonisierten keinerlei Sinn mehr hätte. Dieser unerträgliche Widerspruch erfüllt ihn mit einer Wut und einem Hass, die jederzeit gegen den Kolonisierten entfesselt werden können, den unschuldigen, aber fatalen Grund für sein Drama. Und das nicht nur, wenn er Polizeibeamter oder ein Sonderbeamter der Behörde ist, deren Berufsgewohnheiten in der Kolonie ungeahnte Entfaltungsmöglichkeiten vorfinden. Ich habe zu meiner großen Verblüffung friedliche Beamte erlebt, ansonsten höfliche und redegewandte Lehrer, die sich unter nichtigen Vorwänden in brüllende Monster verwandelt haben. Die absurdesten Beschuldigungen werden gegen den Kolonisierten vorgebracht. Ein alter Arzt hat mir mit einer Mischung aus Ernst und Bösartigkeit anvertraut, dass »der Kolonisierte nicht richtig atmet«; ein Lehrer äußerte sich schulmeisterhaft: »Die Leute hier können überhaupt nicht richtig gehen, sie machen ganz kleine Schritte und kommen gar nicht richtig vorwärts«, daher rühre der Eindruck, als ob die Straßen der Kolonie von einem offenbar typischen Trappeln erfüllt seien. Die Entwertung des Kolonisierten erstreckt sich so auf alles, was mit ihm zu tun hat. Auf sein Land, das hässlich und zu heiß, dann wieder erstaunlich kalt und übelriechend ist, auf das tückische Klima, auf die geographische Lage, die so hoffnungslos ist, dass sie ihn auf ewig der Verachtung, der Armut und der Abhängigkeit überantwortet.

Diese Herabsetzung des Kolonisierten, die seine Ärmlichkeit erklären soll, dient zugleich dazu, die positiven Züge des Kolonialisten besser zur Geltung zu bringen. Diese Vorwürfe, diese durch und durch negativen Urteile werden ständig *in Beziehung zur Metropole* vorgebracht, das heißt in Beziehung zum Kolonialisten selbst – wir haben gesehen, über welchen Umweg. Ob es sich um moralische oder soziologische, ästhetische oder geographische Vergleiche handelt, offen ausgesprochen und beleidigend oder in Anspielungen und diskret, stets fallen sie zugunsten der Metropole und des Kolonialisten aus. *Dieses Land hier, seine Leute und deren Gebräuche,* alles ist stets und überaus minderwertig, und zwar aufgrund einer schicksalhaften und schon immer bestehenden Ordnung.

Diese Ablehnung der Kolonie und des Kolonisierten hat schwerwiegende Folgen für das Leben und das Verhalten des Kolonisierten. Aber sie hat auch eine verhängnisvolle Wirkung auf das Verhalten des Kolonialisten. Nachdem er die Kolonie in dieser Weise definiert und ihrer Bürgerschaft jedes Verdienst abgesprochen hat, weder deren Traditionen noch deren Gesetze oder Sitten anerkennt, kann er nicht zulassen, selbst an ihr teilzuhaben. Er lehnt es ab, sich als Bürger mit Rechten und Pflichten zu verstehen, und zieht auch nicht die Möglichkeit in Betracht, dass sein Sohn dies einmal werden könnte. Wenn er sich andererseits unlösbar mit seinem Heimatland verbunden sieht, so lebt er doch nicht dort, teilt nicht das Kollektivbewusstsein seiner Landsleute und ist auch nicht dessen ständiger Einwirkung ausgesetzt. Diese doppelte, aber negative soziologische Ortsbestimmung läuft darauf hinaus, dass der Kolonialist *als Staatsbürger zwischen den Stühlen sitzt.* Er laviert zwischen einer fernen Gesellschaft, der er zugehören möchte, die jedoch bis zu einem gewissen Grad mythische Züge annimmt, und einer gegenwärtigen, die er ablehnt und damit in der Abstraktion erhält.

Denn zweifellos ist es weder die Trockenheit des Landes noch die fehlende Anmut der Kolonialvölker, was die Ablehnung des Kolonialisten erklären würde. Im Gegenteil: das Land bleibt trocken und das Resultat eines hoffnungslosen Zweckdenkens, weil er es nicht annehmen konnte oder wollte. Warum tut er beispielsweise nichts für den Städtebau? Wenn er sich über den stinkenden Tümpel vor der Stadt beklagt, über unzureichende Abwasserkanäle oder schlecht funktionierende Dienstleistungen, dann hat er anscheinend vergessen, dass die administrative Macht bei ihm liegt, dass er selbst etwas unternehmen müsste. Warum will oder kann er seine Aktivitäten nicht objektiv sehen? Jeder Magistrat, der normalerweise aus der Bevölkerung stammt, die er verwaltet, ist nicht allein auf das eigene Wohlergehen bedacht, sondern auch auf das der Nachkommen. Seine Maßnahmen haben ihren Platz innerhalb eines historischen Kontinuums, dem der Bevölkerung. Der Kolonialist lässt seine Zukunft nicht mit der der Kolonie zusammenfallen, er ist nur vorübergehend hier, investiert nur da, wo innerhalb kurzer Zeit etwas für ihn herausspringt. Der eigentliche, wichtigste Grund für seine Unterlassungen ist der: der Kolonialist hat sich niemals dafür entschieden, die Kolonie nach dem Bild der Metropole und den Kolonisierten nach seinem eigenen Bild umzugestalten. *Eine solche Angleichung kann er nicht zulassen, weil sie das Fundament seiner Privilegien zerstören würde.*

Im Übrigen ist dies nichts als ein verschwommener Traum des Humanisten in der Metropole. Der Kolonialist hat immer und in aller Deutlichkeit gesagt, dass diese Angleichung undenkbar ist. Aber die Erklärung, zu der er sich genötigt fühlte und die selbst wiederum sehr aufschlussreich ist, liegt auf einer ganz anderen Ebene. Diese Unmöglichkeit ist nicht ihm, sondern dem Partner anzulasten, sie rührt aus der *Natur* des Kolonisierten. Mit anderen Worten, und dieser Charakterzug macht das Porträt vollständig, der Kolonialist nimmt seine Zuflucht zum Rassismus. Es fällt auf, dass der Rassismus Bestandteil aller Kolonialismen überall auf der Welt ist. Das ist kein Zufall: *der Rassismus ist die Quintessenz und das Symbol des grundlegenden Verhältnisses, das den Kolonialisten mit dem Kolonisierten verbindet.*

Es handelt sich dabei kaum um einen doktrinären Rassismus. Überdies würde das auf Schwierigkeiten stoßen: der Kolonialist hält nichts von Theorien und Theoretikern. Wer sich bewusst ist, dass er sich in einer ungünstigen moralischen oder ideologischen Position befindet, brüstet sich im Allgemeinen damit, ein Mann der Tat zu sein, der seine Lehren aus der Erfahrung zieht. Die Konstruktion seines Systems von Entschädigungen weist zu viele Schwachstellen auf, als dass der Kolonisator Diskussionen nicht fürchten müsste. Sein Rassismus wird *gelebt*, Tag für Tag, aber das macht ihn nicht weniger zum Rassismus. Gegenüber dem kolonialen Rassismus wirkt der der europäischen Doktrinäre gleichsam transparent, zu Ideen gefroren, auf den ersten Blick fast leidenschaftslos. Als Ensemble von Verhaltensweisen, gelernten Reaktionen, die während der gesamten frühen Kindheit eingeübt und durch die weitere Erziehung befestigt und aufgewertet werden, ist der koloniale Rassismus so unmittelbar selbst in den banalsten Gesten und Redewendungen verkörpert, dass er wohl eine der stabilsten Strukturen der kolonialen Persönlichkeit bildet. Die Häufigkeit seines Auftretens, seine Intensität innerhalb der kolonialen Beziehungen wären indessen verwunderlich, wenn man nicht wüsste, in welchem Maße er dem Kolonialisten zu leben ermöglicht und dessen privilegierte Einordnung in das gesellschaftliche Gefüge erlaubt. Ein ständiges Bemühen des Kolonialisten besteht darin, in Worten und Verhalten den Platz und das Schicksal des Kolonisierten, seines Partners im kolonialen Drama, zu erklären, zu rechtfertigen und zu erhalten, d. h., letzten Endes das Kolonialsystem und damit seinen eigenen Platz zu erklären, zu rechtfertigen und zu erhalten. Nun ergeben sich aus der Analyse der rassistischen Einstellung drei wichtige Elemente:

1. Das Aufdecken und Hervorheben der *Unterschiede* zwischen Kolonisator und Kolonisiertem.
2. Die *Steigerung* dieser Unterschiede zugunsten des Kolonisators auf Kosten des Kolonisierten.
3. Die *Absolutsetzung* dieser Unterschiede, indem man sie als endgültige ausgibt und das eigene Handeln darauf ausrichtet, dass sie das auch werden.

Der erste Schritt sagt über die innere Haltung des Kolonialisten noch nicht allzu viel aus. Dass man darauf bedacht ist, charakteristische Unterschiede zwischen zwei Bevölkerungen ausfindig zu machen, ist an sich noch kein rassistischer Zug. Aber innerhalb eines rassistischen Kontextes hat er seinen Platz und erhält seinen besonderen Sinn. Weit davon entfernt, das aufzusuchen, was sein Gefühl des Fremdseins abschwächen, ihn dem Kolonisierten näher bringen und zur Begründung einer gemeinsamen Bürgerschaft beitragen könnte, stützt sich der Kolonialist im Gegenteil auf alles, was beide voneinander trennt. Und in diesen Unterschieden, die stets für den Kolonisierten so beschämend, wie sie für den Kolonialisten selbst ruhmreich sind, findet er die Rechtfertigung für seine Ablehnung. Aber nun kommt das vielleicht Wichtigste: sobald jene besonderen Sitten, historischen oder geographischen Umstände herauspräpariert sind, die den Kolonisierten kennzeichnen und ihn in einen Gegensatz zum Kolonisator bringen, muss alles getan werden, damit der Graben nicht wieder zugeschüttet werden kann. Der Kolonialist löst die einzelne Tatsache aus der Geschichte, aus der Zeit und damit aus einer möglichen Evolution heraus. Die soziologische Tatsache wird zur biologischen oder besser noch zur metaphysischen erklärt, zum Bestandteil des *Wesens* des Kolonisierten. Damit wird das Kolonialverhältnis zwischen Kolonisator und Kolonisiertem, das auf der fundamentalen Seinsweise der beiden Protagonisten beruht, zu einer *letzten Kategorie.* Es ist das, was es ist, weil sie so sind, wie sie sind, und weder der eine noch der andere wird sich jemals ändern.

Wenden wir uns noch einmal dem Zweck jeder Kolonialpolitik zu. Hierzu zwei anschauliche Beispiele. Im Gegensatz zu einer verbreiteten Ansicht hat der Kolonialist die religiöse Bekehrung des Kolonisierten niemals ernsthaft gefördert. Die Beziehungen zwischen der (katholischen oder protestantischen) Kirche und dem Kolonialismus sind komplexer, als unter den Linken gern behauptet wird. Gewiss hat die Kirche eine wesentliche Hilfestellung gegeben, indem sie seine Unternehmungen unterstützte, ihm ein gutes Gewissen verschaffte und dazu beitrug, dass die Kolonisation akzeptiert wurde, und zwar auch vom Kolonisierten. Aber das war für sie nur ein zufälliges und einträgliches Bündnis. Heute, da sich der Kolonialismus als vergänglich erweist und seine Helfer kompromittiert, setzt sie sich überall ab; sie verteidigt ihn kaum noch, wenn sie nicht bereits angefangen hat, ihn zu verurteilen. Alles in allem hat sie sich seiner bedient, wie er sich ihrer bedient hat, aber dabei hatte sie stets das eigene Ziel vor Augen. Wenn umgekehrt der Kolonialist die Kirche für ihre Hilfe belohnt hat, indem er ihr wichtige Vorrechte, Grund und Boden, Subventionen und einen ihrer Rolle überhaupt nicht angemessenen Platz in der Kolonie einräumte, so hat er doch niemals ihren Erfolg gewünscht, d. h. die Bekehrung aller Kolonisierten. Hätte er das wirklich gewollt, so hätte er der Kirche erlaubt, ihren Traum zu verwirklichen. Vor allem zu Beginn der Kolonisation verfügte er über eine uneingeschränkte Handlungsfreiheit, eine unbegrenzte Macht zur Unterdrückung und eine große internationale Komplizenschaft.

Aber der Kolonialist konnte kein Unternehmen fördern, das zur Auflösung des Kolonialverhältnisses beigetragen hätte. Die Bekehrung des Kolonisierten zur Religion des Kolonialisten wäre eine Etappe auf dem Weg zur Assimilation gewesen. Das ist einer der Gründe dafür, dass sich die Kolonialmission nicht durchgesetzt hat.

Ein anderes Beispiel: für den Kolonisierten gibt es ebenso wenig eine gesellschaftliche wie eine mystische Rettung. So wenig er sich aus seinem Zustand durch eine religiöse Bekehrung befreien kann, so wenig wäre es ihm jemals gestattet, seine gesellschaftliche Gruppe zu verlassen, um sich derjenigen des Kolonisators anzuschließen.

Tatsächlich richtet sich jede Unterdrückung gegen eine menschliche Gruppe insgesamt, und als Mitglieder dieser Gruppe sind alle Individuen *von vornherein* anonym von ihr betroffen. Man hört oft die Behauptung, dass die Arbeiter, d. h. *alle* Arbeiter, weil sie Arbeiter sind, mit diesen oder jenen Fehlern und Mängeln behaftet seien. Der rassistische Vorwurf, der gegenüber dem Kolonisierten erhoben wird, kann nicht anders als kollektiv sein, und jeder Kolonisierte muss dafür geradestehen. Allerdings wird nicht bestritten, dass die Unterdrückung des Arbeiters einen Ausweg bereithält: zumindest theoretisch kann ein Arbeiter seine Klasse verlassen und seinen Status ändern, während unter den Bedingungen der Kolonisation den Kolonisierten nichts zu retten vermag. Niemals wird er in den Clan der Privilegierten Einlass finden; denn würde er mehr Geld verdienen als sie, alle Titel erringen, so würde er seine Macht ins Unendliche steigern.

Wir haben die koloniale Unterdrückung und den kolonialen Kampf mit der Unterdrückung der Klassen und dem Klassenkampf verglichen. Das Verhältnis zwischen Kolonisator und Kolonisiertem, von Volk zu Volk inmitten der Nationen kann tatsächlich an das Verhältnis zwischen Bourgeoisie und Proletariat innerhalb einer Nation erinnern. Aber darüber hinaus darf man auch die fast vollkommene Undurchlässigkeit nicht vergessen, die zwischen den kolonialen Gruppen besteht. Alle Bemühungen des Kolonialisten richten sich auf die Erhaltung dieses Umstandes, und in dieser Hinsicht ist der Rassismus die wirksamste Waffe: die Aufgabe der kolonialen Existenz wird für den Kolonisierten in der Tat unmöglich, und jede Auflehnung dagegen wäre absurd.

Somit erscheint der Rassismus nicht als mehr oder weniger zufälliges Detail, sondern als wesentliches Moment des Kolonialismus. Er begründet nicht nur die grundlegende Diskriminierung zwischen Kolonisator und Kolonisiertem, die für das Kolonialleben *unabdingbar* ist, sondern auch deren *Unwandelbarkeit.* Allein der Rassismus erlaubt es, ein historisches Verhältnis, das sich auf einen zeitlichen Ausgangspunkt zurückführen lässt, zu verewigen, indem er es verselbständigt. Von daher erklärt sich das üppige Gedeihen des Rassismus in der Kolonie; die rassistische Färbung jedes noch so kleinen theoretischen oder praktischen Schrittes nicht nur des Kolonialisten, sondern auch eines jeden Kolonisators. Und das nicht einmal nur bei den Leuten der Straße: ein Psychiater in Rabat mit zwanzig Jahren Berufspraxis erlaubte sich mir gegenüber die Behauptung, die nordafrikanischen Neurosen verdankten sich der *nordafrikanischen Seele.*

Diese Seele oder diese gemeinsame Kultur oder diese Psyche ist schuld an Institutionen, die aus einem anderen Jahrhundert stammen, an der fehlenden technischen Entwicklung, an der unvermeidbaren politischen Unterdrückung, letztlich an dem Drama insgesamt. Sie zeigt in aller Deutlichkeit, dass die Kolonialsituation unheilbar war und endgültig unheilbar ist.

### *Die Selbst-Absolution*

Und damit sind wir beim letzten Pinselstrich unseres Porträts. Da die Knechtschaft des Kolonisierten dem Kolonisator als ein empörendes Unrecht erschien, musste er dafür eine Erklärung finden, sofern er vermeiden wollte, daraus auf das empörende Unrecht und die Unsicherheit der eigenen Existenz zu schließen. Dank einer zweifachen Rekonstruktion des Kolonisierten und seiner selbst kann er sich zugleich rechtfertigen und seine Sicherheit wiedergewinnen.

Als Träger der Werte der Zivilisation und der Geschichte erfüllt er eine Mission: ihm kommt das unerhörte Verdienst zu, Licht in die unwürdige Finsternis des Kolonisierten zu bringen. Dass diese Rolle ihm Vorteile und Respekt einträgt, ist nur gerecht: die Kolonisation ist *legitim,* in jeder Hinsicht und mit allen Konsequenzen.

Da außerdem Knechtschaft zum Wesen des Kolonisierten, Herrschaft jedoch zur eigenen Natur gehört, gibt es aus dieser Situation auch keinen Ausweg. Zu den Wohltaten einer belohnten Tugend fügt er die Notwendigkeit von Naturgesetzen. Die Kolonisation ist *ewig*, er kann seiner Zukunft ohne jede Besorgnis entgegensehen.

Demnach wäre alles möglich und würde einen neuen Sinn annehmen. Der Kolonisator könnte es sich leisten, fast entspannt zu leben, wohlwollend und sogar als Wohltäter. Der Kolonisierte könnte gar nicht anders, als ihm dafür *dankbar* zu sein, dass er von seinen Einkünften etwas abgibt. Und an dieser Stelle kommt die merkwürdige Geisteshaltung ins Spiel, die als *paternalistisch* bezeichnet wird. Der Paternalist gibt sich jenseits des Rassismus und der Ungleichheit – die er nicht bestreitet – gern großherzig. Diese Haltung ist, wenn man so will, ein mildtätiger Rassismus und alles andere als naiv oder unrentabel. Denn der offenste Paternalist sträubt sich von dem Moment an, da der Kolonisierte etwas *fordert,* beispielsweise sein Recht auf gewerkschaftliche Betätigung. Wenn er dessen Lohn erhöht und wenn seine Frau den Kolonisierten pflegt, so handelt es sich um die Gewährung einer Gunst, aber nie um eine Pflicht. Wenn er das als seine Pflicht ansehen würde, so müsste er zugeben, dass der Kolonisierte Rechte hat. Nun ergibt sich aber aus allem bisher Gesagten von selbst, dass er keine Pflichten, d. h., dass der Kolonisierte keine Rechte hat.

Nachdem er diese neue moralische Ordnung errichtet hat, in der er per definitionem sowohl Herr als auch unschuldig ist, müsste sich der Kolonialist am Ende selbst die Absolution erteilen. Es fehlt nur noch, dass diese Ordnung von keinem anderen in Frage gestellt wird, am allerwenigsten vom Kolonisierten.

# Porträt des Kolonisierten

# 1. Mythisches Porträt des Kolonisierten

## *Geburt aus dem Mythos*

Genau wie die Bourgeoisie ein Bild des Proletariats entwirft, beschwört die Existenz des Kolonisators ein Bild des Kolonisierten und setzt es durch: Alibis, ohne die das Verhalten des Kolonisators – und des Bourgeois – sowie deren ganzes Dasein empörend erscheinen müssten. Aber wir enthüllen die Mystifizierung gerade darum, weil sie alles etwas zu perfekt eingerichtet hat.

Nehmen wir aus diesem anklägerischen Bild den Charakterzug der Faulheit. Er scheint bei allen Kolonisatoren, von Liberia über den Maghreb bis hin nach Laos, auf einmütige Zustimmung zu stoßen. Es ist unschwer zu sehen, wie *bequem* diese Charakterisierung ist. Sie hat ihren guten Platz innerhalb der Dialektik: Selbsterhöhung des Kolonisators – Abwertung des Kolonisierten. Überdies ist sie *wirtschaftlich einträglich.* Nichts könnte das Privileg des Kolonisators besser legitimieren als seine Arbeit; nichts die Ärmlichkeit des Kolonisierten besser rechtfertigen als dessen Müßiggang. Zum mythischen Bild des Kolonisierten gehört darum seine unglaubliche Faulheit, zu dem des Kolonisators der tugendhafte Sinn für tätiges Schaffen. Gleichzeitig suggeriert damit der Kolonisator, dass die Beschäftigung von Kolonisierten wenig rentabel sei, was wiederum dessen unerhört schlechte Bezahlung erlaubt.

Es mag so scheinen, als habe die Kolonisation daran verdient, dass sie über besonders qualifizierte Arbeitskräfte verfügt. Nichts wäre falscher als das. Der qualifizierte Arbeiter, den man unter den

»unechten« Kolonisatoren antrifft, verlangt einen Lohn, der das Drei- bis Vierfache von dem des Kolonisierten beträgt; allerdings produziert er nicht drei- bis viermal soviel wie jener, weder in der Quantität noch in der Qualität: *es ist wirtschaftlicher, drei Kolonisierte zu beschäftigen als einen Europäer.* Gewiss braucht jedes Unternehmen Spezialisten, die der Kolonisator selbst importiert oder unter seinesgleichen auswählt, aber nur in sehr geringem Umfang. Damit ist noch nichts gesagt über die Bevorzugung und den gesetzlichen Schutz, die der europäische Arbeiter zu Recht für sich beansprucht. Vom Kolonisierten benötigt man nichts als die Arme, und er ist nichts anderes: im Übrigen stehen diese Arme so niedrig im Kurs, dass man drei oder vier Paar von ihnen für den Preis eines einzigen mieten kann.

Bei näherem Hinsehen stellt man übrigens fest, dass den Kolonisator diese tatsächliche oder unterstellte Faulheit nicht einmal so sehr stört. Er spricht von ihr mit amüsierter Nachsicht und macht seine Scherze darüber; er bedient sich aller gängigen Redewendungen, perfektioniert sie und erfindet neue hinzu. Nichts ist genug, um die so außergewöhnliche Schwäche des Kolonisierten zu kennzeichnen. Bei diesem Gedanken wird er geradezu lyrisch, allerdings in negativer Weise: der Kolonisierte ist so faul, dass es stinkt, aber wie es stinkt! Es stinkt nicht nur zum Himmel, es stinkt bis zum Mond, bis zur Milchstraße, nein, bis in die siebte Galaxie usw.

Aber stimmt es überhaupt, so wird man weiterfragen, dass der Kolonisierte faul ist? Die Frage ist eigentlich falsch gestellt. Abgesehen davon, dass man eine Bezugsebene definieren müsste, eine Norm, die innerhalb der einzelnen Völker variabel ist – kann man überhaupt ein ganzes Volk der Faulheit bezichtigen? Man kann einzelne verdächtigen oder sogar eine Vielzahl innerhalb einer Gruppe, man kann sich fragen, ob deren Leistung nicht mittelmäßig ist; ob nicht die Unterernährung, die niedrigen Löhne, die fehlenden Zukunftsmöglichkeiten, die Geringfügigkeit seiner sozialen Rolle dem Kolonisierten das Interesse an seiner Arbeit nehmen. Was misstrauisch macht, ist der Umstand, dass der Vorwurf sich nicht nur gegen den Landarbeiter oder den Bewohner der Wellblechbaracken richtet, sondern auch gegen den Lehrer, den Ingenieur oder Arzt, der ebenso viele Arbeitsstunden leistet wie sein Kollege unter den Kolonisatoren, kurz, gegen *jedes* einzelne Mitglied der Gesellschaft des Kolonisierten. Was misstrauisch macht, ist die *Einstimmigkeit* der Ankläger und die *Totalität* des Vorwurfs, so dass kein Kolonisierter von ihm verschont wird und niemals von ihm ausgenommen werden kann. Das heißt: *es wird abstrahiert von allen sozialen und historischen Bedingungen der Anklage.*

Tatsächlich handelt es sich um alles andere als um eine objektive Bewertung, die dementsprechend differenziert und möglichen Veränderungen unterworfen wäre, sondern um eine *Setzung:* durch seine Beschuldigung setzt der Kolonisator den Kolonisierten als arbeitsscheues Wesen. Er entscheidet, dass die Faulheit für die Natur des Kolonisierten *konstitutiv* ist. Ist diese Unterstellung einmal erfolgt, so wird offenbar, dass der Kolonisierte ungeachtet seiner Funktion und ungeachtet seines persönlichen Einsatzes niemals etwas anderes sein kann als ein Faulpelz. Wir gelangen immer wieder zum Rassismus zurück, der zweifelsohne nichts anderes tut, als einen tatsächlichen oder eingebildeten Charakterzug des Beschuldigten zum Vorteil des

Anklägers zu dessen Natur zu erklären. Man kann dieselbe Analyse auch auf jede andere Eigenschaft anwenden, die dem Kolonisierten unterstellt wird.

Wenn der Kolonisator expressis verbis behauptet, der Kolonisierte sei schwach, so suggeriert er damit, dass diese Schwäche nach Schutz verlangt. Daher stammt allen Ernstes – ich habe es oft genug gehört – die Vorstellung von einem Protektorat. Es liegt im eigenen Interesse des Kolonisierten, dass er von Führungsfunktionen ausgeschlossen wird und diese schwere Verantwortung dem Kolonisator vorbehalten bleibt. Wenn dann der Kolonisator, um nicht in eine karitative Haltung zu verfallen, hinzufügt, der Kolonisierte sei von widernatürlicher Rückständigkeit, folge schlechthin Neigungen, stehle und sei leicht sadistisch, so legitimiert er damit seine Polizei und seine gerechte Strenge. Gegen die gefährlichen Narreteien eines Unzurechnungsfähigen muss man sich doch verteidigen; ihn außerdem – eine verdienstvolle Fürsorge – auch vor seinesgleichen schützen! Dasselbe gilt für den Mangel an Bedürfnissen beim Kolonisierten, seine Untauglichkeit für Komfort, für die Technik, den Fortschritt, seine ungewöhnliche Vertrautheit mit dem Elend: warum sollte sich der Kolonisator Gedanken um Dinge machen, die die Betroffenen selbst kaum beunruhigen. Man würde ihm einen schlechten Dienst erweisen, so fügt er mit einer ebenso dunklen wie kühnen Philosophie hinzu, wollte man ihn den Zwängen der Zivilisation unterwerfen. Nun gut, erinnern wir uns daran, dass die Weisheit orientalisch ist und akzeptieren wir das Elend des Kolonisierten, wie er selbst es tut! Dasselbe gilt für die berühmte Undankbarkeit des Kolonisierten, die sogenannte seriöse Autoren hervorgehoben haben: sie erinnert zugleich an alles, was der Kolonisierte dem Kolonisator verdankt, dass alle diese Wohltaten umsonst sind und es vergebliche Liebesmüh wäre, den Kolonisierten bessern zu wollen.

Auffällig nur, dass es zu diesem Bild nicht mehr braucht. Es ist z.B. schwierig, die Mehrzahl der Eigenschaften auf einen gemeinsamen Nenner zu bringen, zu ihrer *objektiven Synthese* zu gelangen. Es ist kaum zu sehen, warum der Kolonisierte zugleich unbedeutend und niederträchtig, faul und rückständig sein soll. Er hätte auch unbedeutend und gut sein können, wie der gute Wilde des 18. Jahrhunderts, kindisch und hart arbeitend oder faul und schlau. Mehr noch, die dem Kolonisierten verliehenen Eigenschaften schließen sich gegenseitig aus, ohne dass dies den Ankläger stören würde. Man schildert ihn in einem Zug als anspruchslos, enthaltsam, ohne große Bedürfnisse *und* als jemanden, der unmäßige Mengen an Fleisch, Fett, Alkohol oder was sonst noch vertilgt; als Feigling, der Angst hat zu leiden *und* als Rohling, dem sämtliche zivilisatorischen Hemmungen fremd sind usw. Dies als zusätzlicher Beweis dafür, dass es sinnlos ist, diese Kohärenz anderswo zu suchen als beim Kolonisator selbst. An der Basis der gesamten Konstruktion findet man schließlich eine besondere Dynamik: die der ökonomischen und gefühlsmäßigen Bedürfnisse des Kolonisators, die ihm die Logik ersetzt und jeden der Züge, die er dem Kolonisierten verleiht, erheischt und erklärt. Sie sind letztlich alle zum *Vorteil* des Kolonisators, selbst diejenigen, die für ihn auf den ersten Blick nachteilig wären.

### *Die Entmenschlichung*

Was der Kolonisierte wirklich ist, kümmert den Kolonisator wenig. Weit davon entfernt, den Kolonisierten in dessen Wirklichkeit begreifen zu wollen, ist er nur damit beschäftigt, ihn diese unabdingbare Wandlung durchmachen zu lassen. Und der Mechanismus dieser Umgestaltung des Kolonisierten ist wiederum sehr aufschlussreich.

Er besteht zunächst aus einer Reihe von Negationen. Der Kolonisierte *ist* dies *nicht* und *ist* das *nicht.* Er wird niemals positiv beurteilt; falls dies doch geschieht, so verdankt sich die konzedierte Eigenschaft einem psychologischen oder ethischen *Mangel.* Das gilt z.B. für die arabische Gastfreundschaft, die schwerlich als etwas Negatives angesehen werden kann. Bei näherem Hinsehen entdeckt man, dass dieses Lob von Touristen ausgesprochen wird, von reisenden Europäern, aber nicht von Kolonisatoren, d.h. von Europäern, die sich in der Kolonie niedergelassen haben. Sobald er einmal dort wohnt, profitiert der Europäer von dieser Gastfreundschaft nicht mehr, unterbricht jeden Austausch und trägt zur Errichtung von Barrieren bei. Sehr schnell ändert er die Palette für sein Bild des Kolonisierten, der plötzlich missgünstig erscheint, auf sich selbst bezogen, der andere ausschließt und fanatisch ist. Was wird aus der berühmten Gastfreundschaft? Da er sie nicht leugnen kann, lässt der Kolonisator nunmehr deren Schattenseiten und verhängnisvolle Konsequenzen hervortreten.

Sie entspringt einer unverantwortlichen Haltung, einer Verschwendungssucht des Kolonisierten, dem es an Voraussicht und wirtschaftlichem Sinn fehlt. Ob bei einem Vornehmen oder einem Fellachen, die Feste sind schön und freigebig, keine Frage, aber was kommt dabei heraus! Der Kolonisierte ruiniert sich, macht Schulden und zahlt am Ende mit dem Geld anderer Leute! Spricht man andererseits von der bescheidenen Lebensführung des Kolonisierten? Von dem kaum weniger bekannten Fehlen von Bedürfnissen? Das ist ebenfalls kein Beweis für Klugheit, sondern für Dummheit. So, als ob im Grunde jede wahrgenommene oder erfundene Eigenschaft ein negatives Anzeichen sein *muss.*

So lösen sich alle Eigenschaften nach und nach auf, die den Kolonisierten zum Menschen machen. Und das Menschsein des Kolonisierten, das ihm vom Kolonisator bestritten wird, wird für diesen am Ende undurchsichtig. Es ist müßig, so behauptet er, das Verhalten des Kolonisierten *vorhersehen* zu wollen (»Sie sind unberechenbar!« … »Bei ihnen weiß man nie!«). Der Kolonisierte scheint ihm von einer seltsamen und beunruhigenden Impulsivität beherrscht. In der Tat muss der Kolonisierte merkwürdig sein, um nach so vielen Jahren des Zusammenwohnens so geheimnisvoll zu bleiben … Oder es drängt sich der Gedanke auf, dass der Kolonisator gute Gründe dafür hat, an dieser Mysteriösität festzuhalten.

Ein weiteres Zeichen für diese Entpersönlichung des Kolonisierten ist das, was man als das *Pluralzeichen* charakterisieren könnte. Der Kolonisierte wird nie in differenzierender Weise beschrieben; er hat nur das Recht darauf, in einem anonymen Kollektiv zu ertrinken. *(»Sie* sind so … *Sie* sind alle gleich«). Wenn die kolonisierte Hausangestellte eines Morgens einmal nicht kommt, so sagt der Kolonisator nicht, *sie* sei krank oder *sie* hintergehe ihn oder *sie* sei in Versuchung geraten, einen sittenwidrigen Vertrag zu brechen. (Sieben Arbeitstage in der Woche; die kolonisierten Hausangestellten kommen kaum in den Genuss des freien Tages in der Woche, der den anderen eingeräumt wird.) Er wird behaupten, dass *sie* alle unzuverlässig sind. Das ist keine Floskel. Er weigert sich, die persönlichen, besonderen Ereignisse im Leben seiner Hausangestellten in Betracht zu ziehen; dieses Leben in seiner Besonderheit interessiert ihn nicht, seine Hausangestellte existiert nicht als *Individuum.*

Schließlich bestreitet der Kolonisator dem Kolonisierten das kostbarste Recht, das den meisten Menschen zuerkannt wird: die Freiheit. Die Lebensbedingungen, die dem Kolonisierten durch die Kolonisation auferlegt werden, sehen sie gar nicht erst vor, setzen sie nicht einmal voraus. Der Kolonisierte verfügt über keinerlei Ausweg, um seiner unglücklichen Lage zu entrinnen: weder juristisch (durch eine Einbürgerung) noch mystisch (durch religiöse Bekehrung). Der Kolonisierte hat keine freie Wahl, ob er Kolonisierter sein will oder nicht.

Was kann ihm am Ende dieses unbeugsamen Unterfangens der Verfälschung seines Wesens noch bleiben? Mit Sicherheit ist er dann nicht mehr ein Alter ego des Kolonisators. Er ist kaum noch ein menschliches Wesen. Er wird schnell zum Objekt. Im Extremfall, und dahin geht das höchste Streben des Kolonisators, bräuchte er *nur noch in Bezug auf die Bedürfnisse des Kolonisators zu existieren, d. h., er müsste sich zum reinen Kolonisierten gewandelt haben.*

Man erkennt die außergewöhnliche Wirksamkeit dieser Vorgehensweise. Welche tatsächliche Pflicht hat man gegenüber einem Tier oder einer Sache, der der Kolonisierte immer ähnlicher wird? Nunmehr wird verständlich, warum der Kolonisator sich so skandalöse Einstellungen und Urteile erlauben kann. Ein Kolonisierter, der einen Wagen fährt, bietet ein Schauspiel, an das der Kolonisator sich nicht gewöhnen will; er streitet ihm jede Normalität ab, wie bei einer Affenpantomime. Ein Unfall, selbst ein schwerer, der einem Kolonisierten widerfährt, bringt ihn fast zum Lachen. Eine Gewehrsalve in eine Menge von Kolonisierten nötigt ihn allenfalls zu einem Achselzucken. Im Übrigen erinnert ihn eine eingeborene Mutter, die den Tod ihres Sohnes beweint, oder eine eingeborene Frau, die über ihren Mann trauert, nur undeutlich an den Schmerz einer Mutter oder einer Gattin. Diese unkontrollierten Schreie, diese fremdartigen Gesten reichen aus, sein Mitgefühl sofort wieder erstarren zu lassen, sobald es sich regt. Letzthin berichtete uns ein Schriftsteller humorvoll, wie man die rebellierenden Einheimischen ähnlich wie das Wild in große Käfige getrieben hatte. Dass man auf den Gedanken mit diesen Käfigen verfiel, es wagte, sie auch zu bauen und – vielleicht mehr noch – dass man den Reportern erlaubt hatte, die Beute zu fotografieren, das alles zeigt nur zu gut, dass dieses Schauspiel im Geist seiner Organisatoren nichts Menschliches mehr an sich hatte.

### *Die Mystifizierung*

Nachdem diese zerstörerische Wahnvorstellung vom Kolonisierten aus den Bedürfnissen des Kolonisators geboren wurde, ist es kaum verwunderlich, dass er ihr so sehr entspricht, dass er das Verhalten des Kolonisators zu bestätigen und zu rechtfertigen scheint. Noch bemerkenswerter und vielleicht noch verhängnisvoller ist die Zustimmung, die sie beim Kolonisierten selbst hervorruft.

Beständig konfrontiert mit diesem Bild von sich, das ihm in den Institutionen wie bei jedem menschlichen Kontakt entgegengehalten und aufgezwungen wird, wie sollte er darauf nicht reagieren? Es kann ihm unmöglich gleichgültig und äußerlich bleiben wie eine Beschimpfung, die mit dem nächsten Windstoß wieder davonweht. Am Ende erkennt er es an, wie einen Spitznamen, der ihm zum verhassten, aber immerhin vertrauten Signal geworden ist. Die Beschuldigung verwirrt ihn, beunruhigt ihn um so mehr, als er seinen mächtigen Ankläger bewundert und fürchtet. Hat er nicht ein wenig recht? spricht er in sich hinein. Sind wir nicht wirklich ein wenig schuldig? Faul, weil wir so viele Müßiggänger haben? Kleinmütig, weil wir uns unterdrücken lassen? Vom Kolonisator gewünscht und verbreitet, wird dieses mythische und entwürdigende Bild schließlich in einem gewissen Grad vom Kolonisierten angenommen und gelebt. So gewinnt es eine gewisse Realität und *wird zu einem Bestandteil des wirklichen Porträts des Kolonisierten.*

Dieser Mechanismus ist nicht unbekannt, es ist eine Mystifizierung. Die Ideologie einer herrschenden Klasse wird bekanntlich von den Beherrschten weitgehend übernommen. Nun enthält jede Kampfideologie als integrierenden Bestandteil bestimmte Vorstellungen über den Gegner. Indem sie dieser Ideologie zustimmen, bestätigen die beherrschten Klassen in gewisser Weise die Rolle, die man ihnen zugewiesen hat. Das wiederum erklärt unter anderem die relative Stabilität von Gesellschaften; die Unterdrückung wird dort nolens volens von den Beherrschten selbst toleriert. In der kolonialen Situation besteht das Herrschaftsverhältnis zwar zwischen zwei Völkern, aber das Schema bleibt dasselbe. Die Charakterisierung und die Rolle des Kolonisierten nehmen in der Kolonialideologie einen bevorzugten Platz ein; eine Charakterisierung, die zwar nicht der Wirklichkeit entspricht und in sich widersprüchlich, im Rahmen dieser Ideologie allerdings notwendig und kohärent ist und der der Kolonisierte seine undeutliche, halbherzige, aber unleugbare Zustimmung gibt.

Und da liegt das einzige Quäntchen Wahrheit dieser modischen Begriffe: Abhängigkeitskomplex, Kolonisierungsbereitschaft usw. … Zweifellos besteht an einem bestimmten Punkt seiner Entwicklung eine gewisse Zustimmung des Kolonisierten zur Kolonisation. Aber diese Zustimmung ist Ergebnis und nicht Ursache derselben, sie entsteht *nach* und nicht vor der kolonialen Besetzung. Um sich uneingeschränkt zum Herrn zu machen, genügt es nicht, dass der Kolonisator dies objektiv ist, er muss auch noch an seine Legitimität glauben; und damit diese Legitimität ungeteilt ist, reicht es nicht aus, dass der Kolonisierte objektiv Sklave ist, er muss sich auch als solchen annehmen. Kurz gesagt, der Kolonisator muss vom Kolonisierten als solcher anerkannt werden. Das Band zwischen beiden ist daher ebenso zerstörerisch wie schöpferisch. Es zerstört die beiden Partner der Kolonisation und schafft sie als Kolonisator und Kolonisierten neu: der eine wird zum Unterdrücker entstellt, zum geteilten Wesen ohne Heimat als Bürger, zum Betrüger, der einzig auf seine Privilegien und deren Verteidigung um jeden Preis bedacht ist; der andere wird zum Unterdrückten verkrüppelt, der in seiner Entfaltung unterbrochen wird und mit seiner Vernichtung einverstanden ist.

## 2. Die Situation des Kolonisierten

Es wäre zu schön gewesen, wenn dieses mythische Bildnis ein reiner Wahn geblieben wäre, ein auf den Kolonisierten geworfener Blick, der nichts bewirkt hätte, als das schlechte Gewissen des Kolonisators zu beschwichtigen. Durch dieselben Erfordernisse weitergetrieben, durch die es hervorgerufen wurde, muss es sich aber unweigerlich in wirkliches Verhalten umsetzen, in wirksame, bedeutsame Verhaltensweisen.

Da der Kolonisierte *mutmaßlicher* Dieb ist, muss man sich *wirklich* vor ihm schützen; da er per definitionem verdächtig ist, warum sollte er nicht schuldig sein? Es ist Wäsche entwendet worden (ein häufiger Vorfall in diesem sonnenheißen Land, wo die Wäsche an der frischen Luft trocknet und alle verhöhnt, die nichts anzuziehen haben). Wer sollte der Schuldige sein, wenn nicht der erste Kolonisierte, auf den man in der Umgebung aufmerksam wird? Und da er es *vielleicht* getan hat, geht man zu seiner Wohnung und *nimmt ihn mit* auf die Polizeiwache. »Halb so wild, mit der Ungerechtigkeit«, erwidert der Kolonisator, »in jedem zweiten Fall erwischt man den Richtigen. Jedenfalls ist der Dieb ein Kolonisierter; wenn man ihn nicht in der ersten Hütte findet, dann in der zweiten.«

Daran ist so viel richtig: der Dieb (ich meine den kleinen) kommt in der Tat aus der armen Bevölkerung, genauer gesagt, er gehört zu den Armen unter den Kolonisierten. Aber folgt daraus, dass jeder Kolonisierte ein potentieller Dieb ist und als solcher behandelt werden muss?

Diese Verhaltensweisen, die der Gesamtheit der Kolonisatoren gemeinsam sind und sich gegen die Gesamtheit der Kolonisierten richten, werden sich demnach auch als Institutionen ausdrücken. Anders gesagt, sie definieren und erzwingen objektive Situationen, die den Kolonisierten einkreisen, ihn bedrücken und schließlich sogar sein Verhalten ändern und bestimmte Falten in sein Gesicht eingraben. Im Großen und Ganzen handelt es sich dabei um *Situationen der Verarmung*. Der ideologischen Aggression, die ihn entmenschlichen und schließlich mystifizieren soll, entsprechen kurz gesagt konkrete Situationen, die auf dasselbe Resultat hinauslaufen. Mystifiziert sein bedeutet, bereits mehr oder weniger dem Mythos zuzustimmen und ihm sein Verhalten anzupassen, d. h. von ihm bestimmt zu sein. Nun ist dieser Mythos außerdem noch fest auf eine sehr reale Organisation gestützt, auf eine Verwaltung und eine Gerichtsbarkeit; er wird von den historischen, ökonomischen und kulturellen Bedürfnissen des Kolonisators gespeist und stets neu belebt. Selbst wenn er der Verleumdung und Verachtung gegenüber gleichgültig wäre, für Schmähungen und Fußtritte nur ein Achselzucken hätte, wie würde der Kolonisierte den niedrigen Löhnen entgehen, der Agonie seiner Kultur, dem Gesetz, das ihn von der Geburt an bis zum Tod regiert?

Sowenig er der kolonialen Mystifikation entrinnen kann, so wenig könnte er sich diesen konkreten Situationen entziehen, die bestimmte Formen der Verarmung erzeugen. In gewissem Maße ist das tatsächliche Bild des Kolonisierten eine Funktion dieser Verknüpfung. Indem wir eine bereits gebrauchte Wendung umkehren, können wir sagen, dass die Kolonisation auf dieselbe Weise Kolonisierte erzeugt, wie sie Kolonisatoren hervorgebracht hat, und diesen Mechanismus haben wir bereits kennengelernt.

### *Der Kolonisierte und die Geschichte …*

Die schmerzlichste Verarmung, die der Kolonisierte erleiden muss, liegt darin, dass ihm ein Platz *außerhalb der Geschichte* und *außerhalb der Bürgerschaft* zugewiesen wird. Die Kolonisation beraubt ihn jeder freien Anteilnahme, im Krieg wie im Frieden, jeder Entscheidung, die für das Schicksal der Welt wie für das eigene von Bedeutung wäre, jeder historischen und gesellschaftlichen Verantwortung.

Gewiss kommt es vor, dass die Bürger der freien Länder sich in einem Anfall von Mutlosigkeit sagen, dass sie in nationalen Angelegenheiten zu nichts taugen, dass ihre Handlungen lächerlich sind, ihr Votum nicht zählt und die Wahlen manipuliert sind. Presse und Rundfunk befinden sich in den Händen einiger weniger; sie können weder den Krieg verhindern noch den Frieden fordern; sie können nicht einmal von den von ihnen Gewählten erreichen, dass diese nach erfolgreicher Wahl das respektieren, wozu man sie ins Parlament geschickt hat … Aber sie erkennen auch sofort, dass sie das *Recht* dazu haben, die potentielle oder sogar die tatsächliche Macht dazu: dass sie geprellt oder müde, aber keine Sklaven sind. Sie sind freie Menschen, im Augenblick durch Ränke besiegt oder durch Demagogie verwirrt. Und manchmal, wenn es ihnen zu viel wird, bekommen sie einen plötzlichen Wutanfall, zerreißen ihre Ketten aus Bindfäden und werfen die kleinen Berechnungen der Politiker über den Haufen. Das öffentliche Gedächtnis bewahrt eine stolze Erinnerung an diese periodischen und gerechten Stürme! Wenn sie es recht bedenken, werden sie sich heftige Vorwürfe machen, dass sie nicht häufiger rebelliert haben; sie sind letztlich für ihre eigene Freiheit verantwortlich, und wenn sie aus Mattigkeit, Schwäche oder Skepsis keinen Gebrauch von ihr machen, dann verdienen sie ihre Strafe.

Der Kolonisierte hingegen fühlt sich weder verantwortlich noch schuldig oder skeptisch, er ist aus dem Spiel. Er ist in keiner Hinsicht mehr das Subjekt der Geschichte; selbstverständlich trägt er deren Lasten, die ihn häufig noch härter drücken als die anderen, aber immer als Objekt. Er hat sich schließlich jede aktive Teilnahme an der Geschichte abgewöhnt und beansprucht sie nicht mehr. Wenn die Kolonisation lange genug dauert, verliert er sogar die Erinnerung an seine Freiheit; er vergisst, was sie kostet oder wagt nicht mehr, den Preis dafür zu bezahlen. Wenn es anders wäre, wie ist es dann zu erklären, dass eine Garnison von einigen Männern einen Posten in den Bergen halten kann? Dass eine Handvoll oftmals arroganter Kolonisatoren inmitten einer Masse von Kolonisierten leben kann? Die Kolonisatoren sind selbst erstaunt darüber, und daher kommt es, dass sie dem Kolonisierten Feigheit vorwerfen. In Wirklichkeit geht ihnen der Vorwurf allzu leicht von den Lippen; sie wissen genau, dass ihre Vereinzelung im Fall einer Bedrohung schnell ein Ende hätte: sämtliche Hilfsmittel der Technik, Telefon, Telegraf oder Flugzeug würden ihnen innerhalb weniger Minuten fürchterliche Mittel zur Verteidigung und Zerstörung zur Verfügung stellen. Für einen getöteten Kolonisator mussten und werden weiterhin Hunderte, ja Tausende von Kolonisierten sterben. Die Erfahrung ist oft genug – möglicherweise provoziert – aufgefrischt worden, um den Kolonisierten von den zwangsläufig folgenden und schrecklichen Sanktionen zu überzeugen. Man hat alles aufgeboten, um ihm den Mut zu nehmen, zu sterben und dem Anblick des Blutes zu trotzen.

Wenn es sich tatsächlich um eine Verarmung handelt, die einer Situation und dem Willen des Kolonisators entsprungen ist, dann ist es um so klarer, dass es sich nur darum handelt. Und nicht um ein angeborenes Unvermögen, die Geschichte auf sich zu nehmen. Schon die Schwierigkeit einer negativen Konditionierung, die unbeugsame Strenge der Gesetze ist ein Beweis dafür. Während für die kleinen Arsenale des Kolonisators ein vollkommener Ablass gewährt wird, zieht die Entdeckung einer verrosteten Waffe bei einem Kolonisierten die unmittelbare Bestrafung nach sich. Die berühmte Fantasia* ist nicht mehr als eine Nummer mit einem Haustier, dem man zu brüllen befiehlt, um den Gästen so wie früher einen Schauder über den Rücken zu jagen. Aber das Tier brüllt noch kräftig, und die Sehn-

* Reiterkampfspiele in Nordafrika und den arabischen Ländern (A.d.Ü.)

sucht nach den Waffen existiert immer noch, bei allen Zeremonien, ob in Nord- oder Südafrika. Die Verarmung an kriegerischem Kampfgeist scheint in einem direkten Verhältnis zum Grad der Präsenz des Kolonisators zu stehen. Die am meisten isoliert lebenden Stämme sind noch immer diejenigen, die am schnellsten zu ihren Waffen greifen. Das ist kein Beweis für *Wildheit,* sondern dafür, dass die Konditionierung nicht genügend aufrechterhalten wird.

Aus demselben Grund war die Erfahrung des letzten Krieges so entscheidend. Er hat die Kolonisierten nicht nur vorschnell die Guerillatechnik gelehrt, wie man behauptet hat. Er hat ihnen auch nachdrücklich die Möglichkeit eines kämpferischen und freien Verhaltens vor Augen geführt. Die europäischen Regierungen, die nach diesem Krieg in den kolonialen Kinos die Vorführung solcher Filme wie *La Bataille du Rail* verboten haben, hatten von ihrem Standpunkt aus durchaus recht. Den amerikanischen Western, den Gangsterfilmen und Kriegsepen auf der Leinwand hat man vorgeworfen, sie zeigten, wie man mit einem Revolver oder einem Maschinengewehr umgeht. Dieses Argument greift jedoch zu kurz. Die Bedeutung von Filmen über Widerstandskämpfer liegt auf einer ganz anderen Ebene: kaum oder überhaupt nicht bewaffnete Unterdrückte *wagten* es, gegen ihre Unterdrücker vorzugehen. Wenig später, als in den Kolonien die ersten Unruhen ausbrachen, haben sich diejenigen, die deren Sinn nicht begriffen, damit beruhigt, die Zahl der aktiven Kämpfer festzustellen und über deren geringe Größe zu spotten. Der Kolonisierte zögert in der Tat, ehe er sein Schicksal in die eigenen Hände nimmt. Aber die Bedeutung dieses Ereignisses ging weit über dessen rechnerisches Gewicht hinaus! Es gab einige Kolonisierte, die vor der Uniform des Kolonisators nicht mehr zitterten! Man hat sich über die Hartnäckigkeit lustig gemacht, mit der die Rebellen darauf bestanden, sich einheitlich und in Khakimonturen zu kleiden, sicherlich in der Hoffnung, als Soldaten betrachtet und nach dem Kriegsgesetz behandelt zu werden. Aber in diesem Insistieren liegt mehr: sie nehmen für sich die Livree der Geschichte in Anspruch und legen sie sich an; aber leider Gottes trägt die Geschichte heute die Uniform des Militärs.

### *... Der Kolonisierte und die Bürgerschaft*

Dasselbe gilt für die Angelegenheiten der Bürgerschaft: »Sie sind nicht fähig, sich ganz allein zu regieren«, sagt der Kolonisator. »Darum«, so fährt er fort, »gewähre ich ihnen weder jetzt noch in Zukunft jemals Zutritt zur Regierung.«

Tatsache ist, dass der Kolonisierte nicht regiert. Dass er streng von der Macht ferngehalten wird und dadurch am Ende weder Lust noch Neigung dazu verspürt. Wie sollte er sich für etwas interessieren, von dem er so beharrlich ausgeschlossen wird? Die Kolonisierten haben keinen Überfluss an Männern, die in Regierungsgeschäften erfahren sind. Wie sollten sie in einer so lang anhaltenden Unterbrechung autonomer Machtausübung die entsprechende Kompetenz ausbilden? Darf sich der Kolonisator auf diese verfälschte Gegenwart berufen, um vor der Zukunft eine Schranke aufzurichten?

Da die Organisationen der Kolonisierten nationale Forderungen erheben, zieht man häufig den Schluss, der Kolonisierte sei chauvinistisch. Nichts wäre falscher als das. Es geht vielmehr um das Bestreben und die Technik einer Sammlungsbewegung, die an bestimmte Affekte appelliert. Außer bei den aktiven Mitgliedern dieser nationalen Wiedergeburt finden sich die für einen Chauvinismus charakteristischen Kennzeichen – eine aggressive Vorliebe für Fahnen, die Verwendung von patriotischen Liedern und ein ausgeprägtes Gefühl, ein und demselben nationalen Organismus anzugehören – selten unter den Kolonisierten. Dagegen wird erneut eingewendet, dass die Kolonisation die Entwicklung eines Nationalbewusstseins beim Kolonisierten beschleunigt habe. Man könnte ebenso gut behaupten, dass sie deren Tempo verlangsamt hat, indem sie den Kolonisierten von den objektiven Bedingungen heutiger Nationalitäten ausgeschlossen hat. Ist es ein Zufall, wenn die kolonisierten Völker die letzten sind, bei denen dieses nationale Selbstbewusstsein erwacht?

Der Kolonisierte genießt keines der Attribute, die zu einer Nationalität gehören; weder im Hinblick auf die eigene, die sich in Abhängigkeit befindet, bestritten und unterdrückt wird, und selbstverständlich auch nicht im Hinblick auf die des Kolonisators. Er kann sich kaum auf die eine berufen, geschweige denn die andere für sich in Anspruch nehmen. Da er innerhalb der Bürgerschaft keinen angemessenen Platz hat, die Rechte des modernen Bürgers nicht genießt und auch nicht dessen normalen Pflichten unterworfen ist, kein Stimmrecht hat und nicht die Last der gemeinsamen Aufgaben trägt, kann er sich auch nicht als echter Staatsbürger fühlen. Als Folge der Kolonisation macht der Kolonisierte fast niemals die Erfahrung, einer Nationalität oder Staatsbürgerschaft anzugehören, es sei denn *im Privatbereich. Unter nationalem und staatsbürgerlichem Aspekt ist er lediglich das, was der Kolonisator nicht ist.*

Diese gesellschaftliche und historische Verstümmelung ist vermutlich die schwerwiegendste und drückendste Folge von allen. Sie trägt auch zur Verarmung der anderen Lebensaspekte des Kolonisierten bei, und durch einen Rückschlageffekt, zu dem es häufig innerhalb der menschlichen Verhältnisse kommt, wird sie ihrerseits durch die anderen Schwächen des Kolonisierten verstärkt.

Da er sich nicht als Staatsbürger begreift, verliert der Kolonisierte auch die Hoffnung, dass sein Sohn dies werden könnte. Da er selbst darauf verzichtet, gibt er bald auch dieses Vorhaben auf, verbannt es aus seinen väterlichen Plänen und gibt ihm in seiner Erziehung keinen Raum mehr. Es bleibt also nichts, das dem jungen Kolonisierten die Gewissheit und den Stolz seiner Staatsbürgerschaft verleihen könnte. Er erwartet keine Vorteile davon, und er ist nicht darauf vorbereitet, die damit verbundenen Pflichten zu übernehmen. (Das ändert sich selbstverständlich auch nicht während seiner Zeit auf der Schule, wo die Verwendung der Begriffe Staatsbürgerschaft und Nationalität immer im Hinblick auf die Kolonialmacht erfolgt.) Diese erzieherische Lücke, ein Ergebnis der gesellschaftlichen Verarmung, wird demnach genau diese Verarmung verewigen, von der eine der wesentlichsten Dimensionen des kolonisierten Individuums betroffen ist.

Später, wenn er heranwächst, ist es sehr unwahrscheinlich, dass er den einzigen Ausweg aus einer verhängnisvollen, vertrauten Situation erspäht: die Revolte. Der Kreis ist erfolgreich geschlossen. Die Auflehnung gegen den Vater und die Familie ist eine sinnvolle Handlung und für die eigene Verwirklichung unerlässlich; sie erlaubt, das Leben eines Mannes zu beginnen, einen neuen Kampf, mit glücklichem und unglücklichem Verlauf, aber inmitten anderer Männer. Der Generationskonflikt kann und muss sich im gesellschaftlichen Konflikt lösen; andererseits ist er auf diese Weise ein Moment der Bewegung und des Fortschritts.

Die neuen Generationen finden in dieser kollektiven Bewegung die Lösung ihrer Schwierigkeiten, und indem sie sich für die Bewegung entscheiden, treiben sie sie voran. Bleibt nur noch, dass diese Bewegung möglich wird. Aber welches Land, welche gesellschaftliche Dynamik wird dem einzelnen hier eröffnet? Das Leben in der Kolonie folgt starren Regeln, seine Strukturen sind äußerlich von einem Korsett eingeschnürt und innerlich verknöchert. Dem jungen Menschen bietet sich keine neue Rolle an, neue Entdeckungen sind ihm unmöglich. Diese Tatsache erkennt der Kolonisator mit einem klassisch gewordenen Euphemismus an. Er *garantiere,* so verkündet er, die Sitten und Gebräuche des Kolonisierten. Und zweifellos kann er gar nicht anders, als sie zu *garantieren,* und sei es durch den Einsatz von Gewalt. *Da jede Veränderung nur gegen die Kolonisation durchzusetzen ist,* ist der Kolonisator gehalten, die rückschrittlichsten Elemente zu unterstützen. Er ist nicht der Alleinverantwortliche für diese Mumifizierung der Gesellschaft der Kolonisierten; er behauptet weitgehend in gutem Glauben, dass sie von seinem alleinigen *Willen* unabhängig sei. Sie entspringt allerdings hauptsächlich der *kolonialen Situation.* Da sie nicht Herr über ihr eigenes Schicksal, nicht ihre eigene Gesetzgeberin ist, nicht über die eigene Organisation verfügt, kann die kolonisierte Gesellschaft ihre Institutionen den ureigenen Bedürfnissen nicht mehr anpassen. Es sind aber die eigenen Bedürfnisse, die die organisatorische Gestalt jeder normalen Gesellschaft formen, zumindest in einem gewissen Grad. Es war deren ständigem Druck zu verdanken, dass das politische und administrative Gesicht Frankreichs sich im Verlauf der Jahrhunderte Schritt für Schritt geändert hat. Aber wenn die Diskrepanz zu offenkundig wird und innerhalb der bestehenden gesetzlichen Möglichkeiten keine Einigung zu erzielen ist, so bedeutet das entweder Revolution oder Verknöcherung.

Die kolonisierte Gesellschaft ist eine kranke Gesellschaft, deren innere Dynamik erfolglos nach neuen Strukturen strebt. Ihr seit Jahrhunderten verhärtetes Gesicht ist nur noch eine Maske, unter der sie allmählich erstickt und abstirbt. Eine solche Gesellschaft kann den Generationskonflikt nicht verarbeiten, da sie keinem Wandel zugänglich ist. Die Revolte des heranwachsenden Kolonisierten, weit davon entfernt, sich in einer Bewegung zu entladen, sich in gesellschaftlichen Fortschritt umzusetzen, kann nur im Sumpf der kolonisierten Gesellschaft steckenbleiben. *(Zumindest, solange es keine absolute Revolte ist,* aber darauf kommen wir noch zurück.)

### *Die Refugien der Werte*

Früher oder später weicht er somit auf Rückzugspositionen aus, d.h. auf traditionelle Werte.

So erklärt sich das erstaunliche Überleben der kolonisierten Familie: sie bietet sich als echtes *Refugium der Werte* an. Sie bewahrt den Kolonisierten vor der Verzweiflung seiner völligen Niederlage, wird jedoch dafür durch den ständigen Zustrom neuen Blutes als Institution bestätigt. Der junge Mann wird heiraten, ein aufopferungsvoller Familienvater, ein solidarischer Bruder, ein verantwortungsvoller Onkel und – bis er den Platz seines Vaters eingenommen hat – ein ehrerbietiger Sohn werden. Alles ist wieder im Lot: die Revolte und der Konflikt haben mit dem Sieg der Eltern und der Tradition geendet.

Aber das ist ein trauriger Sieg. Damit ist die kolonisierte Gesellschaft auch nicht um einen Schritt weitergekommen; für den jungen Mann ist es eine innere Katastrophe. Endgültig bleibt er nun mit dieser Familie verhaftet, die ihm Wärme und Zärtlichkeit bietet, ihn jedoch zugleich verhätschelt, absorbiert und kastriert. Verlangt die Bürgerschaft von ihm nicht die uneingeschränkten staatsbürgerlichen Pflichten? Würde sie sie ihm verweigern, falls er noch daran dächte, sie zu beanspruchen? Gesteht sie ihm nur wenige Rechte zu, versagt ihm jedes nationale Leben? In Wirklichkeit sind das nicht mehr seine vordringlichsten Bedürfnisse. Sein angestammter Platz, der ihm stets in der süßen Langweiligkeit der Versammlungen seines Clans vorbehalten bleibt, stellt ihn zufrieden. Er hätte Angst, von dort wegzugehen. Jetzt unterwirft er sich bereitwillig der Autorität des Vaters und bereitet sich darauf vor, später selbst dessen Platz einzunehmen. Das Vorbild ist schwach, seine Welt ist die eines Besiegten! Aber welcher andere Ausweg steht ihm noch offen? … Aufgrund eines merkwürdigen Paradoxons ist der Vater zugleich schwach und übermächtig, weil er vollkommen angenommen wird. *Der junge Mann ist bereit, seine Rolle als erwachsener Kolonisierter zu übernehmen, d. h. sich als unterdrücktes Wesen zu bejahen.*

Dasselbe gilt für die unbestreitbare Wirkung einer Religion, die so zählebig wie formal ist. Selbstgefällig stellen die Missionare diesen Formalismus als einen Wesenszug der nichtchristlichen Religionen dar. Damit deuten sie an, dass der einzige Ausweg darin bestehe, zur Religion nebenan zu wechseln.

In Wahrheit haben alle Religionen sowohl Momente eines Zwangsformalismus als auch einer nachsichtigen Flexibilität. Es ist lediglich erklärungsbedürftig, warum diese oder jene menschliche Gesellschaft zu einer bestimmten Epoche ihrer Geschichte eine derartige Phase durchläuft. Wozu diese inhaltslose Rigidität der Religionen der kolonisierten Völker?

Es wäre sinnlos, für den Kolonisierten eine eigene Religionspsychologie zu konstruieren oder sich auf die berühmte Natur zu berufen, die alles erklärt. Wenn sie auch der religiösen Tatsache eine gewisse Aufmerksamkeit schenken, so habe ich doch bei meinen kolonisierten Schülern keine übertriebene Religiosität festgestellt. Für mich ist die Erklärung eine Parallele zur Erklärung für den Einfluss der Familie. Weder bedarf es einer besonderen Psychologie, die die wichtige Rolle der Familie erklärt, noch lässt sich der Zustand der Gesellschaftsstrukturen aus der Intensität des Familienlebens ableiten. Im Gegenteil, es ist die völlige Unmöglichkeit eines gesellschaftlichen Lebens, eines freien Spiels der gesellschaftlichen Dynamik, die die Stärke der Familienbindung aufrechterhält, den einzelnen auf diese noch beengtere Zelle zurückwirft, die ihn rettet und ihn erstickt. In gleicher Weise ist der Gesamtzustand der Institutionen kolonisierter Gesellschaften ein Ausdruck für das Übergewicht der religiösen Tatsache.

Mit ihrem Geflecht von Institutionen, ihren gemeinsamen und periodischen Festen bildet die Religion ein weiteres *Refugium der Werte,* für den einzelnen wie für die Gruppe. Für den einzelnen bietet sie sich als eine der seltenen Rückzugslinien an; für die Gruppe ist sie eine der seltenen Veranstaltungen, die ihre eigenständige Existenz schützen können. Da die kolonisierte Gesellschaft keine nationalen Strukturen besitzt und sich keine geschichtliche Zukunft vorstellen kann, muss sie sich mit der passiven Erstarrung der Gegenwart begnügen. Selbst diese Gegenwart muss sie gegenüber dem erobernden Eindringen der Kolonisation schützen, die sie von allen Seiten einschnürt, die mit ihrer Technik und mit ihrem Prestige bei den jüngeren Generationen durchdringt. Der Formalismus, von dem der religiöse Formalismus nur ein Aspekt ist, ist die Zyste, in der die Gesellschaft sich einschließt und verhärtet, ihr Leben reduziert, um es zu retten. Spontane Reaktion der Selbstverteidigung, Mittel zur Bewahrung des Kollektivbewusstseins, ohne das ein Volk rasch zu existieren aufhört. Unter den Bedingungen der kolonialen Abhängigkeit würde die religiöse Befreiung ebenso wie die Zerstörung der Familie die ernsthafte Gefahr bedeuten, an sich selbst zugrunde zu gehen.

Die Verknöcherung der kolonialen Gesellschaft ist also die Folge zweier Prozesse unter entgegengesetzten Vorzeichen: *eine Abkapselung, die von innen heraus entsteht, und ein Korsett, das von außen angelegt wird.* Beide Phänomene haben einen gemeinsamen Faktor: den Zusammenhang mit der Kolonisation. Sie laufen in einem gemeinsamen Ergebnis zusammen: der gesellschaftlichen und historischen Katalepsie des Kolonisierten.

### *Die kulturelle Amnesie*

Solange er die Kolonisation unterstützt, besteht die einzig mögliche Alternative für den Kolonisierten außer der Assimilierung in der Versteinerung. Da ihm die Assimilierung verweigert wird, werden wir sehen, dass er nur noch außerhalb der Zeit leben kann. Er wird durch die Kolonisation aus ihr verdrängt und findet sich bis zu einem gewissen Grad damit ab. Der Entwurf und die Gestaltung der Zukunft sind ihm untersagt, so beschränkt er sich auf eine Gegenwart, die selbst wiederum amputiert und abstrakt ist.

Fügen wir an dieser Stelle noch hinzu, dass er immer weniger über seine Vergangenheit verfügt. Der Kolonisator selbst hat nie eine gehabt, und alle Welt weiß, dass der bürgerliche »roturier«, dessen Herkunft man nicht kennt, keine hat. Es gibt Schlimmeres. Fragen wir den Kolonisierten selbst: welches sind seine Volkshelden? seine großen Führer? seine Weisen? Wenn überhaupt, dann kann er uns nur mit Mühe einige Namen in völliger Unordnung nennen, und zwar immer weniger, je weiter man in die Generationen zurückgeht. *Der Kolonisierte scheint dazu verdammt, mehr und mehr sein Gedächtnis zu verlieren.*

Die Erinnerung ist keine rein geistige Erscheinung. So, wie das Gedächtnis des einzelnen die Frucht seiner Geschichte und seiner Physiologie ist, beruht das Gedächtnis eines Volkes auf dessen Institutionen. Nun sind die Institutionen des Kolonisierten entweder tot oder verknöchert. An jene, die sich noch einen Anschein von Leben bewahrt haben, glaubt er kaum, da er deren Wirkungslosigkeit tagtäglich erlebt. Manchmal schämt er sich ihrer, wie man sich eines lächerlichen und überholten Monuments schämt.

Im Gegensatz dazu scheint alle Effizienz, jede gesellschaftliche Dynamik von den Institutionen des Kolonisators in Beschlag genommen. Hat der Kolonisierte Hilfe nötig? Es sind diese Institutionen, an die er sich wendet. Hat er ein Unrecht begangen? Von dort aus erfährt er seine Sanktion. Am Ende steht er unweigerlich vor dem Kolonialbeamten. Wenn ein Mann von Rang einmal zufällig einen Fez trägt, so wird er durch seinen scheuen Blick und etwas schroffe Gesten auffallen, als wolle er jedem Anruf zuvorkommen, als stehe er unter der ständigen Überwachung durch den Kolonisator. Die Bevölkerung bereitet sich auf ein Fest vor? Es sind die Feste des Kolonisators, selbst die religiösen, die lärmend gefeiert werden: Weihnachten und Jeanne d'Arc, Karneval und der 14. Juli …, es sind die Armeen des Kolonisators, die defilieren, dieselben, die den Kolonisierten niedergetreten haben und an seinem Platz halten und ihn noch tiefer treten werden, wenn es sein muss. Zweifellos liegt es an seinem Formalismus, dass der Kolonisierte all seine religiösen Feste pflegt, die seit Jahrhunderten immer dieselben sind. Genauer gesagt sind dies die einzigen religiösen Feste, die in einem gewissen Sinne außerhalb der Zeit stehen. Noch genauer, sie befinden sich am Anfangspunkt der geschichtlichen Zeit und nicht innerhalb der Geschichte. Von dem Augenblick an, da sie eingerichtet wurden, ist im Leben dieses Volkes nichts mehr geschehen. Nichts, das für seine eigene Existenz typisch wäre, das es verdient hätte, vom Kollektivbewusstsein aufbewahrt und gefeiert zu werden. Nichts als eine große Leere.

Die wenigen materiellen Spuren dieser Vergangenheit verblassen am Ende langsam, und die künftigen Spuren werden nicht mehr das Kennzeichen der kolonisierten Gesellschaft aufweisen. Die wenigen Statuen, die die Stadt markieren, stellen mit einer unglaublichen Verachtung für den Kolonisierten, von dem sie jeden Tag mit einem neuen Kotau gegrüßt werden, die hehren Taten des Kolonisators dar. Die Gebäude übernehmen die vom Kolonisator bevorzugten Formen, und bis hin zu den Straßennamen erinnern sie an die fernen Provinzen, aus denen er stammt. Gewiss kommt es vor, dass der Kolonisator einen neo-orientalischen Stil fördert, so wie der Kolonisierte den europäischen Stil imitiert. Aber es handelt sich nur um einen Exotismus (alte Waffen und alte Truhen) und nicht um eine Neugeburt. Der Kolonisierte selbst tut nichts, als seiner Vergangenheit auszuweichen.

*Die Schule des Kolonisierten*

Durch welches Medium wird das Erbe eines Volkes sonst noch vermittelt?

Durch die Erziehung, die es seinen Kindern angedeihen lässt, und durch die Sprache, dieses wunderbare Behältnis, das unentwegt von neuen Erfahrungen bereichert wird. Die Traditionen und das neu Erworbene, die Gebräuche und die Eroberungen, das Tun und Treiben der vorherigen Generationen werden so vererbt und in die Geschichte eingetragen. Nun sind die weitaus meisten kolonisierten Kinder Kinder der Straße. Und wer das seltene Glück hat, in eine Schule aufgenommen zu werden, wird dadurch nicht für die eigene Nation gerettet: das Gedächtnis, das andere ihm hier einpflanzen, ist sicherlich nicht das seines Volkes; die Geschichte, die man ihm beibringt, ist nicht die seinige. Er weiß, wer Colbert oder Cromwell, aber nicht wer Khaznadar* war; er kennt zwar Jeanne d'Arc, aber nicht die Kahena.** Alles scheint sich außerhalb seiner Heimat abgespielt zu haben; sein Land und er selbst befinden sich in der Luft oder existieren ausschließlich im Hinblick auf die Gallier, auf die Franken, auf die Marne; im Hinblick auf das, was er nicht ist, auf das Christentum, obgleich er kein Christ ist, auf den Okzident, der vor seiner Nase aufhört, auf einer Linie, die desto unüberwindlicher je imaginärer sie ist. Die Bücher sprechen zu ihm von einer Welt, die ihn in nichts an die eigene erinnert; in ihnen heißt der kleine Junge Toto und das kleine Mädchen Marie, und an den Winterabenden bleiben Marie

* Khaznadar: tunesischer Minister, der im 19. Jh. durch seine Reformen hervorgetreten ist (A.d.Ü.)

** Kahena: Legendäre Berberkönigin, die im 6. oder 7. Jh. n.Chr. die Berberstämme gegen die arabischen Eindringlinge anführte und seither zum Symbol für den nordafrikanischen Widerstand gegen jede Fremdherrschaft geworden ist (A.d.Ü.)

und Toto auf dem Heimweg über schneebedeckte Wege vor dem Maronenverkäufer stehen. Seine Lehrer schließlich sind nicht die Ablösung seines Vaters, nicht dessen glänzende Nachfolger und keine Erlöser, wie alle Lehrer auf dieser Welt, sie sind anders. Es kommt zu keiner Übertragung, weder vom Kind zum Lehrer noch – auch das leider nur selten – vom Lehrer zum Kind, und das Kind spürt das nur zu gut. Einer meiner früheren Klassenkameraden hat mir gestanden, dass Literatur, bildende Kunst und Philosophie ihm eigentlich fremd geblieben waren, so als ob sie einer anderen Welt angehörten, nämlich der der Schule. Es bedurfte eines langen Aufenthalts in Paris, bis er anfing, diese Fächer wirklich zu würdigen.

Wenn es schließlich doch zu einer Übertragung kommt, so ist das nicht ungefährlich: der Lehrer und die Schule repräsentieren eine Welt, die sich zu sehr von der Welt der Familie unterscheidet. In beiden Fällen tut die Schule letztlich alles andere, als den Heranwachsenden darauf vorzubereiten, sein Geschick *ganz* in die Hand zu nehmen, sie errichtet in seinem Inneren vielmehr eine folgenschwere Dualität.

### *Die koloniale Zweisprachigkeit …*

Diese so wichtige Spaltung des Kolonisierten wird besonders deutlich in der kolonialen Zweisprachigkeit zum Ausdruck gebracht und symbolisiert.

Der Kolonisierte wird nur vor dem Analphabetismus bewahrt, um einem sprachlichen Dualismus ausgeliefert zu werden – sofern er dieses Glück überhaupt hat. Die Mehrzahl der Kolonisierten kommt niemals in die glückliche Lage, die Qualen eines zweisprachigen Koloniebewohners zu erdulden. Sie werden immer nur über ihre Muttersprache verfügen, d. h. eine Sprache, die sie weder lesen noch schreiben können, die nur eine ungewisse und armselige Bildung erlaubt, die nur mündlich weitergegeben wird.

Gewiss gibt es kleine Gruppen von Gebildeten, die beharrlich die Sprache ihres Volkes pflegen und deren gelebte und vergangene Pracht bewahren wollen. Aber diese subtilen Formen haben seit langem jede Verbindung zum alltäglichen Leben verloren und sind für den Mann auf der Straße undurchsichtig geworden. Für den Kolonisierten sind es Reliquien, und diese ehrwürdigen Männer erscheinen ihm wie Somnambule, die einen alten Traum leben.

Wenn die Muttersprache wenigstens noch einen tatsächlichen Einfluss auf das soziale Leben erlauben, die Schalter in den Ämtern passieren oder den postalischen Verkehr steuern würde, aber nicht einmal das ist der Fall.

Die gesamte Bürokratie, alle Ämter, jede technische Einrichtung versteht und verwendet nur die Sprache des Kolonisators, genau wie die Kilometersteine, die Hinweistafeln auf Bahnhöfen, die Straßenschilder und die Quittungen. Einzig mit seiner Sprache ausgestattet, ist der Kolonisierte ein Fremder im eigenen Land.

Innerhalb des kolonialen Rahmens ist die Zweisprachigkeit unentbehrlich. Sie ist die Bedingung für jede Kommunikation, jede Bildung und jeden Fortschritt. Aber der zweisprachige Koloniebewohner ist seinem Getto nur entkommen, um einer kulturellen Katastrophe zum Opfer zu fallen, die niemals gänzlich überwunden werden kann.

Die fehlende Übereinstimmung zwischen Muttersprache und Kultursprache ist für die Kolonisierten nicht eigentümlich. Aber die koloniale Zweisprachigkeit lässt sich mit keinem anderen Sprachendualismus vergleichen. Der Besitz von zwei Sprachen ist nicht nur der Besitz von zwei Werkzeugen, er bedeutet die Teilhabe an zwei verschiedenen seelischen und kulturellen Welten. Und gerade hier *liegen die beiden Welten, die durch die beiden Sprachen symbolisiert und getragen werden, miteinander im Konflikt:* es sind die des Kolonisators und des Kolonisierten. Außerdem ist es gerade die Muttersprache des Kolonisierten, die angefüllt ist mit seinen Empfindungen, seinen Leidenschaften und Träumen, in der sich seine Zärtlichkeit und seine Verwunderung ausdrücken können, der schließlich in seinem Gefühlsleben die größte Bedeutung zukommt; gerade sie ist es, *der am wenigsten Wert beigemessen wird.* Weder im eigenen Land noch im Konzert der Völker besitzt sie auch nur die geringste Würde. Wenn der Kolonisierte einen Beruf erlernen, seinen Platz schaffen und innerhalb der Staatsbürgerschaft und in der Welt existieren will, so muss er sich als erstes der Sprache der anderen unterwerfen, der Kolonisatoren, seiner Herren. In dem Sprachenkonflikt, der den Kolonisierten beherrscht, ist seine Muttersprache die gedemütigte, geknechtete. Und diese objektiv begründete Verachtung macht er sich schließlich selbst zu eigen. Er beginnt von sich aus, diese schwächliche Sprache zu unterdrücken, sie vor den Augen der Fremden zu verstecken und den Anschein zu erwecken, als fühle er sich nur in der Sprache des Kolonisators wohl. Kurz gesagt, die koloniale Zweisprachigkeit bedeutet weder das Vorkommen zweier Sprachen innerhalb eines bestimmten Gebietes, wo eine Volkssprache neben einer Hochsprache existiert, die beide derselben Gefühlswelt angehören, noch eine simple Sprachenvielfalt, bedingt durch eine zusätzliche, aber relativ neutrale Ebene, sondern sie ist ein *Drama zwischen zwei Sprachen.*

Man ist überrascht, dass der Kolonisierte über keine lebendige Literatur in seiner eigenen Sprache verfügt. Wie sollte er mit ihr arbeiten, da er sie doch verachtet? In derselben Weise, wie er sich von seiner Musik, seinen bildenden Künsten, von seiner ganzen traditionellen Kultur abwendet? Seine sprachliche Ambiguität ist das Symbol und eine der Hauptursachen seiner kulturellen Zwiespältigkeit. Und diese Situation des kolonisierten Schriftstellers liefert dafür ein perfektes Beispiel.

Bereits die materiellen Bedingungen der Existenz eines Kolonisierten würden zweifellos genügen, die Seltenheit seines Vorkommens zu erklären. Das übergroße Elend der weitaus größten Mehrheit der Bevölkerung reduziert die statistische Wahrscheinlichkeit auf ein Minimum, dass ein Schriftsteller geboren wird und heranwächst. Aber die Geschichte zeigt uns, dass es nur einer privilegierten Klasse bedarf, um ein ganzes Volk von Künstlern zu versorgen. Im Grunde genommen ist die Rolle eines kolonisierten Schriftstellers äußerst schwer zu ertragen: er verkörpert alle bis ins Extrem getriebenen Zwiespältigkeiten und Unmöglichkeiten des Kolonisierten.

Nehmen wir an, er habe gelernt, mit seiner Sprache so umzugehen, dass er sie in geschriebenen Werken neu schöpfen kann, dass er seine tiefe Abneigung überwunden habe, sich ihrer zu bedienen; für wen würde er schreiben, wer wäre sein Publikum? Wenn er darauf besteht, in seiner Sprache zu schreiben, so verurteilt er sich dazu, vor einem Auditorium von Schwerhörigen zu sprechen. Das Volk ist ungebildet und kann überhaupt keine Sprache lesen, die Bourgeois und Gebildeten verstehen nur die Sprache des Kolonisators. Es bleibt ihm nur ein Ausweg, den man als natürlichen hinstellt: in der Sprache des Kolonisators zu schreiben. Als ob er sich damit nicht lediglich eine neue Sackgasse ausgesucht hätte!

Selbstverständlich muss er seine Behinderung überwinden. Wenn auch der zweisprachige Koloniebewohner den Vorteil hat, zwei Sprachen zu kennen, so beherrscht er doch keine von beiden völlig. Auch dies erklärt die Widrigkeiten bei der Geburt einer Literatur der Kolonisierten. Viel Menschenmaterial muss vergeudet werden, oftmals muss der Würfel fallen für einen einzigen glücklichen Augenblick – der dann nichts zutage fördert als die Zwiespältigkeit des kolonisierten Schriftstellers, in einer neuen, aber schwerer wiegenden Form.

Merkwürdiges Schicksal, für ein Volk zu schreiben, das nicht das eigene ist! Noch merkwürdiger ist es, für die Sieger über das eigene Volk zu schreiben! Die Bitterkeit der ersten kolonisierten Schriftsteller hat Verwunderung erregt. Vergessen sie, dass sie sich an dasselbe Publikum wenden, dessen Sprache sie entlehnt haben? Trotzdem ist es weder Unbedachtheit noch Undankbarkeit oder Arroganz. Was sollen sie gerade diesem Publikum mitteilen, sobald sie den Mut gefunden haben zu sprechen, wenn nicht ihr Unglück und ihr Aufbegehren dagegen? Wie kann man Worte des Friedens von dem erwarten, der unter einem anhaltenden Unfrieden leidet? Dankbarkeit für eine Leihgabe, an deren Zinsen man so schwer zu tragen hat?

Für eine Leihgabe überdies, die nie etwas anderes sein wird als etwas Geliehenes. Eigentlich verlassen wir hier die Deskription und stellen eine Prognose. Aber diese ist so deutlich, so evident! Das Entstehen einer Literatur von Kolonisierten, die Bewusstwerdung der nordafrikanischen Schriftsteller beispielsweise, ist keine isolierte Erscheinung. Beides ist Teil eines wachsenden Selbstbewusstseins einer ganzen Gesellschaft. Die Frucht ist kein Zufall, kein Wunder an der Pflanze, sondern das Zeichen ihrer Reife. Bestenfalls geht das Hervortreten des kolonisierten Künstlers der kollektiven Bewusstwerdung etwas voraus, an der er teilhat und die er damit vorantreibt. Nun ist die drängendste Forderung einer Gesellschaft, die sich wiedergewonnen hat, zweifellos *die Befreiung und Wiederherstellung ihrer Sprache.*

Wenn für mich daran etwas Erstaunliches ist, dann der Umstand, dass man sich darüber überhaupt wundern kann. Nur diese Sprache würde es dem Kolonisierten ermöglichen, die Unterbrechung seiner Zeit aufzuheben, seine verlorene Kontinuität und die seiner Geschichte wiederzufinden. Ist die französische Sprache lediglich ein präzises und zweckmäßiges Instrument, oder ist sie diese wunderbare Truhe, in der die Entdeckungen und Errungenschaften sich ansammeln, Schriftsteller und Moralisten, Philosophen und Gelehrte, Helden und Abenteurer, in der sich die Schätze des Geistes und der Seele der Franzosen zu einer nur ihnen eigentümlichen Legende umgestalten?

Der kolonisierte Schriftsteller, der sich die europäischen Sprachen mühsam angeeignet hat – die des Kolonisators wohlgemerkt kann sich ihrer nur bedienen, um den Anspruch auf die eigene Sprache geltend zu machen. Das ist weder ein Widerspruch noch reine Anmaßung oder blindes Ressentiment, sondern eine Notwendigkeit. Wenn er es nicht täte, würde schließlich sein Volk diese Aufgabe übernehmen. Es handelt sich um eine objektive Dynamik, die er sicherlich am Leben erhält, von der er jedoch ebenso seinen Antrieb bezieht und die auch ohne ihn weiterbestehen würde. Wenn er das tut und dazu beiträgt, sein Drama als Mensch zu beenden, so bekräftigt und bestärkt er sein Drama als Schriftsteller. Um sein Geschick mit der eigenen Person zu versöhnen, könnte er sich daran versuchen, in seiner Muttersprache zu schreiben. Aber eine solche Lehrzeit lässt sich während eines Menschenlebens kein zweites Mal durchlaufen. Der kolonisierte Schriftsteller ist dazu verurteilt, seine Gespaltenheit bis zum Tod zu leben. Das Problem lässt sich nur auf zweierlei Weise beenden: durch eine natürliche Austrocknung der kolonisierten Literatur – die nächsten Generationen, in Freiheit geboren, werden spontan in der wiederentdeckten Sprache schreiben. Die zweite Möglichkeit braucht weniger Zeit und ist vielleicht für den Schriftsteller verlockender: sich dafür zu entscheiden, uneingeschränkt der Literatur der Metropole zuzugehören. Lassen wir die moralischen Probleme beiseite, die mit einer solchen Haltung verbunden sind. Sie bedeutet den Selbstmord der kolonisierten Literatur. In den beiden Perspektiven, die sich allein in der Zeitdauer unterscheiden, *scheint die kolonisierte Literatur in europäischer Sprache dazu verurteilt, jung zu sterben.*

### *Das Mängelwesen*

Es sieht also ganz danach aus, als sei die gegenwärtige Kolonisation ein Irrweg der Geschichte gewesen. Kraft ihrer eigenen inneren Logik und des Egoismus wird ihr alles misslingen, wird sie alles verpesten, mit dem sie in Berührung kommt. Am Ende wird sie den Kolonisator verfault und den Kolonisierten zerstört zurücklassen.

Um ihren Triumph noch zu steigern, wollte die Kolonisation einzig im Dienst ihrer selbst stehen. Indem sie jedoch den Kolonisierten ausschloss, durch den allein sie der Kolonie hätte ein Gepräge geben können, hat sie sich dazu verurteilt, dort fremd und damit notwendig vergänglich zu bleiben.

Für ihren Selbstmord ist sie zwar nur sich selbst Rechenschaft schuldig. Unverzeihlich ist allerdings ihr historisches Verbrechen gegen den Kolonisierten: sie hat ihn von der Straße gestoßen, aus der Gegenwartszeit geworfen.

Der Frage, ob der Kolonisierte, sich selbst überlassen, mit den anderen Völkern Schritt gehalten hätte, kommt keine große Bedeutung zu. Die Wahrheit ist, dass wir darüber nichts wissen können. Möglicherweise wäre die Antwort negativ ausgefallen. Sicherlich lässt sich die Rückständigkeit eines Volkes nicht nur mit dem Kolonialismus erklären. Nicht alle Länder sind dem Rhythmus Englands oder der Vereinigten Staaten gefolgt; jedes hatte seine besonderen Ursachen für seine Rückständigkeit und seine spezifischen Hemmnisse. Nichtsdestoweniger ist jedes seinen eigenen Weg und mit eigenem Tempo gegangen. Im Übrigen, kann man das historische Unglück eines Volkes mit den Schwierigkeiten der anderen rechtfertigen? Die

Kolonisierten sind selbstverständlich nicht die einzigen Opfer der Geschichte, aber für sie bestand das historische Unglück eben in der Kolonisation.

Auf diese falsche Problemstellung läuft auch die für viele verwirrende Frage hinaus: hat der Kolonisierte nicht *trotzdem* von der Kolonisation *profitiert*? Hat der Kolonisator nicht *trotz allem* Straßen erschlossen, Krankenhäuser und Schulen gebaut? Dieser Einwand angesichts des schweren Lebens besagt wiederum nichts anderes, als dass die Kolonisation trotzdem von Nutzen war, denn *ohne die Kolonisation* gäbe es weder Straßen noch Krankenhäuser oder Schulen. Was können wir darüber wissen? Warum sollten wir unterstellen, dass der Kolonisierte in dem Zustand erstarrt wäre, in dem der Kolonisator ihn angetroffen hat? Ebenso gut könnte man das Gegenteil behaupten: wenn die Kolonisation nicht stattgefunden hätte, gäbe es heute mehr Schulen und Krankenhäuser. Wäre die tunesische Geschichte besser bekannt, so würde man sehen, dass das Land sich damals bereits voll im Umbruch befand. Nachdem er den Kolonisierten von jeder Geschichte ausgeschlossen, ihm jedes Werden untersagt hat, behauptet der Kolonisator dessen grundsätzliche Unbeweglichkeit, damals wie für alle Zeiten.

Im Übrigen verwirrt dieser Einwand nur diejenigen, die bereit sind, sich dadurch verwirren zu lassen. Ich habe bis jetzt auf das bequeme Mittel von Zahlen und Statistiken verzichtet. An dieser Stelle allerdings wäre es angebracht, sich diskret darauf zu beziehen: nach mehreren Jahrzehnten der Kolonisation übertrifft die Zahl der Kinder auf der Straße bei weitem die der Kinder, die eine Schule besuchen! Gegenüber der Zahl der Kranken ist die Bettenzahl in den Krankenhäusern mehr als lächerlich, die Absicht bei der Linienführung im Straßenbau so offensichtlich, so ungeniert gegenüber dem Kolonisierten, so fest mit den Bedürfnissen des Kolonisators verbunden! Für dieses Wenige war die Kolonisation wahrhaftig nicht unentbehrlich! Ist es denn so unverschämt zu behaupten, das Tunesien von 1952 wäre in jedem Fall etwas ganz anderes gewesen als das von 1881? Schließlich gibt es noch andere Möglichkeiten der Einflussnahme und des Austauschs zwischen den Völkern als die der unmittelbaren Herrschaft. Andere kleine Länder haben sich beträchtlich verändert, ohne dass eine Kolonisation nötig gewesen wäre. So haben zahlreiche Länder Mitteleuropas …

Aber unser Gesprächspartner hat gerade ein skeptisches Lächeln aufgesetzt.

– Trotz allem ist das nicht dasselbe …

– Wieso nicht? Sie wollen sicherlich sagen, dass diese Länder von Europäern bewohnt werden?

– Hm! … ja!

– Na also! Sie sind ganz einfach Rassist!

Damit gelangen wir eigentlich wieder zum selben grundlegenden Vorurteil zurück. Die Europäer haben die Welt erobert, weil ihre Natur sie dazu prädisponiert hat, und die Nichteuropäer wurden kolonisiert, weil ihre Natur sie dazu verurteilt hat.

Aber seien wir ernsthaft und lassen wir den Rassismus und diese Manie der Geschichtsklitterung. Wir wollen sogar das Problem der *ursprünglichen* Verantwortung der Kolonisation beiseiteschieben. War sie das Ergebnis der kapitalistischen Expansion oder das zufällige Unternehmen von gewinnsüchtigen Geschäftsleuten? Letztlich ist das alles nicht so ausschlaggebend. Worauf es ankommt, ist die aktuelle Realität der Kolonisation und des Kolonisierten. Wir wissen kaum, was der Kolonisierte gewesen wäre ohne Kolonisation, aber wir sehen recht gut, was aus ihm in deren Verlauf geworden ist. Um ihn besser zu beherrschen und auszubeuten, hat ihn der Kolonisator aus dem historischen und gesellschaftlichen, dem kulturellen und technischen Leben vertrieben. Heute liegt die nachprüfbare Tatsache vor uns, dass die Kultur des Kolonisierten, seine Gesellschaft und sein Können schweren Schaden gelitten haben und er weder ein neues Wesen noch eine neue Kultur erworben hat. Ein augenfälliges Ergebnis der Kolonisation besteht darin, dass es keine kolonisierten Künstler und auch keine Techniker mehr gibt. Es stimmt, dass es dem Kolonisierten auch an Technik mangelt. »Arabische Arbeit!« sagt der Kolonisator voller Verachtung. Aber statt darin eine Entschuldigung für das eigene Verhalten und einen Aspekt für einen Vergleich zu finden, der zu seinen Gunsten ausfällt, müsste er sehen, dass hier seine Beschuldigung auf ihn selbst zurückfällt. Es stimmt, dass die Kolonisierten nicht arbeiten können. Aber wo hat man es ihnen beigebracht? Wer hat sie in der modernen Technik unterwiesen? Wo sind die Berufsschulen und die Lehrwerkstätten?

Hier und da wird eingewendet: Sie betonen zu einseitig die industrielle Technik. Und die Handwerker? Sehen Sie diesen Tisch aus hellem Holz; warum ist er aus rohen Brettern gefertigt? Und schlecht gearbeitet, schlecht gehobelt, weder lackiert noch poliert? Zweifellos ist diese Beschreibung exakt. Zufriedenstellend an diesen Teetischchen ist nur die Form, ein jahrhundertealtes Geschenk der Tradition an den Handwerker. Alles übrige wird nach Auftrag ausgeführt. Aber für wen werden diese Tische hergestellt? Der Käufer hat nichts, womit er die zusätzlichen Hobelgänge bezahlen könnte, so wenig wie für zusätzlichen Lack oder eine Politur. So bleibt es bei roh zusammengefügten Brettern, bei denen auch die eingeschlagenen Nägel noch zu sehen sind.

Die beweisbare Tatsache ist, dass die Kolonisation den Kolonisierten verarmt und dass alle Mängel sich gegenseitig erhalten und fördern. Die

Nicht-Industrialisierung, das Fehlen einer technischen Entwicklung des Landes führt zur allmählichen ökonomischen Vernichtung des Kolonisierten. Und der ökonomische Ruin, der niedrige Lebensstandard der kolonisierten Massen macht dem Techniker eine Existenz ebenso unmöglich, wie er den Künstler daran hindert, sich zu vervollkommnen und schöpferisch tätig zu sein. Die letzten Ursachen liegen in der Weigerung des Kolonisators, der sich lieber daran bereichert, Rohstoffe zu verkaufen, als mit der Industrie der Metropole zu konkurrieren. Aber im übrigen ist der Kreis des Systems geschlossen, das Elend hat sich verselbständigt. Selbst eine größere Anzahl von Lehrwerkstätten oder sogar Universitäten hätten den Kolonisierten nicht gerettet, der nach Beendigung seiner Ausbildung sein Wissen nicht hätte anwenden können. In einem Land, in dem es an allem fehlt, werden die wenigen kolonisierten Ingenieure, denen es gelungen ist, ein Diplom zu erwerben, als Bürokraten oder Lehrer eingesetzt! Die kolonisierte Gesellschaft hat keinen unmittelbaren Bedarf an Technikern und produziert diesen auch nicht. Aber dieses Unglück ist nicht notwendig! Der kolonisierte ungelernte Arbeiter ist austauschbar, warum sollte man ihn gerecht bezahlen? Kommt hinzu, dass unsere Zeit und unsere Geschichte immer mehr von der Technik bestimmt werden; die technische Rückständigkeit des Kolonisierten verstärkt die Verachtung, deren Anlass sie ist, und scheint diese noch zu rechtfertigen. In ihr konkretisiert sich scheinbar die Distanz, die den Kolonisierten vom Kolonisator trennt. Und es stimmt, dass die technische Distanz eine der Ursachen für das fehlende Verständnis der beiden Partner füreinander ist. Das allgemeine Lebensniveau des Kolonisierten liegt häufig vielen zu niedrig, als dass ein Kontakt möglich wäre. Man zieht sich aus der Affäre, indem man vom Mittelalter der Kolonie spricht. So kann man noch lange fortfahren. Die Anwendung, die Nutzung bestimmter Techniken schafft technische Traditionen. Der kleine Franzose oder Italiener, sie haben die Möglichkeit, schon als Kind mit einem Motor oder einem Radioapparat herumzuspielen, sie sind von Produkten der Technik umgeben. Viele Kolonisierte warten lange darauf, das väterlich Haus verlassen zu können, um auch nur an die kleinste Maschine heranzukommen. Wie sollten sie eine Neigung für die technische Zivilisation und einen Sinn für die Maschine haben?

So ist schließlich alles am Kolonisator verarmt, alles verstärkt noch diese Armut, selbst sein Körper, unterernährt, schwach und kränklich. Man könnte sich viel Palaver sparen, wenn man damit anfinge, vor jeder Diskussion festzustellen: zunächst gibt es das Elend, allgemein, dauernd und unermesslich. Das simple und ärgerliche biologische Elend, der chronische Hunger eines ganzen Volkes, die Unterernährung und die Krankheit. Aus der Ferne betrachtet bleibt das sicherlich ein wenig abstrakt, und zu seiner Verdeutlichung bedürfte es einer geradezu halluzinatorischen Vorstellungskraft. Ich denke noch an den Tag, als der Bus der

»Tunesienne Automobile«, mit dem wir in den Süden fuhren, inmitten einer Menge anhielt, deren Lippen lächelten, aber deren Augen, fast alle Augen, ausliefen; wo ich mit Unbehagen den Blick eines Augenpaares suchte, das nicht von einem Trachom befallen war und bei dem meine Augen einen Moment verweilen könnten. Und die Tuberkulose und die Syphilis und diese zum Skelett abgemagerten und nackten Körper, die zwischen den Stühlen der Cafés auf und ab gehen wie lebende Leichname, aufdringlich wie Fliegen, die Fliegen unseres Gewissens …

– Halt, ruft unser Gesprächspartner, dieses Elend war schon da! Wir haben es bereits vorgefunden, als wir ankamen!

Meinetwegen. (Im Übrigen ist auch hier Vorsicht geboten; der Bewohner einer Wellblechhütte ist häufig ein enteigneter Fellache.) Aber wie kann ein solches Gesellschaftssystem, das eine derartige Not fortbestehen lässt – vorausgesetzt, dass es nicht deren Urheber ist –, für längere Zeit Bestand haben? Wie kann man da noch die Vor- und Nachteile der Kolonisation gegeneinander abwägen? Welche Vorteile, und wären sie tausendmal schwerer wiegend, können es rechtfertigen, solche inneren und äußeren Katastrophen in Kauf zu nehmen?

## 3. Die beiden Antworten des Kolonisierten

Ach, sie bieten keinen schönen Anblick, der Körper und das Antlitz des Kolonisierten! Die Last eines solchen historischen Unglücks erträgt man nicht, ohne Schaden davonzutragen. Ist das Gesicht des Kolonisators das verhasste des Unterdrückers, so spiegelt sich in dem seines Opfers zweifellos nicht Frieden oder Harmonie. Wenn der Kolonisierte auch nicht dem kolonialistischen Mythos entspricht, so hat er doch seine eigenen Merkmale. Als unterdrücktes Wesen ist er zwangsläufig ein Mängelwesen.

Wie kann man nach all dem glauben, dass er sich jemals damit abfinden könnte? Dass man das Kolonialverhältnis samt dieser Gestalt des Leidens und der Verachtung annehmen könnte, die es dem Kolonisierten vorbehält? In jedem Kolonisierten gibt es ein fundamentales Bedürfnis nach Veränderung. Und die Verkennung der kolonialen Situation oder die Blindheit ihr gegenüber muss schon gewaltig sein, um diese zu ignorieren. Um beispielsweise zu behaupten, die Forderungen der Kolonisierten seien die Angelegenheit von einigen wenigen, von Intellektuellen oder Ehrgeizlingen, die aus persönlicher Enttäuschung oder eigennützigem Interesse handelten. Nebenbei ein schönes Beispiel für eine Projektion: das Verhalten der anderen wird mit deren Eigennutz erklärt, und das ausgerechnet von jenen, deren einziges Motiv der Eigennutz ist. Kurz gesagt, die Verweigerung des Kolonisierten wird als Oberflächenphänomen betrachtet, während sie tatsächlich dem Wesen der kolonialen Situation entspringt.

Natürlich leidet der Bourgeois stärker unter der Zweisprachigkeit, der Intellektuelle erlebt die kulturelle Spaltung intensiver. Der Analphabet hingegen ist einfach eingemauert in seine Sprache und kaut die Brocken einer nur mündlich überlieferten Kultur. Es stimmt, dass diejenigen, die ihr Schicksal verstehen, ungeduldig werden und die Kolonisation nicht länger ertragen. Aber es sind die Besten, die darunter leiden und sich ihr verweigern, und sie tun nichts anderes, als das allgemeine Unglück zu übersetzen. Wäre es anders, warum werden sie dann so bereitwillig gehört, so gut verstanden, und warum finden sie so schnell Gefolgschaft? Wenn man sich dazu entschlossen hat, die koloniale Tatsache zu verstehen, dann muss man zugeben, dass sie instabil, dass ihr Gleichgewicht ständig bedroht ist. Man kann sich mit allen Situationen abfinden, und der Kolonisierte kann lange warten, bis er frei lebt. Aber mehr oder weniger schnell, mehr oder weniger heftig wird er durch die ganze Erschütterung seiner unterdrückten Person eines Tages seine Existenz ablehnen, die er nicht mehr leben kann.

Dann wird er die beiden historisch möglichen Auswege entweder nacheinander oder gleichzeitig versuchen. Er versucht *entweder anders zu werden oder all seine Dimensionen zurückzuerobern,* deren die Kolonisation ihn beraubt hat.

### *Die Liebe zum Kolonisator und der Selbsthass*

Der erste Versuch des Kolonisierten besteht darin, seinem Zustand durch Änderung der Hautfarbe zu entrinnen. Ein verführerisches und ganz naheliegendes Vorbild bietet sich für ihn an und drängt sich auf: eben das des Kolonisators. Dieser leidet an keinem der Mängel des Kolonisierten, hat alle Rechte, genießt alle Vorteile und profitiert in jeder Hinsicht von seinem Prestige; er verfügt über Reichtümer und Ansehen, über Technik und Macht. Er ist letztlich der Gegenpol eines Verhältnisses, das den Kolonisierten unterdrückt und in der Knechtschaft belässt. Das Hauptbestreben des Kolonisierten wird darauf gerichtet sein, diesem herrlichen Vorbild gleichzukommen, ihm immer ähnlicher zu werden und schließlich in ihm aufzugehen.

Aus diesem Vorgehen, das die Bewunderung des Kolonisators voraussetzt, hat man auf eine Zustimmung des Kolonisierten zur Kolonisation geschlossen. Aber aufgrund einer offensichtlichen Dialektik lehnt der Kolonisierte gerade in dem Augenblick, in dem er mit seinem Schicksal den größtmöglichen Kompromiss geschlossen hat, sich selbst mit der denkbar erbittertsten Hartnäckigkeit ab. Das bedeutet, dass er auf eine andere Weise die koloniale Situation verneint. Die Verneinung seiner selbst und die Liebe zu einem anderen sind allen gemeinsam, die eine Assimilierung erstreben. Und die beiden Komponenten dieses Befreiungsversuchs sind eng miteinander verknüpft: die Liebe zum Kolonisator wird durch einen Komplex von Gefühlen aufrechterhalten, die von der Scham bis zum Selbsthass reichen.

Bereits das Übertriebene an dieser Unterwerfung ist aufschlussreich. Eine blonde Frau, und sei sie noch so langweilig und ihr Charakter noch so mittelmäßig, scheint jeder Dunkelhaarigen überlegen. Ein vom Kolonisator hergestelltes Produkt, ein von ihm gegebenes Wort, beides wird vertrauensvoll aufgenommen. Seine Sitten, seine Kleidung, seine Nahrung, seine Architektur, alles wird getreu kopiert, selbst wenn es überhaupt nicht passt. Die Mischehe ist der extreme Ausdruck dieses Dranges bei den Mutigeren.

Diese Begeisterung gegenüber den Werten des Kolonisators wäre indessen nicht so verdächtig, wenn sie nicht mit einer Schattenseite verbunden wäre. Der Kolonisierte strebt nicht nur danach, durch die Tugenden des Kolonisators etwas zu gewinnen. Im Namen dessen, was er werden will, ist er auch verbissen bemüht, sich ärmer zu machen und von sich selbst loszureißen. Wir finden hier einen bereits geschilderten Charakterzug in anderer Form wieder. Die Unterdrückung des Kolonisierten ist ein Bestandteil der Werte des Kolonisators. Wenn der Kolonisierte diese Werte übernimmt, so übernimmt er damit auch seine eigene Verurteilung. Um sich zu befreien – wenigstens glaubt er das –, akzeptiert er seine Selbstzerstörung. Dieses Phänomen ist der Negrophobie von Negern vergleichbar oder dem Antisemitismus unter Juden. Negerinnen versuchen verzweifelt, die Krause aus ihren Haaren zu bringen, die sich immer wieder aufs Neue kräuseln, und setzen ihre Haut den schlimmsten Torturen aus, um sie etwas heller zu machen. Es gibt viele Juden, die sich die Seele aus dem Leib reißen würden, wenn sie es könnten, eine Seele, von der man ihnen gesagt hat, sie sei hoffnungslos schlecht. Dem Kolonisierten hat man beigebracht, seine Musik sei nichts Besseres als das Miauen von Katzen, und seine Malerei sei Zuckerwasser. Er wiederholt, dass seine Musik vulgär und seine Malerei süßlich ist. Und wenn ihn diese Musik dennoch bewegt, ihn stärker anrührt als die ausgeklügelten musikalischen Übungen des Okzidents, die ihm kalt und kompliziert erscheinen, wenn dieses harmonische Zusammenspiel von singenden und leicht trunkenen Farben sein Auge erfreut, so geschieht das wider seinen Willen. Es macht ihn unwillig sich selbst gegenüber, er verheimlicht es vor den Augen von Freunden, oder er beteuert eine so heftige Abneigung dagegen, dass es schon komisch wirkt. Die Frauen der Bourgeoisie ziehen ein mittelmäßiges Schmuckstück, das aus Europa kommt, dem noch so reinen Edelstein vor, der in traditioneller Weise gefasst ist. Und es sind die Touristen, die gegenüber den Produkten eines jahrhundertealten Handwerks in Entzücken geraten. Ob Neger, Jude oder Kolonisierter, es kommt also darauf an, dem Weißen, Nichtjuden oder Kolonisator möglichst weitgehend ähnlich zu sein. So wie viele Leute vermeiden, sich mit ihren armen Eltern auf der Straße zu zeigen, so verbirgt der Kolonisierte, der sich assimilieren will, seine Vergangenheit, seine Tradition, kurz, all seine Wurzeln, die für ihn ehrenrührig geworden sind.

Diese inneren Verkrampfungen und diese Verrenkungen hätten ihr Ende finden können. Am Ziel eines langen, schmerzhaften und zweifellos konfliktbeladenen Prozesses wäre der Kolonisierte vielleicht im Schoß der Kolonisatoren verschwunden. Es gibt kein Problem, mit dem die Geschichte auf Dauer nicht fertig würde. Das ist eine Frage der Zeit und von Generationen, immer unter der Bedingung, dass es keine widersprüchlichen Elemente enthält. Freilich *hat sich innerhalb des kolonialen Rahmens die Assimilierung als unmöglich erwiesen.*

Jeder, der eine Assimilierung anstrebt, gelangt fast unweigerlich an einen Punkt, an dem ihm der horrende Preis zu hoch wird, den er dafür bezahlen muss, eine Schuld, die er zeitlebens nicht abtragen kann. Und es kommt ihm mit Entsetzen die *volle* Bedeutung seines Versuchs zu Bewusstsein. Es ist ein dramatischer Augenblick, in dem ihm klar wird, dass er von sich aus die Beschuldigungen und Urteile des Kolonisators übernommen hat, dass er sich daran gewöhnt hat, seine Landsleute mit den Augen ihres Anklägers zu sehen. Gewiss sind sie nicht ohne Fehl und Tadel. Es gibt objektive Gründe für seine Ungeduld mit ihnen und ihren Werten; fast alles daran ist überholt, unzweckmäßig und lächerlich. Aber was heißt das! Es sind die Seinigen, er ist einer von ihnen, im Grunde hat er nie aufgehört, es zu sein! Diese harmonischen Rhythmen seit Jahrhunderten, diese Nahrung, die seinem Gaumen und seinem Magen so behagt, auch das gehört zu ihm, das ist er selbst. Muss er sich sein ganzes Leben lang für das schämen, was in ihm am meisten wirklich ist? Für das einzige, das er nicht übernommen hat? Muss er sich hartnäckig selbst verleugnen und außerdem: wird er das immer ertragen können? Und schließlich, kann sich seine Befreiung nur durch einen ständigen Angriff gegen sich selbst vollziehen?

Das ist indessen nicht die wichtigste Unmöglichkeit. Er entdeckt sie bald: selbst wenn er in alles einwilligte, bliebe er vor ihr nicht bewahrt. Um sich zu assimilieren, genügt es nicht, der eigenen Gesellschaft zu kündigen, man muss in eine andere eindringen: und *an dieser Stelle trifft er auf die Ablehnung des Kolonisators.*

Dem unausgesetzten Versuch des Kolonisierten, die Verachtung zu überwinden (die seine Rückständigkeit verdient, seine Schwäche, sein Anderssein, er gibt es am Ende zu), seiner bewundernden Unterwerfung, seinem eifrigen Bemühen, mit dem Kolonisator zu verschmelzen, sich wie er zu kleiden, zu sprechen und zu verhalten, bis hin zu seinen Marotten und seiner Art, den Hof zu machen, all dem setzt der Kolonisator eine zweite Verachtung entgegen: *den Spott.* Er erklärt dem Kolonisierten, dass diese

Versuche vergeblich sind, dass er damit lediglich eine zusätzliche Eigenschaft gewinnt, die Lächerlichkeit. Denn es wird ihm niemals gelingen, sich mit ihm gleichzusetzen, nicht einmal seine Rolle korrekt auszufüllen. Wenn er den Kolonisierten nicht zu sehr verletzen will, wird der Kolonisator bestenfalls seine ganze charakterologische Metaphysik heranziehen. Die Wesen zweier Völker sind miteinander unvereinbar, jeder Geste liegt die ganze Seele zugrunde usw. Wenn er brutal ist, dann sagt er, der Kolonisierte sei nicht mehr als ein Affe. Und je subtiler der Affe ist, je besser er sich auf die Nachahmung versteht, um so gereizter wird der Kolonisator. Mit jener geschärften Aufmerksamkeit und Wahrnehmung, wie sie nur die Feindseligkeit entwickeln kann, wird er die verräterische Nuance an der Kleidung oder der Sprechweise entdecken, die »Geschmacksverirrung«, die ihm schließlich nie entgeht. Wer auf zwei Kulturen reitet, sitzt bekanntlich selten gut, und der Kolonisierte trifft nicht immer den richtigen *Ton.*

So werden denn alle Mittel aufgeboten, um dem Kolonisierten den Mut zu diesem Schritt zu nehmen, ihn zu der Einsicht und dem Eingeständnis zu bewegen, dass dieser Weg eine Sackgasse und die Assimilierung unmöglich ist.

Das lässt wiederum das Bedauern der Humanisten in der Metropole überflüssig und ihre Vorwürfe gegenüber dem Kolonisierten ungerecht erscheinen. Wie kann er es sich erlauben, so wundern sie sich, diese fruchtbare Synthese abzulehnen, bei der er, so murren sie, doch nur gewinnen kann? *Es ist der Kolonisierte, der zuerst die Assimilierung wünscht, und es ist der Kolonisator, der sie ihm verweigert.*

Heute, da die Kolonisation ihrem Ende zugeht, rührt sich später guter Wille, der sich fragt, ob die Assimilierung nicht die große verpasste Chance der Kolonisatoren und der Metropole gewesen ist. Ach, wenn wir sie nur gewollt hätten! Könnt ihr euch ein Frankreich vorstellen, so träumen sie, in dem 100 Millionen Franzosen leben? Es spricht nichts dagegen, häufig ist es sogar tröstlich, Geschichte für sich neu zu erfinden, vorausgesetzt, man will ihr einen neuen Sinn abgewinnen, einen anderen, versteckten Zusammenhang aufdecken. Musste die Assimilierung notwendig scheitern?

Zu anderen Zeiten der Weltgeschichte hätte sie vielleicht gelingen können. Aber unter den Bedingungen der gegenwärtigen Kolonisation muss die Frage wohl bejaht werden. Mag sein, es ist ein historisches Unglück, das wir vielleicht alle gemeinsam beklagen müssen. Aber die Assimilierung ist nicht nur gescheitert, alle Betroffenen haben sie auch noch für unmöglich gehalten.

Ihr Scheitern beruht letzten Endes nicht ausschließlich auf den Vorurteilen des Kolonisators, jedenfalls nicht mehr als auf der Rückständigkeit des

Kolonisierten. Ob die Assimilierung erfolgreich ist oder nicht, ist keine Frage des Gefühls oder allein der Psychologie. Eine genügend große Anzahl glücklicher Umstände kann das Schicksal eines einzelnen in eine andere Richtung lenken. Einigen Kolonisierten ist es tatsächlich gelungen, in der Gesellschaft der Kolonisatoren aufzusteigen. Andererseits liegt es auf der Hand, dass ein kollektives Drama niemals durch individuelle Lösungen beendet werden kann. Der einzelne verschwindet in seiner Nachkommenschaft, während das Drama der Gesellschaft weitergeht. Wenn die Assimilierung des Kolonisierten von Bedeutung sein und einen Sinn haben soll, dann muss sie sich auf das gesamte Volk erstrecken, d. h. *die gesamte koloniale Situation* muss sich verändern. Nun haben wir genügend deutlich gemacht, dass der koloniale Zustand nur durch die *Beseitigung des Kolonialverhältnisses* geändert werden kann. Wir stoßen erneut auf den grundlegenden Zusammenhang, der unsere beiden Bilder zusammenbringt, die in dynamischer Weise miteinander verzahnt sind. Wir stellen zum wiederholten Male fest, dass es ein müßiges Unterfangen ist, auf das eine oder auf das andere einzuwirken, ohne diesen Zusammenhang, d. h. die Kolonisation, zu beeinflussen. Wer davon ausgeht, der Kolonisator könne oder müsse die Assimilierung aus Wohlwollen akzeptieren, der *eskamotiert das Kolonialverhältnis.* Dasselbe gilt für die stillschweigende Annahme, er könne von sich aus eine völlige Umkehrung seines Zustandes betreiben: die Verurteilung der kolonialen Privilegien, der exorbitanten Rechte von Siedlern und Industriellen, die menschenwürdige Bezahlung der kolonisierten Arbeitskräfte, die juristische, administrative und politische Aufwertung der Kolonisierten, die Industrialisierung der Kolonie … , um es auf einen Nenner zu bringen, das Ende der Kolonie als Kolonie, das Ende der Metropole als Metropole. Das läuft schlichtweg darauf hinaus, den Kolonisator aufzufordern, mit sich selbst Schluss zu machen.

Unter den gegenwärtigen Bedingungen der Kolonisation *schließen sich Assimilierung und Kolonisation gegenseitig aus.*

### *Die Revolte …*

Was bleibt dem Kolonisierten nach alledem noch übrig? Da er aus seiner Situation weder mit der Zustimmung des Kolonisators noch in der Gemeinschaft mit ihm heraustreten kann, versucht er, sich gegen ihn zu befreien: er wird sich auflehnen.

Statt über die Revolten der Kolonisierten überrascht zu sein, könnte man sich im Gegenteil auch darüber wundern, dass sie nicht häufiger und heftiger auftreten. In Wirklichkeit trifft der Kolonisator natürlich seine Vorsichtsmaßnahmen: ständige Sterilisierung der Eliten, stets wiederkehrende Zerstörung jener Besten, denen trotz allem der Aufstieg gelingt, durch Korruption und polizeiliche Unterdrückung; jede Volksbewegung wird im Keim erstickt und ebenso rasch wie brutal zerschlagen. Wir haben auch das Zaudern des Kolonisierten selbst erwähnt, die Schwäche und Zwiespältigkeit der Kampfbereitschaft eines Besiegten, der seinen Bezwinger ungewollt bewundert, die lang genährte Hoffnung, die Allmacht des Kolonisators werde am Ende in Allgüte umschlagen.

Aber die Revolte ist der einzige Ausweg aus der kolonialen Situation, der kein trügerischer Schein bleibt, und der Kolonisierte wird ihn früher oder später entdecken. Sein Zustand ist absolut und verlangt eine absolute Lösung, einen Bruch und keinen Kompromiss. Er ist seiner Vergangenheit entrissen, die Zukunft wird ihm verwehrt, seine Traditionen sterben dahin, und er verliert die Hoffnung, eine neue Kultur zu erringen. Er hat weder eine Sprache noch eine Fahne, keine Technik, keine nationale oder internationale Existenz, er hat weder Rechte noch Pflichten: *er besitzt nichts, ist nichts mehr und hofft nichts mehr.* Überdies wird die Lösung von Tag zu Tag dringender, Tag für Tag zwangsläufig radikaler. Der Mechanismus, durch den der Kolonisierte ein Nichts wird und den der Kolonisator in Gang gesetzt hat, kann sich nur noch steigern. Je stärker die Unterdrückung wächst, desto mehr bedarf der Kolonisator der Rechtfertigung, desto tiefer muss er den Kolonisierten erniedrigen, desto schuldiger fühlt er sich, desto mehr Rechtfertigung usw.

Wie soll man diesen *Teufelskreis* anders verlassen als durch einen *Bruch,* die explosive Befreiung von einem Druck, der von Tag zu Tag wächst? Die innere Logik der kolonialen Situation selbst beschwört die Revolte herauf. Denn eine Modifikation der kolonialen Situation ist unmöglich, diese Sklavenketten können nur zerbrochen werden.

### *… und die Verneinung des Kolonisators*

Wir erleben dann eine Umkehrung der Begriffe. Wenn der Versuch der Assimilierung einmal aufgegeben wird, kann die Befreiung des Kolonisierten nur über eine Wiedergewinnung des Selbst und einer eigenen Würde erfolgen. Die Orientierung zum Kolonisator fordert letztlich die Verneinung seiner selbst; die Verneinung des Kolonisators ist das unvermeidliche Vorspiel für das Zurückfinden zu sich selbst. Man muss sich von diesem anklagenden und vernichtenden Bild freimachen; man muss die Unterdrückung von vorn bekämpfen, da es unmöglich ist, sie zu umgehen. Nachdem er so lange vom Kolonisator verneint worden ist, ist es an der Zeit, dass der Kolonisierte den Kolonisator verneint.

Diese Umkehrung ist indessen nicht absolut. Es gibt keinen vorbehaltlosen Willen zur Assimilierung und demnach auch kein totales Verwerfen des Vorbildes. Auf dem Höhepunkt seiner Revolte bewahrt der Kolonisierte das, was er während des so langen Zusammenlebens übernommen und gelernt hat. So erinnern auch das Lächeln oder die unwillkürlichen Gesichtsbewegungen einer langjährigen Ehefrau selbst im Augenblick der Trennung noch merkwürdig an die des Mannes. Daher das Paradox, (das als ausschlaggebender Beweis für die Undankbarkeit des Kolonisierten angeführt wird): er stellt seine Forderungen und führt seinen Kampf im Namen derselben Werte wie der Kolonisator, bedient sich derselben Art zu denken und auch dessen Kampfmethoden. (Man sollte noch hinzufügen, dass dies die einzige Sprache ist, die der Kolonisator versteht.)

Aber von nun an ist der Kolonisator vor allem Negativität geworden, während er bislang vorwiegend für das Positive stand. Durch die ganze aktive Haltung des Kolonisierten wird er zur Negativität gemacht. In jedem Augenblick wird der Kolonisator in seiner Kultur und in seinem Leben in Frage gestellt und mit ihm alles, was er repräsentiert, samt der Metropole selbstverständlich. Noch seine kleinste Handlung wird verdächtigt, kritisiert und bekämpft. Der Kolonisierte beginnt, wütend und ostentativ den deutschen Autos, den italienischen Radios und den amerikanischen Kühlschränken den Vorzug zu geben; er verzichtet auf Tabak, wenn dieser die Kolonialbanderole trägt. Gewiss, das sind Mittel einer wirtschaftlichen Pression und Bestrafung, aber mindestens ebenso sehr sind es Opferriten der Kolonisation. Bis-zu den schrecklichen Tagen, da die Wut des Kolonisators oder die Erbitterung des Kolonisierten in Hass umschlägt und sich in einem Blutrausch entlädt. Danach beginnt wieder das alltägliche Dasein, ein wenig spannungsgeladener, noch ein wenig hoffnungsloser in seinen Widersprüchen.

Das ist der Kontext, in dem man die Xenophobie und sogar einen gewissen Rassismus des Kolonisierten wieder sehen muss.

Da er in Bausch und Bogen zu *ihnen* oder *den anderen* gerechnet wird, der unter jedem nur denkbaren Aspekt anders ist, da er innerhalb einer radikalen Heterogenität homogenisiert wird, reagiert der Kolonisierte damit, seinerseits alle Kolonisatoren in Bausch und Bogen abzulehnen. Und manchmal sogar alle, die ihnen ähnlich sind, jeden, der nicht wie er selbst unterdrückt ist. In der kolonialen Situation kommt der Unterscheidung zwischen Absicht und Tat keine besondere Bedeutung zu. *Für den Kolonisierten sind alle Europäer in der Kolonie faktisch Kolonisatoren.* Ob sie wollen oder nicht, unter einem bestimmten Aspekt sind sie das auch: durch ihre ökonomische Situation als Privilegierte, durch ihre Zugehörigkeit zum politischen Unterdrückungssystem, durch ihre Teilhabe an einem Gefühlskomplex, der den Kolonisierten negiert. Andererseits sind die Europäer in Europa im Grenzfall potentielle Kolonisatoren: sie brauchen sich nur auf den Weg zu machen. Vielleicht ziehen sie sogar einen Nutzen aus der Kolonisation. Sie sind Anhänger oder zumindest unbewusste Komplizen dieser großen kollektiven Aggression Europas. Mit ihrem ganzen Gewicht, ob absichtlich oder nicht, tragen sie dazu bei, die koloniale Unterdrückung zu erhalten. Wenn schließlich Xenophobie und Rassismus darin bestehen, eine ganze menschliche Gesellschaft zu beschuldigen, von vornherein jedes beliebige Individuum dieser Gesellschaft zu verurteilen, indem man ihm ein Wesen und ein Verhalten unterstellt, das hoffnungslos unveränderbar und böse ist, dann ist der Kolonisierte in der Tat xenophob und rassistisch – er ist es geworden.

Jeder Rassismus und jede Xenophobie ist eine Selbst-Mystifikation und eine absurde und ungerechte Aggression gegen andere. Das gilt auch für die Kolonisierten. Und das um so mehr, als sie über die Kolonisatoren hinausgehen und jeden betreffen, der nicht rigoros kolonialisiert ist; wenn sie sich beispielsweise so weit gehenlassen, sich am Elend einer anderen Gesellschaft zu weiden, nur weil diese sich nicht in der Sklaverei befindet. Aber zugleich ist festzuhalten, dass der Rassismus des Kolonisierten das Ergebnis einer allgemeineren Mystifikation ist, nämlich der kolonialistischen.

Da er durch den kolonialistischen Rassismus als etwas Getrenntes angesehen und behandelt wird, akzeptiert sich der Kolonisierte schließlich als das Getrennte; er akzeptiert diese manichäische Teilung der Kolonie und im weiteren Sinne der ganzen Welt. Da er endgültig von einer Hälfte der Welt ausgeschlossen ist, wie sollte er sie nicht verdächtigen, seine Verurteilung zu billigen? Wie sollte er sie nicht seinerseits richten und verdammen? Der Rassismus des Kolonisierten ist letztlich weder biologisch noch metaphysisch, sondern gesellschaftlich und historisch. Er beruht nicht auf dem Glauben an die Unterlegenheit der verhassten Gruppe, sondern auf der Überzeugung und der Feststellung, dass sie ein für alle Mal aggressiv und schädlich ist. Während außerdem der moderne europäische Rassismus eher von Abscheu und Verachtung als von Furcht getragen ist, wird der des Kolonisierten von Furcht und fortbestehender Bewunderung bestimmt. Kurz, er ist kein aggressiver, sondern ein defensiver Rassismus.

Das bedeutet, dass es relativ einfach sein dürfte, ihn wieder abzubauen. Die wenigen europäischen Stimmen, die sich in den letzten Jahren gegen diese Abgrenzung, diese radikale Inhumanität des Kolonisierten gewendet haben, haben mehr getan als alle guten Werke und jede Philanthropie, bei denen die Segregation unangetastet blieb. Das ist auch der Grund, warum man diese scheinbare Ungeheuerlichkeit befürworten kann: wenn die Xenophobie und der Rassismus des Kolonisierten auch zweifellos ein tiefsitzendes Ressentiment und eine offensichtliche Negativität enthalten, so können sie doch den Auftakt zu einer positiven Bewegung bilden: die Wiedergewinnung des Kolonisierten durch sich selbst.

### *Die Selbstbehauptung*

Aber am Anfang nimmt die Herausforderung des Kolonisierten diese eigenartige und auf sich selbst bezogene Gestalt an: sie ist eng begrenzt, determiniert durch die koloniale Situation und die Ansprüche des Kolonisators.

Der Kolonisierte akzeptiert und behauptet sich mit derselben Leidenschaft, mit der er seine Rechte fordert. Aber wer ist er? Sicherlich nicht der Mensch schlechthin, Träger universaler, allen Menschen gemeinsamer Werte. Er ist ja gerade von dieser Universalität ausgeschlossen worden, und zwar in Wort und Tat. Im Gegenteil, man hat alles aufgespürt und zu seinem Wesen umgemünzt, was ihn von anderen Menschen unterscheidet. Stolz hat man ihm gezeigt, dass er sich mit den anderen nie auf eine Stufe stellen könne; verächtlich hat man ihn auf das zurückgestoßen, was in ihm so anders sei, dass es auch von anderen nicht assimiliert werden könne. Also gut, bleiben wir dabei! Er ist dieser Mensch, er wird dieser Mensch sein! Mit derselben Leidenschaft, mit der er Europa bewundert und in sich aufgenommen hat, wird er seine Unterschiede betonen, da diese Unterschiede ihn letztlich ausmachen, sein ureigenes Wesen konstituieren.

Dann wird der junge Intellektuelle, der zumindest innerlich mit der Religion gebrochen hatte und während des Ramadan* sein Essen wie gewöhnlich einnahm, ostentativ zu fasten beginnen. Er, der die religiösen Riten als lästige Verpflichtung gegenüber der Familie angesehen hatte, er führt sie wieder in sein gesellschaftliches Leben ein und weist ihnen einen Platz innerhalb seiner Weltdeutung zu. Um sie besser einsetzen zu können, verleiht er den vergessenen religiösen Botschaften neue Erklärungen und passt sie den aktuellen Erfordernissen an. Daneben macht er die Entdeckung, dass die Tatsache der Religion nicht nur der Versuch einer Kommunikation mit dem Unsichtbaren ist, sondern ein besonderer Ort der Identität für

* Mohammedanischer Fastenmonat (A.d.Ü.)

die gesamte Gesellschaft. Der Kolonisierte, seine Führer und seine Intellektuellen, seine Traditionalisten und seine Liberalen, alle sozialen Klassen können sich in ihr wiederfinden und verschmelzen, ihre Einheit bestätigen und neu schaffen. Zugegeben, er geht das nicht geringe Risiko ein, dass das Mittel zum Zweck wird. Wenn der Kolonisierte den alten Mythen eine solche Aufmerksamkeit zuteil werden lässt und sie verjüngt, erweckt er sie in gefährlicher Weise zu neuem Leben. Sie gewinnen dadurch eine unerwartete Kraft, so dass sie sich gegenüber den begrenzten Absichten der Anführer der Kolonisierten verselbständigen. Wir sind Zeugen einer echten religiösen Erneuerung. Es kann sogar Vorkommen, dass der Zauberlehrling, der Intellektuelle oder der liberale Bourgeois, denen der Laizismus die Vorbedingung eines jeden intellektuellen und gesellschaftlichen Fortschritts schien, an diesen verachteten Traditionen wieder Gefallen finden.

Im Übrigen ist all dies, was in den Augen des Außenstehenden so wichtig erscheint und vielleicht für das allgemeine Wohl des Volkes auch tatsächlich wichtig ist, für den Kolonisierten im Grunde nebensächlich. Von nun an hat er das treibende Prinzip seines Handelns entdeckt, wodurch alles andere bestimmt wird und seinen Wert erhält: es geht darum, sein Volk zu behaupten und sich mit ihm solidarisch zu zeigen. Nun ist seine Religion offensichtlich eines der Wesenselemente dieses Volkes. Zum betretenen Erstaunen der Linken der ganzen Welt war eines der beiden Grundprinzipien der Konferenz von Bandung die Religion.

In gleicher Weise kannte der Kolonisierte seine Sprache nur noch in der Form eines heruntergekommenen Idioms. Sobald es nicht mehr nur um die einfachsten alltäglichen Dinge und Gefühle ging, musste er auf die Sprache des Kolonisators zurückgreifen. Nachdem er zu einem selbstbestimmten und eigenen Schicksal zurückfindet, kehrt er auch unmittelbar zu seiner eigenen Sprache zurück. Man macht ihn ironisch darauf aufmerksam, dass sein Wortschatz beschränkt, seine Syntax degeneriert ist, dass es lächerlich wäre, in dieser Sprache Vorlesungen in Höherer Mathematik oder Philosophie zu hören. Selbst der linke Kolonisator ist über diese Ungeduld erstaunt, diese nutzlose Herausforderung, die am Ende den Kolonisierten viel teurer zu stehen kommt als den Kolonisator. Warum sollte man die okzidentalen Sprachen nicht weiterverwenden, um Motoren zu beschreiben oder abstrakte Themen zu lehren? Auch hier bestehen für den Kolonisierten künftig andere Prioritäten als Mathematik, Philosophie oder sogar die Technik. Dieser Bewegung, bei der ein ganzes Volk sich wiederentdeckt, muss das am besten geeignete Werkzeug wiedergegeben werden, das den kürzesten Weg zu seinem Herzen findet, weil es unmittelbar von dort kommt. Und dieser Weg geht allerdings über Worte der Liebe und

Zärtlichkeit, des Zornes und der Empörung, über Worte, die der Töpfer zu seinem Geschirr und der Schuster zu seinen Sohlen spricht. Der Unterricht, die schöne Literatur und die Naturwissenschaft, das kommt später. Dieses Volk hat lange genug das Warten gelernt … Ist es außerdem so sicher, dass diese Sprache, die heute noch einem Stammeln gleichkommt, sich nicht öffnen und reicher werden kann? Das Volk entdeckt bereits von sich aus vergessene Schätze, es sieht undeutlich eine mögliche Verbindung mit seiner Vergangenheit, die keineswegs unbedeutend ist … Vorwärts also, kein Zaudern und keine Halbheiten! Im Gegenteil, man muss nach vorn durchbrechen und lospreschen können. Das Volk wird sich sogar die größten Schwierigkeiten aussuchen. Es wird so weit gehen, sich die zusätzlichen Annehmlichkeiten der Sprache der Kolonisatoren zu versagen; es wird sie so oft und so schnell wie möglich ersetzen. Bei der Wahl zwischen der Sprache des Volkes und der der Wissenschaft wird es die letztere vorziehen und in seiner Begeisterung Gefahr laufen, die angestrebte Gemeinschaft zu erschweren. Jetzt kommt es darauf an, sein Volk wiederaufzubauen, welches auch immer seine authentische Natur war, dessen Einheit wiederherzustellen, mit ihm zu kommunizieren und sich ihm zugehörig zu fühlen.

Dafür zahlt der Kolonisierte jeden Preis, auch wenn er sich damit gegen die anderen stellen muss. In dieser Hinsicht wird er Nationalist und selbstverständlich kein Internationalist sein. Damit läuft er sicherlich Gefahr, in Arroganz und Chauvinismus zu verfallen, am höchst Bornierten festzuhalten, der Solidarität aller Menschen die nationale Solidarität und dieser sogar die ethnische Solidarität entgegenzusetzen. Aber vom Kolonisierten, der so sehr darunter gelitten hat, dass er kein eigenes Dasein führen durfte, zu erwarten, dass er weltoffener Humanist und Internationalist ist, das wäre in grotesker Weise naiv. Wo doch der Kolonisierte erst dabei ist, sich wiederzugewinnen, sich mit Verwunderung zu betrachten, wo er doch leidenschaftlich seine eigene Sprache fordert … noch in derjenigen des Kolonisators.

Im Übrigen ist bemerkenswert, dass er in seiner Selbstbehauptung um so heftiger sein wird, je mehr er sich zuvor dem Kolonisator genähert hatte. Ist es ein Zufall, dass so viele Führer der Kolonisierten Mischehen eingegangen sind? Wenn der tunesische Führer Bourguiba, wenn die beiden algerischen Führer Messali Hadj und Ferhat Abbas, wenn eine Reihe anderer Nationalisten, die ihr Leben der Führung der Ihrigen gewidmet haben, ihre Frauen unter den Kolonisatoren gesucht haben? Nachdem sie die Erfahrung der Kolonisation bis an deren Grenzen durchgemacht und sie als unerträglich befunden haben, haben sie sich auf ihre Basis zurückgezogen. Wer niemals das eigene Land und die Seinen verlassen hat, wird niemals erfahren, wie weit er ihm verbunden ist. Diese Führer wissen jetzt, dass ihr

Wohl mit dem ihres Volkes zusammenfällt, dass sie ihm und seinen Traditionen möglichst nahe bleiben müssen. Das steht durchaus nicht im Widerspruch zu ihrem Bedürfnis, sich zu rechtfertigen, sich durch eine uneingeschränkte Ergebenheit zu rehabilitieren.

### *Die Zwiespältigkeit der Selbstbehauptung*

Zugleich mit der Notwendigkeit sieht man auch die Zwiespältigkeit dieser Wiedergewinnung des Selbst. Wenn auch die Revolte des Kolonisierten in sich eine klare Haltung ist, so kann doch deren Inhalt getrübt sein: das liegt daran, dass sie das unmittelbare Ergebnis einer wenig klaren Situation ist, nämlich der kolonialen.

1. Indem er die Herausforderung des Ausgeschlossenseins annimmt, akzeptiert sich der Kolonisierte als getrennt und anders, aber *seine Eigenart ist die, die der Kolonisator begrenzt und definiert hat.* D.h., er ist Religion und Tradition, unbrauchbar für die Technik, von besonderem Wesen, das als orientalisch bezeichnet wird usw. Jawohl, so ist es, damit ist er einverstanden. Ein schwarzer Schriftsteller hat versucht, uns zu erklären, dass die *Natur* der Schwarzen, seines Volkes, sich mit der technisierten Gesellschaft nicht verträgt. Aus diesem Umstand bezog er einen merkwürdigen Stolz. Zweifellos nur vorübergehend gibt der Kolonisierte zu, dass er jenes Bild von sich selbst hat, das der Kolonisator vorgelegt und ihm aufgezwungen hat. Er gewinnt sich wieder, aber *er stimmt weiterhin der Mystifikation des Kolonisators zu.*

Dazu gelangt er sicherlich nicht aufgrund eines bloßen ideologischen Vorgehens; er wird vom Kolonisator nicht nur *definiert*, seine Situation wird von der Kolonisation *gemacht.* Es liegt auf der Hand, dass er ein Volk wieder zu dem seinigen macht, das an Körper, Geist und Spannkraft Schaden genommen hat. Er kehrt zu einer wenig ruhmreichen Geschichte zurück, die von fürchterlichen Löchern zerfressen ist, zu einer sterbenden Kultur, die er aufgeben wollte, zu geronnenen Traditionen, zu einer eingerosteten Sprache.

Das Erbe, das er schließlich antritt, ist für jeden einzelnen mit entmutigenden Schulden belastet. Er muss die Wechsel und Hypotheken einlösen, die zudem sehr hoch und zahlreich sind. Andererseits ist es eine Tatsache, dass die Institutionen der Kolonie nicht unmittelbar für ihn arbeiten. Das Bildungssystem wendet sich nur indirekt an ihn. Die Straßen stehen ihm nur offen, weil sie ihm geschenkt wurden.

Aber in seinen Augen kann er seine Revolte gar nicht anders zu Ende bringen, als seine Entrechtung und Verstümmelung anzunehmen. Er wird sich den Gebrauch der Sprache des Kolonisators versagen, obgleich alle Schlösser dieses Landes sich diesem Schlüssel öffnen; er wird die Straßenhinweisschilder und die Kilometersteine ändern, auch wenn er der erste ist, der dadurch die Orientierung verliert. Er wird eher eine lange Periode pädagogischer Irrtümer in Kauf nehmen, als das Schulpersonal des Kolonisators in dessen Stellungen zu belassen. Er wird sich für ein Chaos der Institutionen entscheiden, um so schnell wie möglich die vom Kolonisator errichteten Institutionen zu zerstören. Das ist zweifellos eine Form der Gegenreaktion aus tiefem Protest heraus. Damit ist er dem Kolonisator nichts mehr schuldig, er hat endgültig mit ihm gebrochen. Aber auch diese Ansicht ist irrig und der Mystifizierung erlegen, dass all das *dem Kolonisator gehöre* und *gar nicht zum Kolonisierten passe:* genau das hat der Kolonisator ihm gegenüber immer behauptet. Kurz gesagt, der Kolonisierte beginnt in der Revolte, sich *als Negativität* zu akzeptieren und *zu wollen.*

2. Diese Negativität, die zu einem wesentlichen Element seiner Selbstfindung und seines Kampfes wird, behauptet und glorifiziert er bis zur Absolutheit. Nicht nur, dass er seine Falten und Narben akzeptiert, er wird sie auch als etwas Schönes proklamieren. Indem er sich seiner selbst versichert, sich der Welt als der darstellt, der er fortan ist, kann er schwerlich zugleich eine Kritik an sich selbst vertragen. Wenn er auch den Kolonisator und die Kolonisation mit Gewalt zurückweisen kann, so sagt er sich doch nicht zugleich von dem los, was er eigentlich ist, und von dem, was er verhängnisvollerweise im Laufe der Kolonisation erworben hat. Er stellt sich in seiner Ganzheit dar, er bestätigt sich total, d. h. als dieser Kolonisierte, der er trotz allem geworden ist. Zugleich geraten in genauer Umkehrung der Beschuldigungen des Kolonisators der Kolonisierte, seine Kultur, sein Land, alles, was zu ihm gehört, was er repräsentiert, zur *vollkommenen Positivität.*

Am Ende stehen wir einer *Gegenmythologie* gegenüber. Dem negativen, vom Kolonisator aufgezwungenen Mythos folgt ein *positiver Mythos,* der vom Kolonisierten selbst unterbreitet wird. Vielleicht so, wie es einen positiven Mythos vom Proletarier gibt, der seinem negativen entgegengesetzt wird. Wenn man den Kolonisierten – und häufig auch dessen Freunde – hört, so ist alles an seinen Sitten und Traditionen, seinen Taten und Plänen gut und bewahrenswert; selbst das Überholte oder das Ungeordnete, das Unmoralische oder das Irrige. Alles ist gerechtfertigt, weil es erklärlich ist.

Die Selbstbehauptung des Kolonisierten, aus dem Protest hervorgegangen, bezieht sich inhaltlich weiterhin auf diesen Protest. *Mitten in der Re-*

*volte denkt, fühlt und lebt der Kolonisierte immer noch gegen den Kolonisator und die Kolonisation und damit in einem Verhältnis zu beiden.*

3. All dies ist dem Kolonisierten dumpf bewusst, es zeigt sich in seinem Verhalten, und manchmal gesteht er es auch ein. Sobald er sich darüber klar wird, dass seine Einstellungen im Grunde reaktiv sind, äußern sich bei ihm fast alle Symptome, die mit einer unaufrichtigen Haltung verbunden sind.

Seiner selbst nicht sicher, gibt er sich dem Taumel der Wut und der Gewalt hin. Der Notwendigkeit der Rückkehr in die Vergangenheit nicht gewiss, pocht er aggressiv darauf. Unsicher, ob er die anderen von dieser Notwendigkeit überzeugen kann, provoziert er sie. Provozierend und empfindlich zugleich, wird er von nun an sein Anderssein besonders herausstreichen, wehrt sich dagegen, im Anderssein übergangen zu werden, ist aber genauso entrüstet, wenn man ihn darauf anspricht. Von ständigem Misstrauen erfüllt unterstellt er seinem Gesprächspartner feindselige Absichten, die dieser nicht offen äußere, sondern verhehle, und reagiert entsprechend. Von seinen besten Freunden verlangt er unbedingte Zustimmung, selbst zu Dingen, deren er sich selbst nicht sicher ist und die er verurteilt. So lange durch die Geschichte benachteiligt, stellt er seine Forderungen um so gebieterischer, und kommt dabei nie zur Ruhe. Er weiß nicht mehr, was er sich selbst schuldig ist und was er verlangen kann, ist im ungewissen darüber, was die anderen ihm wirklich schulden und was er ihnen dafür zurückgeben muss; ihm fehlt schlicht das genaue Maß im Umgang mit anderen Menschen. Damit kompliziert und verdirbt er seine menschlichen Beziehungen, die bereits von der Geschichte so sehr erschwert worden sind. »Ach, sie sind krank!«, hat ein anderer schwarzer Autor geschrieben, »alle sind sie krank.«

## *Die Ungleichzeitigkeit im Selbst*

Das ist das Drama des Menschen, der Produkt und Opfer der Kolonisation ist: es gelingt ihm fast niemals, mit sich selbst identisch zu sein. Die Malerei des Kolonisierten beispielsweise schwankt zwischen zwei Extremen: sie reicht von einer bis zur Selbstaufgabe gehenden, exzessiven Unterwerfung unter Europa bis hin zu einer Rückkehr zu den eigenen Ursprüngen, die in ihrer Abruptheit ebenso schädlich wie ästhetisch illusorisch ist. Tatsächlich ist das Gleichmaß noch nicht gefunden, der Kolonisierte stellt sich nach wie vor in Frage. Noch in der Revolte bezieht er sich auf den Kolonisator; ob Vorbild oder Antithese, noch immer schlägt er sich mit ihm herum. Er war zerrissen zwischen dem, was er war und dem, was er sein wollte; nun ist er zerrissen zwischen dem, was er sein wollte und dem, zu dem er sich jetzt macht. Aber die schmerzhafte Ungleichzeitigkeit mit sich selbst hält an.

Die vollkommene Heilung des Kolonisierten kann erst dann gelingen, wenn seine Entfremdung total aufgehoben ist: sie wird so lange andauern, bis die Kolonisation *vollständig* verschwunden, d.h. wenn die Zeit der Revolte ganz beendet ist.

# Schluss

Ich weiß wohl, dass der Leser jetzt auf Lösungen wartet; nach der Diagnose verlangt er Heilmittel. Eigentlich war das nicht meine ursprüngliche Absicht, und das Buch sollte an dieser Stelle enden. Ich hatte es weder als eine Kampfschrift noch als Suche nach Lösungen verstanden: es entsprang einer Reflexion über einen Fehlschlag, den ich akzeptiert hatte.

Für viele von uns, die wir das Gesicht Europas in der Kolonie abgelehnt haben, ging es keineswegs darum, Europa als Ganzes abzulehnen. Wir hatten nur den Wunsch, dass es unsere Rechte anerkannte, da wir bereit waren, unsere Aufgaben zu erfüllen und wir in den meisten Fällen bereits bezahlt hatten. Wir haben im Grunde lediglich eine *Umgestaltung* unserer Situation und unserer Beziehungen mit Europa gewünscht. Mit schmerzlicher Verwunderung haben wir nach und nach entdeckt, dass eine solche Hoffnung illusorisch war. Ich wollte verstehen und erklären, warum das so ist. Mir war es in erster Linie darum gegangen, die Porträts der beiden Protagonisten des kolonialen Dramas und die Beziehung, die beide vereint, *vollständig und wirklichkeitsgetreu* wiederzugeben.

Ich hatte den Eindruck, dass bisher niemand die *Kohärenz* und die *Genese* der einzelnen Rollen gezeigt hatte, die Genese des einen durch den anderen und die Kohärenz des *Kolonialverhältnisses,* seine Entstehung aus der *kolonialen Situation.*

Im Fortgang meiner Arbeit wurde mir zugleich die *Notwendigkeit* dieses Verhältnisses klar, die Notwendigkeit seiner Entwicklungen sowie die notwendigen Gesichter, die es dem Kolonisator wie dem Kolonisierten aufprägte. Die vollständige und aufmerksame Prüfung dieser beiden Porträts und dieser Situation ließ für mich kurz gesagt nur diesen Schluss zu: *Diese Umgestaltung konnte nicht stattfinden, weil sie unmöglich war.* Die gegenwärtige Kolonisation trug ihren eigenen Widerspruch in sich, an dem sie früher oder später zugrunde gehen würde. Um einem Missverständnis vorzubeugen: es handelt sich dabei keineswegs um einen *Wunsch,* sondern um eine *Feststellung.* Die Verwechslung dieser beiden Begriffe geschieht meiner Meinung nach heute allzu häufig, und sie ist eine der gefährlichsten zugleich. Immerhin macht sie einen radikalen Trennungsstrich zwischen jedem ernsthaften und objektiven Denken und sentimentalen Projektionen oder demagogischen Behauptungen, zu denen die Politiker nur zu oft ihre Zuflucht nehmen, ohne sich immer darüber im Klaren zu sein – das sei zu ihrer Entlastung gesagt. Sicherlich unterliegt die Politik keiner Zwangsläufigkeit: es gibt viele Situationen, die sich korrigieren lassen. Aber eben nur insofern, als der Wunsch nicht die Erfordernisse einer objektiven Feststellung überschreitet. Was nun am Ende dieses Weges sichtbar wird – sofern diese beiden Porträts ihre Modelle getreu wiedergeben – ist die Unmöglichkeit eines Fortbestehens der kolonialen Situation, weil es unmöglich ist, sie umzugestalten.

Es ist ganz normal, dass jede Enthüllung letztlich ihre Wirkung tut; dass jede Wahrheit am Ende nützlich und positiv ist, sei es auch nur, weil sie keine Illusionen aufkommen lässt. Das wird besonders in unserem Fall deutlich, wenn man an die verzweifelten und für sie wie für die Kolonisierten so kostspieligen Versuche denkt, die Kolonisation zu retten. Darf ich indessen noch hinzufügen, dass nach dieser vollzogenen Enthüllung und dem Eingeständnis der bitteren Wahrheit die Beziehungen Europas zu seinen alten Kolonien überdacht werden müssen? Dass es nach der Aufgabe des kolonialen Verhältnisses für uns alle darauf ankommt, eine neue Weise zu entdecken, wie wir diese Beziehungen leben können? Ich gehöre zu denen, für die das Auffinden einer neuen Ordnung mit Europa bedeutet, sich selbst wieder in Ordnung zu bringen.

* * *

Nach alledem, was ich hier niedergeschrieben habe, hege ich immer noch den Wunsch, dass der Leser einen Unterschied macht zwischen dieser menschlichen *Bilanz* der Kolonisation und den *Lehren,* die man in meinen Augen daraus ziehen kann. Ich weiß, dass ich in Zukunft oft darauf bestehen muss, dass man mich liest, bevor man mich widerlegt. Aber darüber hinaus möchte ich dem Leser eine zusätzliche Anstrengung zumuten: auch wenn man *von vornherein* mit den Lehren aus dieser Untersuchung nicht einverstanden ist, sollte man nicht auf diese methodologische, aber zweckmäßige Vorsichtsmaßnahme verzichten. Danach wird man feststellen, ob ein Grund besteht, die Notwendigkeit der folgenden Schlussfolgerungen einzusehen:

1. Es sieht letzten Endes so aus, als sei der Kolonisator eine Krankheit des Europäers, von der er geheilt und vor der er geschützt werden muss, und zwar *vollständig.* Und zweifellos gibt es auch ein Drama des Kolonisators; es wäre absurd und ungerecht, es zu unterschätzen. Denn seine Heilung ist nur über eine schwierige und schmerzhafte Therapie möglich, die Trennung von

seinen bestehenden Existenzbedingungen und deren Umschmelzen. Aber man hat noch nicht genügend erkannt, dass auch das Weiterbestehen der Kolonisation ein Drama bedeutet, allerdings ein viel unheilvolleres.

Die Kolonisation musste den Kolonisator zwangsläufig entstellen. Sie hat ihn vor eine Alternative gestellt, deren Auswege gleich verhängnisvoll waren: die Hinnahme eines tagtäglichen Unrechts zu seinem Vorteil oder die notwendige und niemals vollendete Selbstaufgabe. Das ist das Ausweglose an der Situation des Kolonisators: wenn er die Kolonisation akzeptiert, so verrottet er; wenn er sie ablehnt, so verneint er sich selbst.

Die Rolle des linken Kolonisators ist langfristig nicht durchzuhalten, sie kann nicht gelebt werden; wenn sie fortdauert, kann sie nur mit einem schlechten Gewissen und innerer Spaltung und am Ende mit Unaufrichtigkeit verbunden sein. Er bewegt sich stets am Rande der Versuchung und der Scham, letztlich ist er schuldig. Die Analyse der kolonialen Situation durch den Kolonialisten und sein daraus abgeleitetes Verhalten, beides ist weniger widersprüchlich und vielleicht klarer: *gerade er hat sich immer so verhalten, als ob eine Umgestaltung unmöglich wäre.* Er hat begriffen, dass jedes Zugeständnis ihn bedrohen würde, und so behauptet und verteidigt er die koloniale Tatsache bedingungslos. Aber welche Privilegien, welche materiellen Vorteile sind es wert, dass man darüber seine Seele verliert? Kurz, so wie das koloniale Abenteuer mit schweren Schäden für den Kolonisierten verbunden ist, so kann es für den Kolonisator nur mit einem Verlust enden.

Selbstverständlich hat man nicht versäumt, sich innerhalb des Kolonialsystems Transformationen vorzustellen, die dem Kolonisator die erworbenen Privilegien erhalten und ihn dabei völlig vor deren verhängnisvollen Folgen schützen würden. Man vergisst einfach nur, dass die Natur des Kolonialverhältnisses unmittelbar diesen Vorteilen entspringt. Anders ausgedrückt: entweder überlebt die koloniale Situation, und ihre Auswirkungen dauern fort, oder sie verschwindet und das Kolonialverhältnis mitsamt dem Kolonisator verschwindet mit ihr. Dasselbe gilt für zwei Alternativen, die eine so radikal im Bösen wie die andere im Guten – zumindest glaubt man das: entweder der Kolonisierte vernichtet, oder er assimiliert sich.

Es ist noch gar nicht so lange her, dass Europa die Idee von der Möglichkeit einer totalen Vernichtung einer kolonisierten Gesellschaft aufgegeben hat. Über Algerien gab es eine Redensart, halb ernst, halb scherzhaft wie alle Redensarten: »Auf einen Franzosen kommen neun Algerier. … es würde reichen, wenn man jedem Franzosen ein Gewehr und neun Schuss Munition gäbe.« Man erinnert sich auch an das amerikanische Beispiel. Und es ist wahr, dass die berühmte nationale Saga vom Wilden Westen in vielem einem systematischen Massaker gleicht. Aber dafür gibt es in den USA auch kein Problem mit den Rothäuten mehr. Die Vernichtung rettet die Kolonisation so wenig, als sie geradezu deren Gegenteil bedeutet. Die Kolonisation, das ist vor allem eine ökonomisch-politische Ausbeutung. Wenn man den Kolonisierten aus dem Weg räumt, wird die Kolonie zu einem Land wie jedes andere, so weit so gut, aber wen wird man dann noch ausbeuten? *Mit dem Kolonisierten würde auch die Kolonisation samt Kolonisator verschwinden.*

Was das Scheitern der Assimilierung angeht, so ist es für mich kein besonderer Grund zur Freude, zumal diese Lösung einen universalistischen und sozialistischen Anstrich hat, der sie von vornherein beherzigenswert macht. Ich möchte nicht einmal behaupten, dass sie an sich und per definitionem unmöglich wäre; sie ist in der Geschichte einige Male geglückt, aber auch ebenso oft gescheitert. Es ist aber auch keine Frage, dass sie in der gegenwärtigen Kolonisation von keinem ausdrücklich gewünscht worden ist, nicht einmal von den Kommunisten. Dazu habe ich genügend gesagt. Im Übrigen ist das wesentliche dies: *die Assimilierung ist abermals das Gegenteil der Kolonisation,* da sie mit der Zeit den Kolonisator und den Kolonisierten vermischt und damit die Privilegien und folglich auch das Kolonialverhältnis beseitigt.

Nun zu den weniger wichtigen Pseudo-Lösungen, z. B. das weitere Verbleiben des Kolonisators in der unabhängig gewordenen Kolonie, d.h. als Fremder, aber mit Sonderrechten. Wer wollte die Augen davor verschließen, dass abgesehen von der juristischen Unhaltbarkeit solcher Konstruktionen all dies von der Geschichte weggefegt werden wird? Es ist kaum einzusehen, warum die Erinnerung an ungerechte Privilegien genügen sollte, deren Fortbestand zu gewährleisten.

Es sieht also alles danach aus, als ob es innerhalb des kolonialen Rahmens für den Kolonisator keine Rettung geben werde.

Ein Grund mehr für ihn, wird man sagen, sich an ihr festzuklammern und jede Änderung zu verweigern: er kann sich doch als Monster mitsamt seiner Entfremdung annehmen, und zwar aus Eigeninteresse. Aber nein, nicht einmal das. Wenn er sich weigert, seine gewinnträchtige Krankheit aufzugeben, wird er früher oder später von der Geschichte dazu gezwungen. Denn vergessen wir nicht, das Diptychon trägt noch ein anderes Gesicht: eines Tages wird ihn der Kolonisierte dazu zwingen.

2. Es kommt unausweichlich der Tag, da der Kolonisierte sein Haupt erhebt und an dem das ständig labile Gleichgewicht der Kolonisation umkippt.

Denn auch für den Kolonisierten gibt es keinen anderen Ausweg als das vollständige Ende der Kolonisation. Und die Weigerung des Kolonisierten kann nur *absolut* sein, d.h. nicht nur *Revolte,* sondern Überwindung der Revolte, d.h. *Revolution.*

Revolte: schon die bloße Existenz des Kolonisators schafft die Unterdrückung, und allein die vollständige Liquidierung der Kolonisation ermöglicht die Befreiung des Kolonisierten. Man hat sich in der letzten Zeit viel von Reformen versprochen, etwa von einer Politik à la Bourguiba. Mir scheint, dass in dieser Politik eine Zweideutigkeit liegt. Sofern damit ein Fortschritt in Etappen gemeint ist, so hat sie niemals bedeutet, sich mit dem jeweils Erreichten zufriedenzugeben. Tatsächlich sprechen die schwarzen Führer von der Französischen Union. Auch das ist nur eine – unvermeidliche – Etappe auf dem Weg zur völligen Unabhängigkeit. Vielleicht glaubt Bourguiba an diesen Inhalt seiner Politik, die man ihm unterstellen will, vielleicht glauben die Führer Schwarzafrikas an eine schließliche Französische Union, aber in diesem Fall werden sie im Verlauf der Liquidierung der Kolonisation auf der Strecke bleiben. Bereits die unter Dreißigjährigen verstehen die relativ gemäßigte Haltung ihrer Älteren nicht mehr.

Revolution: man hat bemerkt, dass die Kolonisation den Kolonisierten materiell zum Sterben verurteilt. Dem ist hinzuzufügen, dass sie ihn auch geistig tötet. Die Kolonisation vergiftet die menschlichen Beziehungen, zerstört oder verknöchert die Institutionen und korrumpiert die Menschen, den Kolonisator wie den Kolonisierten. Um zu leben, muss der Kolonisierte die Kolonisation beseitigen. Aber um Mensch zu werden, muss er auch den Kolonisierten beseitigen, zu dem er geworden ist. So wie der Europäer den Kolonisator in sich vernichten muss, so muss der Kolonisierte den Kolonisierten überwinden.

Die Liquidierung der Kolonisation ist nur ein Vorspiel zu deren vollständiger Befreiung: zur Wiedereroberung von sich selbst. Um sich von der Kolonisation zu befreien, musste der Kolonisierte die eigene Unterdrückung aufgeben, die Verarmung seiner Gesellschaft. Damit seine Befreiung vollständig wird, muss er sich von diesen zweifellos unvermeidlichen Bedingungen seines Kampfes befreien. Einerseits Nationalist, weil er für die Wiedererstehung und Würde seiner Nation kämpfen musste, muss er sich andererseits seine Freiheit gegenüber dieser Nation erobern. Natürlich darf er sich als Nationalist annehmen, aber es kommt alles darauf an, dass er in dieser Wahl frei ist und nicht nur durch seine Nation existiert. Es ist wichtig, dass er sich die Freiheit gegenüber der Religion seiner Gesellschaft erobert, die er bewahren und zurückweisen kann, aber er muss aufhören, nur durch sie zu existieren. Dasselbe gilt für seine Vergangenheit, die Tradition, die Volkgruppe usw. Kurz, er muss aufhören, sich in den Kategorien der Kolonisation zu definieren. Dasselbe gilt für alles, was ihn negativ kennzeichnet. Der berühmte und absurde Gegensatz Orient-Okzident beispielsweise, diese Antithese, die der Kolonisator zementiert hat, der damit eine unüberwindliche Schranke zwischen sich und dem Kolonisierten errichtet hat. Was bedeutet also die Rückkehr zum Orient? Wenngleich die Unterdrückung das Gesicht Englands und Frankreichs getragen hat, so gehören die kulturellen und technischen Errungenschaften doch allen Völkern. Die Naturwissenschaft ist weder abendländisch noch orientalisch, sowenig wie sie bürgerlich oder proletarisch ist. Es gibt nur zwei Weisen, Beton zu gießen, eine gute und eine schlechte.

Was also wird aus ihm werden? Was ist denn der Kolonisierte eigentlich?

Ich glaube weder an eine metaphysische noch eine charakterologische Wesenheit. Man kann den Kolonisierten in seiner konkreten Situation beschreiben; ich habe zu zeigen versucht, dass er in einer bestimmten Weise leidet, urteilt und sich verhält. Wenn er aufhört, dieses Wesen der – äußeren oder inneren – Unterdrückung und Verarmung zu sein, dann ist er nicht länger Kolonisierter, er wird *ein anderer.* Offensichtlich gibt es bestimmte Unveränderlichkeiten in der Geographie und den Traditionen. Aber vielleicht wird es eines Tages weniger Unterschiede zwischen einem Algerier und einem Einwohner von Marseille geben als zwischen einem Algerier und einem Libanesen.

Nachdem er all seine Dimensionen wiedererobert hat, wird der Ex-Kolonisierte ein Mensch geworden sein wie alle anderen. Sicherlich mit all dem Glück und Unglück der Menschen, aber er wird endlich ein freier Mensch sein.

# Nachwort zur deutschen Ausgabe von 1980

Eines Abends in einem gespenstischen Berlin, dessen Wagnersche Ruinen im Widerschein einer flammenden Sonne leuchteten, fragte mich eine junge Frau, warum ich keine deutsche Übersetzung meines *Portrait du colonisé* veröffentlicht hätte. Ich erwiderte, dass dies nicht von mir, sondern von den deutschen Verlagen abhänge, und vor allem, dass mir eigentlich unklar sei, was für Deutschland, das seit langem keine Kolonien mehr hat, an diesem Buch interessant sein könnte. Darauf erklärte sie mir geduldig, die Hälfte des Landes sei von den Russen kolonisiert. Ihre eigene Familie lebte auf der anderen Seite der Mauer; ihr Vater, der wie sie den Lehrerberuf gewählt hatte, sah in der Situation nichts anderes als eine Kolonisierung, und sie dachte wie er. Ich gab ihr das unbestimmte Versprechen, darüber nachzudenken. Dann, wenige Monate später, erhielt ich ein Angebot des Syndikat-Verlags in Frankfurt, erinnerte mich an dieses Gespräch und sagte mir, dass das Leben von Büchern bezeichnend ist für das Leben, das wir führen. Es ist wahrscheinlich kein Zufall, wenn – fast gleichzeitig – mit dieser späten deutschen Ausgabe nach einer baskischen und vor einer bald erscheinenden okzitanischen Ausgabe soeben auch eine italienische Übersetzung erschienen ist. Das vorliegende Buch ist das Ergebnis einer Arbeit, die ich nach zwei Vorträgen in Tunis über den Kolonisierten und den Kolonisator aufgenommen habe. Das war Anfang der 50er Jahre, liegt also mittlerweile 30 Jahre zurück! Vielleicht ist es nicht gerade sehr geschickt, an das hohe Alter eines Werkes zu erinnern, stattdessen immer noch aktuelle Nützlichkeit in den Vordergrund zu stellen. Und sei es auch nur, um sich darüber zu wundern, dass das Kolonialverhältnis, die Mechanismen, die es beherrschen und deren Rückwirkungen auf die Strukturen unserer Gesellschaften ihre Wirkung immer noch nicht verloren haben.

In einem unlängst erschienenen Buch* habe ich bemerkt, dass wir zum Ende dieses Jahrhunderts Zeugen zweier weitreichender Ereignisse geworden sind: der Aufhebung der Unterdrückung der Frau und der Beendigung der Kolonisationen. Diese Aussage war ziemlich lapidar. Die sexuelle Befreiung der Frau wird weiterhin die Beziehungen des menschlichen

* A. Memmi, La Dépendance, Paris (Gallimard) 1979

– »legitimen« oder »illegitimen« – Paares verändern, vielleicht sogar das Gesicht der Familie und der ganzen Gesellschaft. Das wird alles andere als reibungslos vonstatten gehen. Man könnte zunächst den Eindruck gewinnen, dass die Eroberung der politischen Macht durch die Ex-Kolonisierten das Ende einer Epoche markierte: inzwischen erweist sich diese als bloßer Auftakt zu einer beispiellosen Umgestaltung unseres gesamten Planeten.

Die geopolitische Organisation, die auf der Kolonisierung und der Herrschaft eines Volkes über ein anderes beruht, ist inzwischen wohlbekannt. Kurz gesagt haben technisch fortgeschrittene Nationen, die über ständig weiterentwickelte Waffen verfügen, ärmeren Nationen etwas aufgezwungen, das man zu Recht als einen ungleichen Tausch bezeichnet hat: sie bezahlen ihnen äußerst wenig für riesige Mengen an Rohstoffen und, nicht zu vergessen, an Arbeitskräften, denn dieser Prozess ist auch heute noch wirksam, und zwar als Arbeitsimmigration. Die eigentliche Kolonisation war überdies ein System der unmittelbaren Verwaltung von Gütern und Menschen, das den bestehenden Zustand zementieren sollte. Es gab auch andere Systeme, die zwar nicht direkt kolonial waren, die Privilegien der beherrschenden Nationen jedoch ebenso wirksam garantierten; eine ganze Skala möglicher Beziehungen, von der unverhüllten Anwendung von Zwangsmitteln bis hin zu quasivertraglichen Beziehungen, die allesamt die Fortdauer dieser Vorteile gewährleisten sollten. Immerhin wiesen diese Situationen genügend Ähnlichkeiten miteinander auf, dass sich die Soziologen angewöhnten, die Gesamtheit der beherrschten Länder unter dem zusammenfassenden Begriff der *Dritten Welt* zu erfassen; so konnten sie diese einerseits von den reichen, andererseits von den sozialistischen Ländern abgrenzen, die einen Weg der relativen Autarkie verfolgten. Aus diesem Kräfteverhältnis resultierte ein enormer Verbrauch der Rohstoffe auf der Welt durch eine Minderheit von Begüterten. Ferner ergaben sich daraus unterschiedliche Konsequenzen für die individuelle und kollektive Psychologie der Beherrschten, für deren Kultur, Sprache und Institutionen.

Weder die Kolonisation noch, allgemeiner gesagt, alle Herrschaftsverhältnisse schlechthin lassen sich auf eine ökonomische Ausbeutung reduzieren. Es kann sogar Vorkommen, dass die von den Beherrschten erlittenen Schmerzen, ihre Beschädigungen, gar nicht vorrangig ökonomischer Art sind. Über all dies habe ich genug gesagt und werde darauf nicht mehr zurückkommen.

Dieses System wurde schließlich im Verlauf des Krieges erschüttert und in der Nachkriegszeit endgültig zerstört. Unter Ausnutzung des Konflikts, der die westlichen Nationen übereinander herfallen ließ, unter geschicktem Ausspielen des einen Landes gegen das andere, hier und da mit der verdeckten Unterstützung durch einen Dritten (die Rolle der Vereinigten Staaten bei bestimmten Entkolonisierungen ist noch nicht genügend aufgeklärt) boten die Länder der Dritten Welt im Krieg ihre Hilfe gegen das Versprechen einer Liberalisierung an und konnten den erschöpften Siegern die Herrschaft über ihr politisches Geschick entreißen. Was die besiegten Nationen Deutschland, Italien und Japan angeht, so verloren diese offensichtlich die Kontrolle über ihre Kolonien oder Einflusssphären. Doch diesmal nicht zum Vorteil der Siegermächte, wie dies bislang stets der Fall gewesen war. Nordafrika entglitt Frankreich und Italien, aber deshalb wurde es nicht etwa englisch oder amerikanisch. Asien oder Afrika galten ab jetzt nicht mehr als englisch wie bisher. Indochina, für kurze Zeit unter japanischer Herrschaft, gewann im Gefolge der militärischen Vernichtung der Franzosen die uneingeschränkte Selbstbestimmung zurück; und selbst der gesamten Macht der USA gelang es nicht, dem Land seine neu erworbene Freiheit zu beschneiden. Kurz, die Beherrschten gingen nahezu einmütig einer nach dem anderen daran, zunächst die Autonomie und schließlich die Unabhängigkeit zurückzuerobern. Anscheinend war endgültig ein neues Blatt der Geschichte aufgeschlagen; es begann eine sicherlich schwierige, aber radikale neue Welt.

Allerdings: nichts wird radikal beendet, nichts fängt bei Null an. Wie das Sprichwort sagt, hatte man die Rechnung ohne den Wirt gemacht. Das Pendel schlug mit einer Wucht zurück, die man kaum vorhergesehen hatte oder nicht vorhersehen wollte, als ob man gerade die präsentierte Rechnung befürchtet hätte. Es erweist sich nun, nach den ersten Euphorien der Unabhängigkeit, dass die lange Zeit unterdrückten und ausgebeuteten Völker am Ende mehr fordern als nur die politische Macht: eine echte Neugestaltung des Planeten und für den Anfang eine *Neuverteilung der Güter.*

In dieser Hinsicht hat die Sache mit der Ölkrise eine klare Erörterung des Problems eher vernebelt. Das Vorkommen von Energiequellen im Boden einiger der ärmsten Nationen ist offensichtlich ein unerwarteter Trumpf bei dieser unwiderstehlichen Forderung. Die Rückeroberung der Bohrstellen, später deren unmittelbare Ausbeutung und am Ende sogar die Herrschaft über den gesamten Verteilungskreislauf sind von nun an eine historische Tatsache von beträchtlicher Tragweite. Aber man war zu sehr vom politischen und noch mehr vom finanziellen Aspekt des Abenteuers fasziniert: die Petrodollars sind zum bewunderten oder verachteten Symbol dieser Rückeroberung der Bodenschätze durch die betreffenden Nationen geworden. Sicherlich fallen sie bei einer Neudefinierung der politischen und selbst der kulturellen Beziehungen zwischen den neuen Partnern schwerer ins Gewicht. Aber diese – bislang übrigens eher schlecht genutzte Goldgrube – ist lediglich der Zipfel eines bei weitem bedeutsameren Phänomens: *es handelt sich um eine Neuaufteilung des Verbrauchs* im Weltmaßstab. Alles verläuft in derselben Weise, wie wenn z.B. die Automobilproduzenten im Austausch für dieselbe Energiemenge drei- oder viermal soviel Automobile liefern müssen wie bisher. Das bedeutet letztlich eine Neuverteilung der Industrieprodukte und im Weiteren aller Güter überhaupt. Bei gleicher Produktion werden die Angehörigen der Industrienationen ein bisschen weniger bekommen und der Angehörige einer energieerzeugenden Nation etwas mehr. Bei diesem Prozess wird es zweifellos zu Erschütterungen kommen. Niemand möchte gern etwas teurer bezahlen, was er bisher billiger bekommen hat, d.h. seinen Lebensstandard beschnitten sehen. Der Franzose, der Engländer und selbst der Deutsche und der Italiener haben den undeutlichen Eindruck, dass diese wenn auch noch so relative Angleichung im Verbrauch zugunsten der Angehörigen der Dritten Welt eine Ausbeutung, eine Aggression darstellt. Es fällt ihnen schwer, diese offenkundige Tatsache bereitwillig zu akzeptieren, die doch Bestandteil ihrer eigenen Krämerphilosophie ist: jeder hat das Recht, ein Gut so teuer zu verkaufen, wie er will, solange er einen Käufer dafür findet.

Die Bestürzung der einstmals so allmächtigen Nationen, die unausweichlichen strukturellen Erschütterungen ihrer Wirtschaft, ihre Demütigung, von Menschen bedrängt und attackiert zu werden, die sie so lange verachtet haben, ihre Angst vor der Zukunft, noch geschürt durch einen erstaunlichen Bevölkerungsrückgang im Vergleich zu Gegnern, die im Gegenteil eine hohe Fruchtbarkeit aufweisen – all das kann sie möglicherweise zu Gewalthandlungen hinreißen. Da sie noch immer über die modernsten Waffen verfügen, technisch, wissenschaftlich und vielleicht sogar auch demographisch und auf dem Energiesektor überlegen sind, wären sie noch immer in der Lage, den Planeten zu verwüsten.

Dass für derartige Unternehmungen zwischen ihnen zu wenig Einigkeit besteht, kann kaum völlig beruhigen. Gerade die Konkurrenz untereinander kann sie dazu verleiten und verleitet sie auch bereits dazu, aus den Antagonismen, den neuen, aber gerade so gefährlichen Begierden der jungen Nationen selbst ihren Nutzen zu ziehen; diese sind zwar erst vor kurzem entstanden, haben aber deswegen noch nicht mehr an historischer Weisheit erworben als die alten Nationen.

Von einem weiteren Ergebnis der Ölkrise haben wir dabei noch gar nicht gesprochen: von der unerwarteten Verarmung jener Nationen der Dritten Welt, die über keine Energievorräte verfügen. Während alles in allem eine gerechtere Neuaufteilung der Ressourcen nur die logische Folge der nationalen Wiedergeburten ist, lässt deren Rückwirkung auf die Nationen, die kein Geld in der Tasche haben, jedermann ratlos. Weit entfernt, von der neuen Weltordnung zu profitieren, sind sie hinfort völlig aus dem Rennen geworfen. Schlimmer noch: sie sehen sich einem ständigen Anwachsen ihrer Auslandsschulden gegenüber, da sie für Energie künftig einen beträchtlichen Aufpreis bezahlen müssen.

Zugleich werden sie erneut und in doppelter Weise zu Tributpflichtigen: sowohl gegenüber den neuen Nationen, die über Energievorräte verfügen, als auch gegenüber den alten herrschenden Nationen, und zwar in einem solchen Maße, dass man für sie bereits den Ausdruck *Vierte Welt* gebraucht. Vor einigen Jahren habe ich in einer Kritik die Frage gestellt, ob der Globalbegriff »Dritte Welt« noch praktikabel sei. Heute muss man zugeben, dass er viel zu allgemein ist, um die Komplexität der gegenwärtigen Wirklichkeit zu kennzeichnen. Die Ungleichheit, die sich eine Zeitlang zwischen den früheren Kolonisierten und den ehemaligen Kolonisatoren abgeschwächt hatte, hat sich mittlerweile zwischen den Industrieländern und den übrigen Ländern sowie innerhalb der ehemaligen kolonisierten Länder selbst wieder herausgebildet. Trotz des Bestrebens, in Erinnerung an ein ehemals gemeinsames Geschick zwischen den Nationen Solidarität zu bewahren, vertieft sich der Graben Tag für Tag mehr. Ja, wir erleben sogar gelegentlich wie in den schönen Tagen der Kolonisation Erpressungen, mit denen für einige wirtschaftliche oder finanzielle Vorteile politischer Gehorsam eingehandelt werden soll. Als ob eine Nation von dem Augenblick an, da sie sich bejaht, alsbald auch die empörendsten Verhaltensweisen jedes Nationalismus übernimmt. Die kriegerischen Auseinandersetzungen zwischen vormals kolonisierten Ländern sind bereits nicht mehr zu zählen.

Auf der Seite der ehemaligen Herrscherländer arbeitet man hartnäckig an einer richtiggehenden Strategie, um das verlorene Terrain wiederzugewinnen: Wirtschaftliche Beziehungen werden mit politischen Dienstleistungen verbunden; Militärhilfe wird im Austausch für eine Einflussnahme auf das kulturelle Leben gewährt usw. Seltsamerweise hat nach der Entkolonisierung anscheinend eine *Satellisierung die Kolonisation ersetzt,* und zwar mit dem mehr oder weniger beflissenen Einverständnis der neuen Machthaber. Nachdem der Kolonisator zunächst als Modell übernommen, sodann in der Revolte verworfen wurde, kommt es nun zu einer Art Rückgriff auf dieses Beispiel. Der Konsum orientiert sich selbst bei den ärmsten Bevölkerungsschichten an dem der Europäer: Kleidung, Automobile, demonstrative Verschwendung, Wohnkomfort. Universitäten und Verwaltung bedienen sich wieder der Schemata und Methoden der früheren Kolonialmacht. Wenn man eines Tages das *Porträt des Entkolonisierten* zeichnen wollte, so müsste man diese neue List der Geschichte eingehend schildern.

Natürlich gibt es kein Ereignis, das die ausschließliche Ursache späterer Entwicklungen wäre, so wie ein solches Ereignis sein eigenes Zustandekommen wieder mehr als nur einer einzigen Ursache verdankt. Der Fortschritt von Wissenschaft und Technik, die Entwicklung des menschlichen Geistes, das Vordringen großer Menschenmassen auf die internationale Bühne, das Erlöschen einzelner Nationen und die Entstehung neuer – alles trägt zu der beispiellosen Transformation bei, die unser Planet gegenwärtig erfährt. Aber es kann kein Zweifel bestehen, dass innerhalb dieser ungeheuren Maschinerie die Auswirkungen der Entkolonisierung und der nationalen Bejahung sich noch für lange Zeit auf der politischen, soziologischen, ökonomischen und kulturellen Ebene bemerkbar machen werden.

Bei dieser Neugestaltung unserer Welt muss auch die erstaunliche ethnische und regionale Herausforderung erwähnt werden, die wahrscheinlich ebenfalls mit den Folgen der Entkolonisierung zusammenhängt. Es sieht so aus, als ob die Herstellung einer einheitlichen Welt, die Lockerung der Grenzen, die Erweiterung des individuellen und des nationalen Spielraums jeden einzelnen in eine Art Platzangst versetzen. Daher die Suche nach vermittelnden sozialen Beziehungen, an die er sich klammern und in denen er sich wiederfinden kann. Die religiöse Erneuerung hat unter anderem gerade durch diese Angst an Kraft gewonnen. Die Vorgänge im Iran lassen sich unter derselben Perspektive betrachten. Die Region, die ethnische Gruppe, lange Zeit unterdrückt, innerhalb der nationalen Gesamtheit schikaniert – sie sehen sich wieder aufgewertet.

Der Sturm, der sich ankündigt, wird auf unvermutete Weise nicht allein die alten Nationen ins Wanken bringen, die von den Ereignissen geschwächt sind und sich unter großen Mühen zusammenschließen, um zu überleben, sondern allgemeiner selbst die ganz neuen Nationen, die sich ebenfalls, kaum erstanden, bereits attackiert und erschüttert sehen. Die Forderungen der Kabylen in Algerien, die Unruhe der Kopten in Ägypten und die Auseinandersetzungen im Libanon bildeten in der letzten Zeit das Echo auf die gärende Unruhe unter den Bretonen oder den Korsen in Frankreich. Man entdeckt nebenbei, dass die einst unterdrückten Nationen, sobald sie mächtig und zur Mehrheit geworden sind, ihrerseits gegenüber ihren Minderheiten sich wie ihre einstigen Herren aufführen. Und man kann sich voll Trauer fragen, ob die Xenophobie, die Verneinung des Andersartigen, nicht bei jedem – Individuum oder Volk – die ursprüngliche Regung ist, lediglich durch Vernunft und Moral mehr oder weniger stark eingeschränkt.

In einer vergleichbaren Ideenordnung haben die amerikanischen Schwarzen noch immer nicht ihren endgültigen, angemessenen Platz in der amerikanischen Gesellschaft gefunden, und man hat ihn ihnen auch nicht gewährt. Daher rührt die Fortdauer eines brudermörderischen Konflikts, bei dem die zerstörerischsten Phantasien, Ängste und Neigungen der amerikanischen Gesellschaft geschürt werden.

Man wird auch mit regelrechten *Verschiebungen ganzer Bevölkerungen* durch die Arbeitsimmigranten rechnen müssen: in Frankreich sind es offiziell vier Millionen, in der Schweiz ist jeder sechste Einwohner Ausländer. Obgleich dieser Zustrom aufgrund ökonomischer Schwierigkeiten in den westlichen Ländern anscheinend gestoppt worden ist, hat man die Konsequenzen einer solchen Injektion von Menschen aus dem Ausland in das soziale Gewebe noch nicht exakt festgestellt: z.B. die Xenophobie, das Wiedererwachen des Rassismus in vielen Ländern, von denen man geglaubt hatte, sie seien durch die Schrecken des Krieges von ihm geheilt worden. Möglicherweise ergeben sich auch bestimmte positive Erwerbungen: eine bessere Kenntnis des Fremden, weil dieser zum Arbeitskollegen oder Nachbarn, wenn nicht sogar zum Schwiegersohn oder Vetter geworden ist.

Alle diese Bewegungen, die unseren Planeten heute und künftig in Unruhe versetzen, sind offenbar nicht miteinander identisch. An anderer Stelle habe ich einmal gesagt, dass alle Situationen der Beherrschung und Unterwerfung zugleich Gemeinsamkeiten, aber auch Unterschiede aufweisen. Daraus folgt allerdings auch, dass die Unterdrückung zwar viele Gesichter annehmen, aber nicht beliebig viele Wege einschlagen kann: neben den Besonderheiten gibt es überall gemeinsame Mechanismen. Das ist wahrscheinlich der Grund, warum dieses Buch auch heute noch in dieser oder jener Weise nützlich sein kann.

Paris, Mai 1980 — Albert Memmi

# Adam Shatz
# Albert Memmi

1957 veröffentlichte Albert Memmi ein kleines, aber brisantes Buch: *Portrait du colonisé précédé du Portrait du colonisateur*, später unter dem Titel *Der Kolonisator und der Kolonisierte* auf Deutsch erschienen. Memmi war ein Jude aus Tunesien, damals Ende Dreißig und politisch entschieden links. Als das Buch erschien, befand sich Frankreich in Algerien bereits seit vier Jahren ohne offizielle Kriegserklärung in einem bewaffneten Konflikt mit nationalistischen Aufständischen und war fest entschlossen, an seinen Besitzungen in Afrika festzuhalten, nachdem es 1954 schon sein imperiales Standbein in Indochina eingebüßt hatte. Die Gegner der französischen Kolonialpolitik kritisierten vor allem Enteignungen, Ausbeutung einheimischer Arbeitskraft und gewaltsame Unterdrückung. Für Memmi waren das darüber hinaus aber auch Symptome einer weiterreichenden, strukturellen Misere. Er stellte den Kolonialismus in Nordafrika – und nicht nur dort – als eine »Pyramide der Privilegien« dar, in der sich europäische Siedler an der Spitze befanden und die arabisch-muslimische Mehrheit ganz unten. Noch die ärmsten Europäer – die sogenannten *petit blancs*, die weiße Unterschicht – waren, da sie dem Volk der Kolonialherren angehörten, den wohlhabendsten Arabern gegenüber im Vorteil. Juden wie er waren ebenfalls kolonisiert, standen aber in dieser Hierarchie immer noch eine Klasse über den Arabern und betrachteten Frankreich und die französische Sprache als potentielle Quellen der Emanzipation.

Als junger Mann hatte sich Memmi im Kampf gegen die französische Herrschaft mit arabischen Nationalisten verbündet und sich damit gegen seine eigene Gemeinschaft gestellt. Auch wenn er davon überzeugt war, dass die tunesischen Muslime alles Recht der Welt hatten, die Franzosen, die Tunesien seit 1881 als Protektorat regierten, zu vertreiben, übersiedelte er nach der Befreiung Tunesiens im Jahre 1956 nach Frankreich. Er wollte nicht unter einer Regierung leben, von der er erwartete, dass sie stark vom Islam beeinflusst sein würde. Bis zu seinem Tode Ende Mai 2020 wohnte er in einer Wohnung im *Marais* in Paris, beschäftigte sich aber in erster Linie weiterhin unter dem Blickwinkel der »gelebten Erfahrung« mit kolonialer Vorherrschaft, Rassismus und anderen Formen der Unterdrückung. Er befasste sich insbesondere mit den durch sie erzeugten Deformationen in den Köpfen der Unterdrückten: Wie er in seinem Vorwort zu James Baldwins *The Fire Next Time* schrieb, »können Ungerechtigkeit, Verletzung, Demütigung und Angst ebenso unerträglich sein wie Hunger«. Während er darauf bestand, dass jede Form der Unterdrückung jeweils besondere Merkmale aufweise, die Analyse nicht abstrakt erfolgen dürfe, sondern mit *le vécu beginnen* müsse, der ganz konkreten, einzigartigen Erfahrung der Unterdrückten, erfasste er zugleich die Gemeinsamkeiten aller Formen der Unterdrückung: die erniedrigende Verweigerung von Würde und den Zwang, sich die Normen der Unterdrücker anzueignen. Dabei sei für Rassismus weniger Hass verantwortlich als eine »durch Institutionen und Ideologien, durch Bildung und Kultur« genährte Heterophobie, die Furcht vor der Andersartigkeit. Wann immer die dominante Gesellschaft Mitglieder der rassistisch unterdrückten Minderheiten, die sich dann anpassten, integrierte, war dies weniger ein Sieg über den Rassismus als vielmehr eine Kapitulation vor der heterophobischen Logik. Memmi war der Meinung, dass Opfer von Rassismus auf ihrem Recht bestehen sollten, »mit all ihren Unterschieden«, so, wie sie sind, akzeptiert zu werden, anstatt ihre Tauglichkeit als bessere Weiße unter Beweis stellen zu müssen. Léopold Sédar Senghor, Dichter der *Négritude* und erster Präsident des unabhängigen Senegal, bezeichnete Memmi als »Afrikaner, der unsere Situation als Kolonisierte am klarsten analysiert und die hilfreichsten Lösungen angeboten hat«.

In den letzten Jahren jedoch galt Memmi als nicht mehr zeitgemäß. Obwohl er einen der großartigsten französischen Romane über die Kolonisation verfasst hat, *La Statue de Sel* (dt. *Die Salzsäule*), einen 1953 in Frankreich erschienenen Bildungsroman, wird sein Werk in tunesischen Schulen nicht gelesen und, von tunesischen Juden in der Diaspora abgesehen, in den intellektuellen Kreisen Tunesiens kaum gewürdigt. Er wird gewissermaßen auf seinen Minderheitenstatus als jüdischer Autor aus Nordafrika reduziert. Das dürfte unter anderem an Memmis Verbundenheit mit Israel liegen: Sein Versäumnis (oder seine Weigerung), den kolonialen Charakter des Zionismus wahrzunehmen, trug kaum dazu bei, seinen Stand unter antikolonialen Intellektuellen zu stärken. Ebenso wenig sein unversöhnlicher Ton über den Zustand der ehemaligen Kolonien. Vergleichbar mit V. S. Naipauls Schriften über die Karibik schien Memmi seine Enttäuschung über die Welt, die er hinter sich gelassen hatte, und die damit einhergehende Entfremdung offen zur Schau zu stellen.

In der verlorengegangenen Akzeptanz spiegelt sich aber andererseits auch eine Stärke seiner Arbeiten wider: die Zurückweisung von Tröstungen (unter ihnen inspirierendes Heldentum) und der Sinn für die Tragik des antikolonialen Kampfes.

Memmis Geburtsjahr 1920 liegt zwischen denen der Schriftsteller und Politiker Aimé Césaire (1913) und Frantz Fanon (1925); er teilte ihre Opposition gegen die Kolonialherrschaft und wie sie bekämpfte er diese. Doch anders als Césaire und Fanon, die in ihren Werken den Aufstand verherrlichten, sah er im antikolonialen Kampf nichts Poetisches, auch keine utopische Verheißung. Das wahre Gesicht der Revolte sei nicht schön und führe zu Ungerechtigkeit, schreibt er, denn jeder habe die Möglichkeit, in der Rangordnung jemanden zu finden, der unter ihm steht, dem gegenüber er sich dominant und überlegen fühlen kann, so dass »Rassismus ein für jeden erreichbares Vergnügen« sei. Die Unabhängigkeit Tunesiens, prophezeite er, würde der jüdischen Gemeinschaft dank der »lächerlichen« Privilegien, die sie unter der französischen Regierung genossen habe, kaum eine andere Wahl lassen, als das Land zu verlassen. (Am Vorabend der Unabhängigkeit gab es über hunderttausend Juden in Tunesien, heute sind es nur noch knapp tausend.) Anders als europäische Liberale, über deren Einwände er sich lustig machte, kritisierte er die Kolonisierten nicht für die Anwendung von Gewalt, er sprach ihr nur jeden Nutzen als Schocktherapie ab: »So leicht entkommt man der Unterdrückung nicht«. Die äußeren Barrieren einzureißen war das eine, die paralysierenden psychologischen Schranken in den Köpfen der Unterdrückten zu entfernen nochmal etwas ganz anderes. Er war der Meinung, dass nur unermüdliche und ausdauernde Aufklärungsarbeit den Weg zur Freiheit würde ebnen können.

Sein eigener Weg zur Freiheit, mit dem er aus dem langen Schatten der Kolonisation heraustreten wollte, führte über das Schreiben. Ähnlich wie André Gide, ein frühes Vorbild, war er sowohl in seinem literarischen Werk als auch in seinen Essays ein Autor, der viel von sich preisgab. Auch wenn er das Genre der Autobiografie ablehnte – »ein Leben kann nicht nacherzählt werden« – räumte er ein, dass er sein gesamtes Werk dem Schreiben seines Lebens gewidmet habe.

Memmi wuchs als eines von 13 Kindern, von denen nur acht überlebten, am Rande von El Hara, dem jüdischen Ghetto in Tunis, auf. Die jüdische Gemeinschaft in Tunesien bestand aus zwei Gruppen: den *Grana,* wohlhabenden Juden italienischer Abstammung, vor allem aus Livorno, und den *Touansa* (judäo-arabischer Dialekt für Tunesier), armen Kunsthandwerkern, die im ersten und zweiten Jahrhundert aus Palästina eingewandert waren. Obwohl vielleicht ein paar Vorfahren aus Italien kamen, gehörten die Memmis zur letzteren Gruppe. *Memmi* bedeutet *kleiner*

*Mann*, und die Memmis waren kleine Leute, die selten das Ghetto verließen, welches sie zwar einschränkte, aber auch Schutz und Zuflucht bot.

Albert Memmi zeigte sich indes schon früh als sehr begabt, wodurch er mit der Welt außerhalb des Ghettos in Berührung kam. Im Alter von sieben Jahren erhielt er ein Stipendium für die *Alliance Israelite Universelle,* eine von europäischen Philanthropen gegründete französischsprachige Schule für Juden. In der Zeit als er Französisch lernte, nach Judäo-Arabisch und Hebräisch seine dritte Sprache, gewann er erste Eindrücke vom Leben außerhalb des Ghettos. Doch diese Emanzipation ging auch mit einer zunehmenden Entfremdung einher. In *Die Salzsäule* erkennt Memmis junger Protagonist Alexander Mordechai Benillusch, dass er »versuchte, sich einer Sprache zu bedienen, die nicht die seine war und es vielleicht niemals ganz werden würde, und die ihm doch für die Erreichung aller seiner Absichten unentbehrlich war«. Sein Name, eine sperrige Mischung aus Französisch, Hebräisch und Arabisch, steht symbolhaft für das Bemühen, »aus so vielen Unterschieden« eine kohärente Identität zu schaffen. Kolonialismus, schrieb Memmi, erzeuge ein »sprachliches Drama« für die Kolonisierten – nicht zuletzt für einen Schriftsteller, für den die Sprache der Kolonisatoren überhaupt erst die Zugangsmöglichkeit zu einer weiteren Welt darstellt.

Memmi studierte am angesehenen Lycée Carnot bei Jean Amrouche, einem christlichen Berber aus Algerien, und dem französischen Philosoph Aimé Patri. In *Die Salzsäule* beeindruckt der Amrouche ähnelnde Professor Marrou Benillusch zunächst als »ein glücksversprechendes Vorbild, Beweis dafür, dass es möglich war, arm geboren und Afrikaner zu sein, und sich doch in einen gebildeten, gut gekleideten Menschen zu verwandeln und dass man eine Sprache vollkommen beherrschen konnte, die nicht die Muttersprache war«. Benillusch bewundert Marrous Wortgewandtheit und seine langen, gepflegten Hände, deren Fingerspitzen gelb verfärbt sind von dem Orienttabak, den er raucht, während er über Racine und Pascal referiert. Aber er befürchtet auch, wie Marrou zu werden, der sich trotz allen Lobes, das er in den literarischen Zirkeln von Paris erfahren hat, nicht von Nordafrika lösen kann. Im verzweifelten Bestreben, sich als Mensch der westlichen Welt neu zu erfinden, wendet sich Benillusch einem anderen Vorbild zu: Poinsot, dem von Patri inspirierten philosophischen Rationalisten, der Frankreich und die Flucht aus der »östlichen« Welt seines Vaters repräsentiert.

Dieses Vorbild begann nach dem Fall Frankreichs zu bröckeln, als Memmi, inzwischen Philosophiestudent an der Universität Algier, aufgrund der antisemitischen Gesetze des Vichy-Regimes von der Schule verwiesen wurde. Sein Alter Ego reflektiert: »entrüstet wollte ich dieses neue Bild Frankreichs zurückweisen. Aber schließlich sind die Polizisten ebenso französisch wie Descartes und Racine«. Memmi wurde zusammen mit anderen armen Juden aus dem Ghetto in ein Arbeitslager gesteckt (nur die *Grana* kamen davon). In *Die Salzsäule* versucht Benillusch, sich in die Gemeinschaft seiner Mitgefangenen einzufügen, doch diese erkennen ihn nicht als einen der ihren an. Französisch ist nun seine Sprache, und seine bemitleidenswerten Versuche, sie auf Judäo-Arabisch anzusprechen zeigen ihm, »um wie viel näher ich ihnen gewesen wäre, um wie viel wärmer unsere Unterhaltung geworden wäre, wenn ich ihre Sprache gesprochen hätte«. (Oder wie es Jacques Derrida, seinerseits Jude aus Algerien, formulierte: »Ich habe nur eine Sprache, und die ist nicht die meine.«)

Memmi entkam dem Lager und zog nach dem Krieg nach Paris, um an der Sorbonne Philosophie zu studieren. Als ein Gerücht umging, er könnte als tunesischer »Eingeborener« nicht zur Prüfung zugelassen werden, fragte er den Leiter der Prüfungskommission, ob das stimme. »Ein Recht ist es nicht«, lautete die Antwort. »Nehmen wir an, es sei eine koloniale Hoffnung«. Memmi betrachtete die akademische Philosophie bald desillusioniert. »Gepeinigt war ich gerade aus Nordafrika angekommen, war mittellos und hungrig und stieß worauf? Die transzendentalen Gedankenspielereien Kants«! Er war wütend, denn »für mich ging es bei der Philosophie um Blut, Tod, Krieg, den Menschen«. Stattdessen studierte er nun Psychologie und Soziologie und begann eine Korrespondenz mit Jean-Paul Sartre, dessen Werk – insbesondere seine *Überlegungen zur Judenfrage* – und Engagement für die »blutige Wirklichkeit des Menschen« ihn beeindruckte.

1949 kehrte Memmi mit seiner Ehefrau Marie-Germaine Dubach, einer Katholikin aus dem Elsass, und dem gemeinsamen Sohn Daniel nach Tunis zurück. Er begann, am Lycée Carnot zu unterrichten und gründete ein Zentrum für Bildungsforschung. 1953 veröffentlichte er seinen Roman *Die Salzsäule*, der in der französischsprachigen Literatur Nordafrikas eine Revolution lostrat und auf den bald die Publikation der Romane von Driss Chraïbi in Marokko und Kateb Yacine in Algerien folgte. »Hier ist ein französischer Schriftsteller aus Tunesien, der weder Franzose noch Tunesier ist«, schrieb Albert Camus in seinem Vorwort. »Eigentlich ist er nicht einmal Jude, denn in gewissem Sinne möchte er keiner sein.« Camus lobte ihn für seine »schmerzliche Unmöglichkeit, in der Anonymität einer Klasse oder Rasse unterzutauchen«, und sich den Annehmlichkeiten eines allgemeinen Zugehörigkeitsgefühls zu verweigern.

Diese Weigerung zehrte an ihm – umso mehr, als er mit einer europäischen christlichen Ehefrau zurückgekehrt war, die sich im arabischen Mittelmeerraum fehl am Platze fühlte und die der Aufstand gegen die französische Vorherrschaft in Angst und Schrecken versetzte. In seinem 1955 erschienenen Roman *Agar* (dt. *Die Fremde)*, einem Porträt einer Mischehe wie seiner eigenen, lassen sich ein assimilierter tunesischer Jude und seine französische Ehefrau in Tunis nieder, wo sie erbittert streiten. Je mehr sie sich über die traditionellen Gepflogenheiten seiner Familie beklagt und von der Überlegenheit Frankreichs schwärmt, desto wütender verteidigt er deren Gebräuche, obwohl er eigentlich stolz darauf ist, diese Lebensweise hinter sich gelassen zu haben und betont sein Ressentiment gegenüber der übernommenen französischen Kultur. »Ich entdeckte, dass das Paar keine isolierte Gemeinschaft ist, keine Oase der Erneuerung und des Vergessens inmitten der Welt, vielmehr enthielt es die ganze Welt in sich.«

Anders als die des Paares in *Die Fremde* hielt seine Ehe. Die koloniale Welt, die diese Antagonismen herangezüchtet hatte, ging endgültig zu Bruch. Memmi trug zu ihrer Auflösung bei, sowohl als Kämpfer in der von Habib Bourguiba geführten Unabhängigkeitsbewegung als auch als Gründer der nationalistischen Zeitung *Action*, die Bourguiba von seiner Gefängniszelle aus herausgab. Sein Engagement bereitete Memmi mehr und mehr zwiespältige Gefühle. In seinem Tagebuch, das er während des letzten Jahres der französischen Regierung in Tunesien führte und das vor einigen Jahren auf Französisch unter dem Titel *Tunisie, An I* erschienen ist, beschreibt er diese Ambivalenz. Es ist eine außergewöhnliche Chronik der Entkolonialisierung aus der Perspektive und dem Erleben eines jüdischen Unterstützers der Unabhängigkeit, der erkennt, dass er mit dem Ende der französischen Herrschaft gezwungen sein würde, das Land zu verlassen.

Bei einem Abendessen als Gast eines muslimischen Arztes fragt Memmi: »Warum sollte die Solidarität der afro-arabischen Nationen auf Religion und der Vergangenheit beruhen? Warum nicht auf allgemeinen Bedingungen (politischer Unterdrückung oder wirtschaftlichen Erfordernissen) und dem Streben nach einer gemeinsamen Zukunft, nach Freiheit?« Sein Gastgeber erwidert, dass man mit den Menschen in einer Sprache sprechen müsse, die heute alle in den muslimischen Ländern verstünden, und die Sprache, die von allen verstanden werde, sei die Religion. Memmi sieht ein, dass sich die unterdrückte Mehrheit des Landes vor allem als Araber und Muslime behaupten möchte und ihre Forderungen insofern berechtigt sind. Aber Gerechtigkeit und Freiheit – jedenfalls Freiheit in dem Sinne, wie Memmi sie versteht – seien nicht das Gleiche. Als ein »tunesischer Jude mit französisch-kulturellem Hintergrund im linken Spektrum«, schreibt er, »gehöre ich zur französischen Kultur, und nun ist es zu spät, das zu ändern«. Bei aller Gegnerschaft zum Kolonialismus wünsche er weder, noch erlaube er sich, Hass oder antifranzösische Gefühle, die er selber nicht hege, zu unterstützen. Diese Probleme zu leugnen, sie nicht zu sehen, hieße jedoch, die Augen zu verschließen.

Im Verlauf der Revolte verschärft sich die Spannung zwischen ihm und Germaine, die befürchtet, wegen ihrer Haarfarbe auf offener Straße erschossen zu werden. Als sie von der Ermordung von Frauen und Kindern durch tunesische Rebellen liest, platzt es aus ihr heraus: »Das sind Barbaren!« Memmi, der all diese Aktionen für sinnlos hält, widerspricht ihr nicht, antwortet jedoch, dass die Gewalt der Unterdrückten von einem objektiven, psychologischen Standpunkt aus gesehen werden müsste, und dass »die noch frische Erinnerung an die europäischen Gräueltaten diese provozieren würde«. Gleichzeitig empfindet er, dass er mit seinem Schweigen zu den antikolonialen Gräueltaten seine ethischen Standards verrät, denn umgekehrt hat er nie gezögert, koloniale Unterdrückung zu verurteilen.

»Jenseits von Gerechtigkeit und Ungerechtigkeit gibt es ausweglose historische Situationen« konstatiert er und genau dieser Tatsache wollten sich seiner Meinung nach seine Kameraden von der tunesischen Linken – viele davon Juden italienischer Herkunft und privilegierter als er selbst – nicht stellen. »Die Linke setzt darauf, dass der neue Nationalismus fremdenfeindlichen Chauvinismus, Faschismus oder Rassismus ausschließt. Eine gefährliche Wette. Denn der Grat zwischen Nationalismus und Faschismus ist noch schmaler als der zwischen Nationalismus und Revolution.« Für Memmi war das aber kein Grund, seine Unterstützung für die Befreiung der nordafrikanischen Muslime von der französischen Vorherrschaft aufzugeben. Es sei unfair, »von Menschen, die so lange als Nicht-Europäer und Nicht-Christen zurückgewiesen worden waren, zu verlangen, Nicht-Muslime und Nicht-Afrikaner in die Arme zu schließen«. Aber man müsse sich über den Preis des Engagements im Klaren sein. »Wir müssen den Nordafrikanern dabei helfen, ihre Freiheit zu gewinnen, selbst wenn uns diese Freiheit nicht nur nicht nützt, sondern womöglich schadet. Historische Verantwortung und Eigeninteresse gehen nicht immer Hand in Hand. Alles andere ist infantil.« Memmi, der sich im Umfeld der kommunistischen Partei bewegte, aber selbst nie Kommunist war, erfasste das Paradox des Marxismus für linke arabische Juden: Der proletarische Internationalismus brachte sie den muslimischen Massen politisch näher, verstärkte gleichzeitig aber als säkulare westliche Ideologie ihre Europäisierung und damit ihre kulturelle Entfremdung.

Im Juni 1956, nur wenige Monate nachdem Tuncsien seine Unabhängigkeit erlangt hatte, zog Memmi mit seiner Familie nach Paris. In jenem

Winter traf er sich vor dem Hintergrund der Schlacht um Algier mit Sartre und überreichte ihm eine Ausgabe seines Essays *Portrait du colonisateur de bonne volonté* – Porträt des wohlmeinenden Kolonisators. Dieser Essay, eine vernichtende Kritik des europäischen Liberalen, der sich selbst nicht als Kolonisator betrachtet, aber sich dennoch weigert, den Aufstand der Kolonisierten zu akzeptieren, traf einen Nerv bei Sartre, und er veröffentlichte ihn in seiner literarisch-politischen Zeitschrift *Les Temps Modernes.* Warum, liegt auf der Hand: In Memmis Werk fand Sartres *mauvaise foi* Widerhall und verstärkte seine Meinung, dass die Linke über den Protest gegen die französische Unterdrückung und Folter in Algerien hinaus aktiv werden und den Rebellen des *Front de Libération Nationale* volle Unterstützung gewähren müsste, so blutig ihr Vorgehen auch sein mochte. Sartre könnte den Text auch als einen Seitenhieb gegen Camus gelesen haben, der aus Loyalität zu seiner Mutter und den algerischen *petits blancs* sowie seiner Abscheu gegen das Töten von Zivilisten durch den *FLN* die Unabhängigkeit nicht unterstützte, sondern eine *föderale Lösung* befürwortete, bei der das Land weiter mit Frankreich verbunden bliebe. Camus interpretierte es offenbar so, er erkannte ein verdecktes Porträt seiner selbst im *liberalen Kolonisator*, der die Privilegien, die er selbst genießt, nur halbherzig anprangert.

Ihr Verhältnis sollte sich nie wieder davon erholen.

Doch Memmi machte für sich selbst auch keine Ausnahme in seiner Beschreibung der Linken, die von den grausamen und oft hässlichen Realitäten des antikolonialen Kampfes schockiert war, obwohl sie ihn eigentlich befürwortete. Geprägt von einer westlichen marxistischen Tradition, die Terrorismus verurteilt, schreibt Memmi, verabscheut sie die Gewalt der Kolonisierten und befürchtet zudem, dass die neue Nation nach gelungener Befreiung islamisches Recht einführen würde. Um weiterhin der Sache verbunden zu bleiben, muss er »vorübergehend vergessen, dass er ein Linker ist«. Es gehe jetzt nicht darum, sich zwischen Gut und Böse zu entscheiden, sondern zwischen Böse und Unbehagen, und genau in diesem Dilemma befand sich Memmi.

»Er *repräsentiert* niemanden«, so Sartre in seinem Vorwort zu *Der Kolonisierte*, »da er aber zugleich *ist*, was alle sind, spricht er als zuverlässiger Zeuge«. Memmi beschreibt den Kolonialismus als einen krankhaften Zustand sowohl für die Kolonisatoren als auch für die Kolonisierten, deren Gesicht seit Jahrhunderten wie eine verhärtete Maske sei, unter der er langsam erstickt und stirbt. Damit nimmt er einige Themen in Fanons vier Jahre später veröffentlichtem Buch *Les Damnés de la Terre* (Die Verdammten dieser Erde) vorweg.

Kolonisierter und Kolonisator seien in erbarmungsloser Abhängigkeit aneinandergekettet, was ihren Charakter forme und ihr Verhalten diktiere. Ihr Verhalten sei widersprüchlich und fast als pathologisch zu bezeichnen. Im Blick auf seine eigene Erfahrung in Tunesien beobachtet Memmi, dass beispielsweise ein Kolonisator seine Arbeiter anständig behandeln, aber von Zeit zu Zeit auch einfach in die Menge schießen lassen konnte. Und dass die Kolonisierten den Kolonisator hassen, aber gleichzeitig leidenschaftlich bewundern konnten (»eine Bewunderung, die trotz allem auch ich in mir spürte«).

Im Zentrum des Kolonialverhältnisses steht das Privileg, das »nicht ausschließlich wirtschaftlicher Natur« ist, wie er betont. Privileg sei nicht durch Besitz oder die Position innerhalb der Klassengesellschaft bestimmt, sondern das Merkmal einer Persönlichkeit. Das Schreckliche der kolonialen Unterwerfung bestehe nicht darin, seines Landes, sondern seines Menschseins beraubt zu werden, auf ein Objekt reduziert (»eine grundlegende und vollständige Immobilität«) und einem fremden Wertesystem unterworfen zu sein, dem des »Weißen, des Nichtjuden, des Kolonisators«. Im Gegensatz zu Camus, der der Meinung war, arme Weiße wie seine Familie in Algier seien gegenüber ihren muslimischen Nachbarn nicht bessergestellt gewesen, schrieb Memmi, dass »alle Europäer in den Kolonien privilegiert« waren und »selbst der ärmste sich dem Kolonisierten gegenüber für überlegen hielt – und dies auch war«. Solange Frankreich in Nordafrika blieb, würde diese Pyramide Bestand haben: »Allein die vollständige Abschaffung der Kolonisation ermöglicht die Befreiung des Kolonisierten«.

1957 kam dies in Frankreich einer Kampfansage gleich. Marokko und Tunesien waren unabhängig geworden, doch Algerien war nach wie vor Teil von Frankreich, und das französische Establishment lehnte die Unabhängigkeit ab. Als Memmi die französische Staatsangehörigkeit beantragte, wurde ihm gesagt, er würde sie nie bekommen, weil sein »Porträt des Kolonisierten« das »Ansehen Frankreichs« beschädige. (Dank der Intervention einiger einflussreicher Freunde in Paris wurde er 1973 doch französischer Staatsbürger.) Er unterrichtete an der soziologischen Fakultät der Universität Paris-Nanterre, blieb aber ein Einzelgänger. Für die *soixante-huitards*, die Achtundsechziger, die er als verwöhnte Kinder des liberalen Bürgertums, die Revolution spielten, abtat, empfand er wenig Sympathie. Memmi erhielt die Druckfahnen zu *L'homme dominé* (Der unterdrückte Mensch) genau zu der Zeit, als der 68er-Aufstand losbrach. Das Buch hätte kaum zu einem schlechteren Zeitpunkt erscheinen können, beschäftigte es sich doch mit Identität, Rassismus und der Macht der weißen Unterdrücker anstatt mit dem Sturz des Kapitalismus, gesellschaftlichen Fragen oder der Kulturrevolution in China.

In *L'homme dominé* wendet Memmi seine Überlegungen zu kolonialer Herrschaft und Privilegien auf andere Bevölkerungsgruppen an, vor allem auf schwarze Amerikaner. In einem Essay über Martin Luther King, James Baldwin und Malcolm X führt er aus, dass schwarze Amerikaner nicht nur Ausbeutung und Entrechtung ausgesetzt seien, sondern auch dem zwanghaften Druck, »den Weißen nachzuahmen, bis hin zu dem Punkt, sich ihm völlig anzugleichen um schließlich ein perfekter – mit anderen Worten: ein weißer – Amerikaner zu werden« – ein ohnehin aussichtsloses Unterfangen, weil »es der unbewusste, verdrängte oder auch der eingestandene Wunsch des Weißen ist, den Schwarzen vollständig aus dem Blickfeld zu verbannen«. Rassismus, sagt er, würde erst dann verschwinden, wenn »die unterdrückte Person nicht mehr unterdrückt wird« und sie ihre Identität bejahen könne, weil »Heterophobie« ein genauso entscheidender Mechanismus von Herrschaft sei wie das Privileg.

Was Sartre als »Weißer und Nichtjude« nicht verstanden hatte, war, dass für Schwarze, Juden und andere Minderheiten die kollektive Identität einen positiven Wert darstellt und nicht lediglich eine vorläufige Antwort auf Unterdrückung. Während Fanon, ähnlich wie Sartre das *Black Consciousness Movement* nur als einen ersten Schritt auf dem Weg zu größeren, revolutionäreren Formen der Solidarität unter den Völkern der »Dritten Welt« betrachtete, war Memmis Ansicht, ohne Rassentrennung zu befürworten, nüchterner: Auch wenn sich die Probleme »aller Unterdrückten in gewisser Hinsicht ähneln«, müssten sie für sich selbst kämpfen, frei von den Erwartungen oder Vorstellungen anderer. Mit sentimentalem ethnischem Stolz, den er als »falsch« ansah, hatte das nichts zu tun. »Seit Langem weiß ich, dass Identität niemals mit sich selbst identisch ist, weder räumlich, zeitlich, bei dem Einzelnen noch in einer Gruppe, dass das Ganze in erster Linie auf Einbildung beruht«.

Doch die Geschichte verwandelte dieses Merkmal in etwas Reales, oder wie er es ausdrückte, in etwas Konkretes, und er bezweifelte, dass es sich überwinden ließe. Da er die Spannungen unter den kolonisierten Arabern und Juden in Tunesien miterlebt hatte, betrachtete er die Befreiungsrhetorik ebenso kritisch wie mögliche Allianzen zwischen unterdrückten Gruppen, deren Geschichte jeweils eine eigene Prägung hatte, und die in der Vergangenheit schon manches Mal aneinandergeraten waren. In Memmis Augen wirkte Unterdrückung eher spaltend als einigend; der durch sie entstandene psychische Schaden stünde dauerhaft denjenigen im Wege, die, wie Fanon, von der Erschaffung eines »neuen Menschen« in der Dritten Welt träumten. Obwohl Memmis politische Sympathien den Beherrschten galten, glaubte er, dass sie aufgrund der Begrenzungen durch das Konkrete in diesem Zustand fast ausweglos gefangen waren. Im Fall der Frauen, behauptete er, sei das Konkrete nicht einfach eine historische Tatsache, sondern eine der Biologie. In seinem Essay über Simone de Beauvoir schrieb er (mit einer Herablassung, die ihm überhaupt nicht bewusst war), dass sie trotz ihres »intensiven kulturellen Lebens, angesehenen Gefährten, Geldes und literarischen und gesellschaftlichen Erfolgs« daran scheiterte, »den Gipfel des weiblichen Seins« zu erreichen, weil sie keine Kinder hatte. Er behauptete, die Weigerung von Feministinnen wie Beauvoir, Kinder zu bekommen, hätte ihr Denken »der Abstraktion verfallen« lassen.

Das war auch der Grund für seinen Zwist mit Fanon, dem er vorwarf, einer »Revolutionsromantik« erlegen zu sein. Memmi ist Fanon nie begegnet, der wenige Monate nach Memmis Umzug nach Paris in Tunis eintraf. Doch sie hatten einiges gemeinsam: die Freundschaft mit Sartre, die Faszination für die Psychologie der Kolonisation, das Engagement in nordafrikanischen Unabhängigkeitsbewegungen. Fanon jedoch verfügte über ein eher dynamisches Verständnis der historischen Möglichkeiten; er wollte den antikolonialen Aufstand revolutionieren, über einen strikten Nationalismus hinausdenken, sogar eine Art Vereinigte Staaten von Afrika schaffen. Anders als Memmi äußerte er sich kaum zur Bedeutung des Islam im nordafrikanischen Nationalismus und hoffte, dass der von den europäischen und jüdischen Kämpfern gezeigte Einsatz im Unabhängigkeitskampf Algeriens Zukunft als Vielvölkergesellschaft würde sichern können. Diese Vision teilte er mit einer kleinen, aber einflussreichen Gruppe Linker im FLN sowie den tunesisch-jüdischen Kommunisten, die sowohl er als auch Memmi in Tunis gekannt hatten.

Für Memmi stützte sich auch diese Vision auf die Leugnung des Konkreten: den »Selbsthass« und die »Verstümmelung« der Kolonisierten und ihren Wunsch, ihre religiösen und nationalen Identitäten zurückzuerlangen und sich ihrer zu versichern, anstatt eine sozialistische Revolution anzustoßen. Als Memmi sich zum zehnten Todestag Fanons 1971 noch einmal mit dessen Werk beschäftigte, argumentierte er, Fanon hätte nach Martinique zurückkehren sollen, anstatt sich als Algerier neu zu erfinden. Immerhin sei er ein Schwarzer gewesen, kein weißer Afrikaner, er hätte seine Grenzen kennen und respektieren sollen. Anstatt mit den nordafrikanischen Muslimen gemeinsame Sache zu machen, die ihn doch nie als einen der ihren akzeptiert hätten, hätte er wie Aimé Césaire »seinen« Leuten helfen können.

Die Ironie dieser Anklage liegt darin, dass Memmi sich für ein Leben in Frankreich entschieden hatte und nicht in Israel, unter »seinen Leuten«. Trotzdem ist seine Kritik an Fanon von seinem Zionismus durchdrungen, den er als die nationale Befreiungsbewegung des jüdischen Volkes beschrieb. Der Kampf um Palästina, meinte er, sei »ein unbedeutendes Drama in einem kleinen Winkel der Welt.« Obwohl er die Gründung eines Palästinenserstaats befürwortete, sprach er sich nicht gegen die Unterdrückungspraktiken aus, die er im kolonialen Nordafrika missbilligt hatte – und auch nicht gegen das System der Ausgrenzung durch herkunftsbedingte Privilegien und Vorherrschaft auf beiden Seiten der »Grünen Linie« zwischen Israel und den besetzten Gebieten. Zu seiner Verteidigung hätte Memmi erwidern können, dass das Gesicht der Unterdrückten selten hübsch ist; er wusste, dass Opfer zu Tätern werden konnten. Außerdem war er wegen des Exodus der nordafrikanischen Juden nach der Unabhängigkeit verbittert. Trotzdem hätte ein Autor mit Memmis Gespür für das Paradoxe, für Ambiguität und historische Zufälle – und für die Heuchelei des linksgerichteten Kolonisators, der dem Befreiungskampf die Unterstützung verweigert – etwas aus dem Umstand machen können, dass ausgerechnet in dem Moment, in dem die Kolonialreiche Europas fielen, die Opfer des westlichen Antisemitismus ein anderes semitisches Volk ins Exil getrieben und eine in hohem Maße militärisch geprägte, von Rassendiskriminierung durchdrungene koloniale Siedlergesellschaft etabliert hatten. In der Palästinafrage weigerte sich Memmi jedoch, die eigenen Analysen des kolonialen Privilegs und der Heterophobie anzuwenden. Bei einem seiner letzten Fernsehauftritte äußerte er, dass die während der Zweiten Intifada von Israel getöteten 2000 palästinensischen Zivilisten zwar »2000 zu viele« seien, ihre Anzahl aber kaum vergleichbar sei mit der Million Getöteter in Ruanda, einem Land, das vorher nie sonderlich sein Interesse geweckt hatte.

In seinem 2004 erschienen Buch *Portrait du décolonisé arabo-musulman et de quelques autres* (etwa: Porträt des arabisch-muslimischen Entkolonisierten und einiger anderer) tat Memmi seine »große Desillusionierung« hinsichtlich der postkolonialen Welt kund. »Die Herren wurden ausgewechselt, doch ist die neue Klasse der Regierenden wie Blutegel oft gieriger als die alte.« Postkolonialer Autoritarismus und Korruption drängten seiner Ansicht nach die entkolonisierten Bürger der Entwicklungsländer zu einem »Hin und Her zwischen einer zunehmend unsicheren nationalen Gegenwart und einer entfernten utopischen Zukunft«. Wer das Glück hatte, ein Visum zu bekommen, sei in das Land der ehemaligen Herren ausgewandert, die Arbeitskräfte in ihren Fabriken brauchten, denen aber die Fähigkeit oder der Wille fehlte, sie als Mitbürger aufzunehmen: Einwanderung, »die Strafe für die koloniale Sünde«, schaffe einen neuen, schwer zu bewältigenden Konflikt zwischen den Entkolonisierten und ihren europäischen »Gastgebern«. Anstatt vom »Fegefeuer ins Paradies« zu gelangen, entdeckt der entkolonisierte Immigrant, »dass er von einem Fegefeuer ins nächste geraten ist, ein bequemeres, dessen Gesetzen er sich aber fügen muss. Anstatt nun einfach die vollständige Staatsbürgerschaft zu fordern, von der so oft die Rede ist, geht er auf Distanz. Er soll transparent sein, wird aber im Gegenteil immer undurchsichtiger, er wird Teil des Ghettos.«

Noch stärker entfremdet fühlten sich die Kinder der Einwanderer, vor allem die Söhne, für die Memmi sehr viel weniger Mitgefühl aufbrachte. Memmi beschrieb »den Sohn des Immigranten« als »eine Art Zombie, dem jede feste Bindung zu seinem Geburtsland fehlt. Er ist französischer Staatsbürger, empfindet sich aber keineswegs als Franzose. Die Kultur der Mehrheit ist nur teilweise auch seine, ihre Religion gar nicht. Trotz allem ist er auch kein vollständiger Araber. Nur gebrochen spricht er die Sprache, die seine Eltern immer noch verwenden. Ihnen antwortet er auf Französisch oder in einer Außenstehenden unverständlichen Mischung ... Wenn er ins Heimatland seiner Eltern reist, entdeckt er, in welchem Maße dieses eben nicht seine Heimat ist. Dorthin zu ziehen, würde ihm im Traum nicht einfallen, als wäre er der Bewohner eines anderen Planeten. Und er stammt in Wahrheit ja auch von einem anderen Planeten: dem Ghetto.«

Ein Jahr nach der Veröffentlichung von Memmis Buch steckten die Kinder der französischen Ghettos, die *banlieuesards,* voller Wut über Polizeigewalt, Rassismus und Armut ihre *cités* in Brand. Doch über diese strukturellen Bedingungen hatte Memmi nur wenig zu sagen. Ihn beschäftigte vielmehr, dass die Einwohner der Ghettos dem islamischen Fundamentalismus, Antisemitismus und, wie er es nannte, »Dolorismus« zum Opfer gefallen waren – »einer Tendenz, den eigenen Schmerz zu übertreiben und ihn auf eine andere Person zurückzuführen«. Er gestand zwar ein, dass die Nachkommen der postkolonialen Einwanderung »eine Art ortsgebundener Zerstückelung« erlebten, weil »von allen Seiten an ihnen gezogen und gezerrt« wurde, vertrat aber die Ansicht, dass sie, wenn sie es in ihrer »Gastgebergesellschaft« zu etwas bringen wollten, ihr asoziales Verhalten einstellen und sich assimilieren müssten. Unter ›antisoziales Verhalten‹ fiel für ihn dabei alles Mögliche, von Drogenhandel über gewaltverherrlichende Hiphop-Texte bis hin zu äußerlichen Glaubensbekundungen wie dem Tragen eines Kopftuchs. »Wir müssen einmal mehr festhalten, dass man nicht immerzu mit Verbitterung leben kann, vor allem, wenn man an einem anderen Ort als seinem Heimatland leben möchte.« Der Verteidiger des Rechts auf Andersartigkeit schien nun selbst der Heterophobie anheimgefallen zu sein, die er früher angeprangert hatte. Der Buchtitel bezieht sich auf den »arabisch-muslimischen Entkolonisierten«: Um arabische Juden wie ihn selbst geht es darin nicht, und übrigens auch nicht um den religiösen Fundamentalismus und den Militarismus, den Israel mit den postkolonialen arabischen Staaten teilt.

In *Against Autobiography: Albert Memmi and the Production of Theory* (2013) beobachtet Lia Nicole Brozgal, er stünde nun »entschieden abseits des Objekts seiner Betrachtungen.« An dieses Objekt gewandt schreibt Memmi: »Wir müssen … ihnen gegenüber die Wahrheit sagen, weil wir glauben, dass sie ihrer würdig sind«. Er äußerte sich als dem laizistischen Modell verpflichteter französischer Staatsbürger, dem sich »sie«, also die Nachfahren nordafrikanischer Muslime, die Menschen, unter denen er aufgewachsen war und für deren Unabhängigkeit er gekämpft hatte, würden anpassen müssen. Wenngleich eine gewisse Aufrichtigkeit in Memmis Weigerung liegt, aus der Perspektive des ehemals Kolonisierten zu sprechen, ein Zugeständnis quasi, dass sein Status sich unwiderruflich verändert hatte, hinterließ sein mangelndes Einfühlungsvermögen einen unangenehmen Nachgeschmack. Als die jungen Rebellen in Tunesien den diktatorischen Präsidenten Ben Ali stürzten, tat Memmi die Jasminrevolution als kollektives »Delirium« ab.

In mancherlei Hinsicht hatte Memmi den Traum seines Helden Alexander Mordechai Benillusch verwirklicht, wie sein Lehrer am Lycée Poinsot ein Mensch der westlichen Hemisphäre zu werden. Trotzdem gelang es ihm nie so ganz, Nordafrika hinter sich zu lassen. Sein Dachboden im Marais war eine Bibliothek tunesischer Bücher, Gemälde und Erinnerungsstücke: sein *petit pays portatif*, sein kleines tragbares Land, wie er es nannte. Er bezeichnete sich selbst weiterhin als eines der »Kinder der Hara«, auch wenn er in den Augen so mancher Betrachter längst zu den Platzhirschen auf dem Pariser Parkett gehörte, die Simone de Beauvoir als »Die Mandarins von Paris« bezeichnete. Obwohl er den größten Teil seines Lebens in Frankreich verbracht hatte und französischer Staatsbürger war, machte ihn das nicht zum Franzosen: Frankreich sei sein Zuhause, aber seine wirkliche Heimat, sagte er, sei die französische Sprache. Seine Romane spielten weiterhin in Tunesien, und er widmete sich der Ausdehnung imaginärer und geografischer Grenzen, indem er Anthologien »nordafrikanischer Autoren in französischer Ausdrucksform« herausgab. Er war überzeugt: Wenn der Schweizer Jean-Jacques Rousseau und der Belgier Henri Michaux als französische Autoren betrachtet werden konnten, gelte dies auch für die großen »frankophonen« Schriftsteller Afrikas. Durch sein Engagement für die nordafrikanische Literatur in französischer Sprache trug Memmi dazu bei, die französische Literatur von ihrem Provinzialismus zu befreien, von ihrem Fokus auf die weiße Mittelschicht Frankreichs, die nur um sich selbst kreist.

In seinem 1985 veröffentlichten Essay *Ce que je crois* schrieb er, wenn französische Freunde ihm sagten, »›Lass uns die Vergangenheit vergessen (damit meinen sie: Kolonisation, Rassismus, Fremdsein, Armut), du bist doch nun einer von uns‹, denke ich: Ja, *jetzt*, vielleicht, aber ist das gewiss? Ich bin mir nicht einmal über mich selbst gewiss; ich weiß nicht einmal mehr, ob ich überhaupt einer von euch sein möchte.«

Die »alte Aggression« der Kolonisation war »beinahe beendet«, doch Memmi gestand bereitwillig ein, dass er »die Wunde immer noch in [sich] trug«. Gerade dieser offenherzige Umgang mit seinem inneren Ringen – das Unbehagen des Kolonisierten, dem er anders als dem Kolonialismus nie entfloh – zeichnet seine besten Werke aus. In einem Vorwort zu einer seiner Anthologien äußert er Vorfreude auf den Tag, an dem eine Person »zwei oder drei Gemeinschaften angehören kann, ohne als Verräter oder Ungeheuer zu gelten«. Memmi hatte die Erfahrung gemacht, ein »*métis* (Mischling) der Kolonisation« zu sein. Er erlebte dies vor allem als Stigma und Belastung, doch sein Schreiben zeigt, dass es einen Erkenntnisvorteil, und in einer Welt, die bis heute mit dem Erbe des Kolonialismus und der Vormachtstellung der Weißen ringt, sogar eine Art Privileg darstellen kann, über mehrere Identitäten zu verfügen.

**Albert Memmi**
**Die Salzsäule**
Biographischer Roman
Mit einem Vorwort von Albert Camus
Eva Taschenbuch,
366 Seiten
ISBN 978-3-434-46231-7

Albert Memmis erster Roman, „Die Salzsäule“, ist seine eigene Geschichte: Alexander Mordechai Benillusch, der Held dieses Buches, geht den Weg aus der Vorstadtenge von Tunis hinaus in die Welt. Sohn einer Berberin und eines Juden, aufgewachsen in der Bildungswelt des französischen Gymnasiums, steht er im wahrsten Sinne des Wortes zwischen den Welten: zwischen Juden und Mohammedanern, zwischen Tunesiern und Franzosen, zwischen armen Handwerkern und reichem Bürgertum, zwischen Kolonisatoren und Kolonisierten.

www.europaeischeverlagsanstalt.de

Gabriele Wintermeier

# Die 50 besten Spiele für Deutsch als Zweitsprache

DON BOSCO

MiniSpielothek

**Gerne nehmen wir Ihre Anregungen,
Wünsche, Kritik oder Fragen entgegen:**
Don Bosco Medien GmbH, Sieboldstraße 11, D-81669 München
anregungen@donbosco-medien.de
Servicetelefon: +49(0)89 48008-341

Bibliografische Information der Deutschen Nationalbibliothek

Die Deutsche Nationalbibliothek verzeichnet diese Publikation in der Deutschen Nationalbibliografie; detaillierte bibliografische Daten sind im Internet über http://dnb.d-nb.de abrufbar.

klimaneutral
gedruckt
www.klima-druck.de
ID-Nr. 22121835
bvdm.

5. Auflage 2022 / ISBN 978-3-7698-2261-8

www.donbosco-medien.de
Umschlag: Manfred Lehner, Blue Cat Design
Umschlagfoto: Paulista/fotolia
Layout: Alexandra Paulus
Satz: Don Bosco Medien GmbH, München
Druck: Don Bosco Druck & Design, Ursensollen

Gedruckt auf umweltfreundlichem Papier

# Inhalt

09 Interaktionsspiele zu Wortschatz und Grammatik
10 Partnersuchspiel
11 Ich bekomme deinen Platz
12 Pass gut auf!
13 Bist du nett oder streng?
14 Wie fit bist du?
16 Verben auf -ieren
18 Rhythmisches Lernen
19 Kannst du dich gut konzentrieren?
20 Wie standhaft bist du?
22 Nur nicht stürzen!

24 Sprachspiele zur Grammatik
25 Listenspiel
26 Satzpuzzle
27 Rollenspiel zum Thema „Kleidung kaufen“
28 Sprechspiel zur Bildung von Vergleichen
29 Meine Wochenplanung
30 Domino zur Personalform
31 Begriffe erraten
32 Vergangenheit mit „haben“ oder „sein“
34 Wo oder wohin?
35 Rätselhafte Begriffe

36 Sprachspiele für den Wortschatz
37 Kofferpacken
38 Pfänderspiel
39 Silbenrufspiel
40 Wörterquiz
41 Ich meine dich!
42 Alle an Bord?
43 Kettenreaktion
44 Finde deinen Partner
45 Wörter sammeln
46 Wortverwandtschaft

47 Brettspiele zu Wortschatz und Grammatik
48 Wo ist ...?
50 Kannst du richtig reagieren?
51 Brettspiel zum Themenbereich „Schule“
52 Brettspiel zu Schulräumen und Schulpersonal
54 Mein Tagesablauf
56 Brettspiel zu den Personalformen
57 Meinen wir beide dasselbe?
58 Veränderte Adjektive
59 Wie fühlst du dich?
60 Was tun die Leute dort?

62 Kartenspiele zu Wortschatz und Grammatik
63 Memo-Spiel zu Eigenschaften
64 Vertiefen der Vergleichsformen von Adjektiven
66 Kartenspiel zu wollen, sollen, dürfen, müssen, können, mögen
68 Quartettspiel zu Satzbildung und Artikelgebrauch
70 Sage ich „nicht“ oder „kein“?
71 Kartenspiel zu Wortfeldern
72 Quartettspiel zum Themenbereich „In der Stadt“
74 Quartettspiel zum Bereich „Einkaufen“
76 Kennst du dich mit der Vergangenheit aus?
78 „Patsch-Patsch“

*Das Menschlichste, was wir haben, ist doch die Sprache.*

*Theodor Fontane*

# Interaktionsspiele zu Wortschatz und Grammatik

# Partnersuchspiel

Es werden Bildkartenpaare zu einem Thema ausgewählt. Jeder Spieler bekommt eine Karte. Die Musik beginnt und die Spieler laufen im Raum umher. Wenn die Musik aufhört, suchen sie sich den passenden Partner und nutzen das Bild als Gesprächsanlass.

## Beispiel

Bild mit einem Pausenbrot:

- Ich esse gern Obst in der Pause.
- Meine Mutter macht mir mein Pausenbrot.
- Manchmal kaufe ich mir mein Pausenbrot beim Bäcker.

## Material

Bildkartenpaare (z. B. aus einem Memo-Spiel), Musik

Ziel: Förderung der Kommunikationsfähigkeit anhand von Bildern

# Ich bekomme deinen Platz

Alle Spieler sitzen im Kreis. Ein Spieler steht mit verbundenen Augen in der Mitte und gibt die Anweisung: „Spieler 1 tausche mit Spieler 2 den Platz!“
Während des Tauschvorganges muss der Spieler in der Mitte versuchen, einen von beiden zu fangen. Bei Erfolg nimmt der „Verlierer“ den Platz in der Mitte ein.

## Material

Tuch zum Verbinden der Augen

Ziel: Förderung der Kommunikation und Interaktion

# Pass gut auf!

Die Spieler sitzen im Kreis. Die Spielleitung liest langsam einen kurzen Text vor, in dem ein Schlüsselbegriff (beispielsweise „Wiese“) mehrmals an verschiedenen Stellen vorkommt, z. B.:
*Am Sonntag ging ich im Park spazieren. Auf einer großen Wiese sah ich viele Kinder, die dort Ball spielten. Ich blieb eine Weile am Rand der Wiese stehen und beobachtete sie ...*
Die richtige Wahrnehmung wird mit einer Bewegung (z. B. aufstehen, klatschen, Arme in die Höhe strecken) verbunden. Je öfter das Wort vorkommt, desto mehr Bewegung kommt in das Spiel.

**Material**

kurze Geschichte mit häufig auftretendem Schlüsselwort

Ziel: Schlüsselwort erkennen

# Bist du nett oder streng?

Alle Spieler sitzen im Kreis. Jeder Spieler erhält zwei farblich unterschiedliche Karten. In der Mitte liegen Karten mit Nomen-Verb-Kombinationen. Ein Spieler zieht eine Karte und wählt sich einen Sprechpartner aus. Dieser zeigt ihm eine seiner farbigen Karten. Je nach Farbe wird die Aufforderung höflich oder streng formuliert.

**Beispiel**

Nomen-Verb-Kombination: Suppe – essen
Höfliche Aufforderung: Du darfst die Suppe essen.
Strenge Aufforderung: Du sollst jetzt die Suppe essen!

**Material**

zwei farblich unterschiedliche Karten für jeden Spieler, Karten mit Nomen-Verb-Kombinationen

Ziel: Satzbildung üben – höflich oder streng formuliert

# Wie fit bist du?

Es werden zwei Gruppen gebildet, die sich jeweils hintereinander aufstellen. Vor jeder Gruppe liegen auf einem Tisch jeweils zwei Stapel Kärtchen mit Verben in der Grundform und Personalpronomen. Auf ein Startzeichen läuft der jeweils erste Spieler los, nimmt von jedem Stapel ein Kärtchen und formt das Verb in der angegebenen Person.

## Beispiele

- laufen/er: er läuft
- spielen/wir: wir spielen
- essen/sie (Plural): sie essen

Bei richtigem Ergebnis wirft der Spieler das Verbkärtchen in die leere Sammelbox, legt das Kärtchen mit dem Personalpronomen unter den Stapel und läuft zu seiner Gruppe zurück. Durch Abklatschen beginnt der nächste Spieler. Die Sanduhr dient als Zeitwächter. Die Gruppe, die in der angegebenen Zeit die meisten Kärtchen in der Sammelbox hat, ist Sieger.

## Variation

Für fortgeschrittene Lerner können zudem Kärtchen mit verschiedenen Zeitformen ausgelegt werden. Die Spieler sollen dann das Verb sowohl in die richtige Person als auch Zeitform setzen.

## Material

zwei Sammelboxen, Wortkärtchen mit Verben in der Grundform, Kärtchen mit Personalpronomen, Sanduhr

Ziel: Verben konjugieren

# Verben auf -ieren

Es werden zwei Gruppen gebildet, die sich jeweils hintereinander aufstellen. Vor jeder Gruppe liegt auf einem Tisch jeweils ein Stapel mit Nomenkarten. Auf ein Startzeichen läuft der erste Spieler jeder Gruppe zum Tisch, liest das Nomen und bildet dazu das Verb auf -ieren. Bei richtiger Antwort wirft er die Karte in die dafür vorgesehene Sammelbox, darf zurücklaufen und den nächsten Spieler losschicken. Die Gruppe, die in der vorgegebenen Zeit die meisten Wortkarten gesammelt hat, ist Sieger.

## Beispiele

- Nummer: nummerieren
- Probe: probieren
- Reaktion: reagieren

## Material

Nomenkarten zu Verben auf -ieren, zwei Sammelboxen

Ziel: Umwandlung der Wortart Nomen in die Wortart Verb mit der Endung -ieren

# Rhythmisches Lernen

Die Spieler bilden zwei Gruppen und stellen sich paarweise (je Gruppe ein Spieler) vor einer Treppe auf. Probeweise wird erst der Rhythmus eingeübt: *rechtes Bein erste Stufe, linkes Bein erste Stufe, rechtes Bein zurück, linkes Bein zurück.*

Nach dem Einüben des Bewegungsablaufes ziehen die jeweils ersten Spieler der Gruppen eine Nomenkarte vom Stapel und verbinden die rhythmische Bewegung mit dem jeweiligen Artikel und Wort. Danach stellt sich der Spieler hinten in der Gruppe an und der nächste Spieler kommt an die Reihe.

## Material

Nomenkarten

Ziel: Wortschatztraining

# Kannst du dich gut konzentrieren?

Jeder Spieler bekommt einen Partner und eine beliebige Anzahl an Karten mit einer Nomen-Verb-Kombination.
Einer der Spieler nimmt sich eine Karte und formuliert einen passenden Satz dazu. Gleichzeitig stemmt der sprechende Spieler einen mittelschweren Ball.

## Beispiele

- Brot – holen: Ich hole ein Brot.
- Blume – sehen: Ich sehe eine Blume.
- Tee – trinken: Ich trinke einen Tee.

## Material

Karten mit Nomen-Verb-Kombinationen, mittelschwere Bälle (einer pro Team)

Ziel: Satzbildung üben

# Wie standhaft bist du?

Die Spieler werden in drei Gruppen zu je drei Spielern eingeteilt. Jede Gruppe bekommt eine Geschichte mit vielen Adjektiven, Verben oder Nomen an einer Seitenwand befestigt. Unter dem Text befindet sich je ein Gymnastikball. Auf ein Startsignal läuft der erste Spieler jeder Gruppe zu seiner Wand, setzt sich auf den Gymnastikball und markiert mit einem Textmarker die gesuchte Wortart im Text. Dann läuft er zurück und der nächste Spieler kommt an die Reihe. Die Verweildauer am Text wird mittels einer Stoppuhr auf 60 Sekunden begrenzt.
Nach einer vorher festgelegten Zeit werden die jeweiligen Treffer gezählt. Für jedes falsch markierte Wort gibt es Punktabzug.

## Variation

Wenn keine Gymnastikbälle vorhanden sind, können die Wortarten auch auf einem Bein balancierend markiert werden.

## Material

Geschichten auf einem DIN-A4-Bogen (für jede Gruppe), drei Gymnastikbälle, drei Textmarker, Stoppuhr

Ziel: Wortarten erkennen

# Nur nicht stürzen!

Die Spieler werden in Paare eingeteilt. Ein Spieler sitzt auf einem Hüpfball, der andere erhält einen Stapel Nomenkarten und einen Stapel Adjektivkarten. Er zeigt dem Spieler auf dem Ball von jedem Stapel eine Karte. Der Spieler auf dem Ball verbindet beide Wortarten mit einem unbestimmten Artikel und hüpft zugleich auf dem Ball. Anschließend wird gewechselt.

## Beispiele

- warm – Handschuh: ein warmer Handschuh
- süß – Banane: eine süße Banane
- heiß – Kaffee: ein heißer Kaffee

## Variation

Sind keine Hüpfbälle vorhanden, so kann der Sprecher stattdessen auch Kniebeugen machen.

## Material

Hüpfbälle, Wortkarten mit Adjektiven, Wortkarten mit Nomen

Ziel: Einüben der Endungen eines Adjektivs nach einem unbestimmten Artikel

# Sprachspiele zur Grammatik

# Listenspiel

Die Spieler werden in Zweierteams aufgeteilt. Jedes Team erhält einen Stapel Karten mit Nomen aus den Bereichen Kleidung, Lebensmittel und Alltagsgegenstände. Den Spielern wird die einzuübende Satzstruktur vorgestellt, z. B.:

- „Ich möchte ... kaufen."
- „Haben Sie ...?"
- „Was kostet ...?"

Anhand der Kärtchen sollen nun im Dialog die Strukturen trainiert werden. Je nach Lernstand kann die Struktur auch komplexer ausgeführt werden, z. B.: „Ich habe ... verloren. Hast du ... gesehen?"

## Material

Nomenkarten zu den Themenbereichen Kleidung, Lebensmittel, Alltagsgegenstände

Ziel: Satzbildung üben

# Satzpuzzle

Die Spieler werden in Zweierteams aufgeteilt. Jedes Team erhält drei Stapel mit Karten, die nach Wortarten sortiert werden: Nomen, Verben, Adjektive. Ein Spieler darf innerhalb einer Minute von jedem Kartenstapel eine Karte ziehen und versucht, damit einen Satz zu bilden. Die Sanduhr dient als Zeitwächter. Ist die Zeit abgelaufen, hilft der andere Spieler und eine neue Runde beginnt.

## Material

für jedes Zweierteam: ausreichende Anzahl an Wortkarten zu den Wortarten Nomen/Verb/Adjektiv, Sanduhr

Ziel: Satzbildung üben

## Von der Kita in die Grundschule: den Übergang gemeinsam gestalten

Ursula Günster-Schöning
Box, 45 Karten, DIN A5, inkl. methodischer Hinweise und Download

EAN 426069492 109 8
**€ (D) 22,00*** | € (A) 22,70 | sFr. 26,40

Den Schulanfängern eine Brücke bauen: Die handlichen Impulskarten liefern frische Ideen und Materialien zum Download für die Phase des Übergangs. Darüber hinaus bieten sie praxiserprobte Konzepte für übergreifende Projekte, von der Turnhallenolympiade bis zur digitalen Pinnwand. So können Kitas und Schulen die aufregende Zeit gemeinsam gestalten. Inklusive Begleitheft mit Hintergrundwissen.

## Entwicklungsverzögerungen erkennen und richtig damit umgehen

Maria Zens
Box, 44 Karten, DIN A5, inkl. methodischer Hinweise und Download

EAN 426069492 112 8
**€ (D) 22,00*** | € (A) 22,70 | sFr. 26,40

Ausführliche Informationen über Entwicklungsverzögerungen und Verhaltensauffälligkeiten bei Kindern, korrekte Beobachtungsmethoden und mögliche Fördermaßnahmen auf einen Blick: Die praktischen Bildkarten umfassen alle Schritte von den ersten Vermutungen bis hin zu Hilfestellungen bei erfolgter Diagnostik, um Kita-Kinder mit Entwicklungsrückstand oder sozial-emotionalen Störungen bestmöglich zu begleiten!

# Rollenspiel zum Thema „Kleidung kaufen“

Die Spieler werden in Zweierteams eingeteilt. Jedes Team erhält einen Stapel mit Bildkarten zum Thema Kleidung. Zu Beginn werden die Dialogbeispiele nacheinander unter Beachtung der zu trainierenden Satzstrukturen eingeübt, z. B.:

- „Hast du ...?“
- „Gefällt dir ...?“
- „Wie viel kostet ...?“
- „Steht mir der/die/das ...?“

Anschließend sollen in Zweierteams zu den Bildkarten ähnliche Dialoge durchgeführt werden.

## Material

Bildkarten zum Thema Kleidung, unterschiedliche Dialogabläufe auf Folie/Karteikarten

Ziel: Satzstrukturen anhand von Dialogen üben

# Sprechspiel zur Bildung von Vergleichen

Es werden farblich unterschiedliche Karten vorbereitet mit Teilsätzen mit „je ...“ und „desto ...“. An jedes Zweierteam werden die Karten mit der Schrift nach oben verteilt. Die Spieler wählen von jeder Farbe eine Karte und bilden damit einen Satz mit „je ..., desto ...“.

## Beispiele

- Je wärmer es wird, desto luftiger ist die Kleidung.
- Je länger ich lese, desto mehr verstehe ich.
- Je schneller ich laufe, desto früher bin ich am Ziel.

## Material

farblich unterschiedliche Karten mit Teilsätzen mit „je ...“ und „desto ...“

Ziel: Vergleiche mit „je ..., desto ...“ üben, Teilsätze inhaltlich richtig zuordnen

# Meine Wochenplanung

Jedes Zweierteam bekommt einen leeren Wochenplan (Mo–So/7–22 Uhr) und einen Stapel Kärtchen mit Freizeitbeschäftigungen und Uhrzeiten. Diese Karten werden von einem Spieler auf dem leeren Wochenplan verteilt. Der andere Spieler muss nun den individuellen Wochenplan vorstellen und versprachlichen.

## Beispiele

- Am Montag bin ich von 19 Uhr bis 22 Uhr auf einer Party.
- Am Dienstag gehe ich um 7 Uhr zur Schule.

## Material

für jedes Team: Tabelle mit Wochentagen, Kärtchen mit Freizeitbeschäftigungen und Uhrzeiten

Ziel: Trainieren von Satzstrukturen zum Bereich Wochentag/Uhrzeit/Tätigkeit

# Domino zur Personalform

Die Spieler erhalten pro Zweierteam einen Satz Dominokarten mit je einer Verb-Nomen-Kombination und einem Personalpronomen. Die Kärtchen müssen entsprechend aneinandergelegt und versprachlicht werden.

**Beispiel**

kaufe Brot/du → holst Blumen/er → backt Kuchen/ wir → singen ein Lied/ich

**Material**

Vorlagen für Dominokarten (je Karte eine Verb-Nomen-Kombination und ein Personalpronomen)

Ziel: Konjugation der Verben trainieren

# Begriffe erraten

Zwei Spieler gehen vor die Tür und wählen aus dem Bildmaterial ein Bild aus. Sie betreten wieder den Raum und teilen den anderen Spielern den Bereich mit, aus dem der Begriff stammt, z. B.: „Unser Gegenstand gehört zu den Lebensmitteln."
Alle stellen jetzt Fragen, um den ausgewählten Gegenstand zu erraten. Es dürfen auch kleine Hinweise gegeben werden, wenn das Ratespiel ins Stocken gerät.

## Material

Bildkarten zu verschiedenen Alltagsgegenständen (z. B. zu den Bereichen Kleidung, Lebensmittel, Möbel)

Ziel: Fragen bilden

# Vergangenheit mit „haben“ oder „sein“

Jedem Spieler werden die beiden Karten mit „haben“ und „sein“ ausgeteilt. Die Spielleitung zeigt nun ein Verb und ein Personalpronomen von den Kartenstapeln. Die Spieler entscheiden dann, ob sie die „haben“- oder „sein“-Karte brauchen, um die Vergangenheit zu bilden, und halten die entsprechende Karte hoch. Danach wählt die Spielleitung einen Sprecher aus, der das gezeigte Verb in der jeweiligen Person in die Vergangenheitsform mit „haben/sein“ setzt. Bei richtiger Antwort darf dieser eine neue Aufgabe stellen.

## Beispiele

- laufen/er: er ist gelaufen
- singen/wir: wir haben gesungen
- lesen/du: du hast gelesen

### Material

Verbkarten, Karten mit Personalpronomen, jeweils eine Karte mit „haben“ und mit „sein“ für jeden Spieler

Ziel: Einüben der Vergangenheitsbildung mit „haben/sein“

# Wo oder wohin?

Die Spieler sitzen im Stuhlkreis und haben je einen Satzstreifen in der Hand. In der Mitte liegen zwei Kreisvorlagen mit der Beschriftung „wo?“ und „wohin?“. Ein Spieler steht in der Mitte. Aus dem Stuhlkreis zeigt nun ein Spieler einen Satz mit der unterstrichenen Angabe, z. B.: Beim Bäcker kaufe ich Brot.
Der in der Mitte stehende Spieler muss entscheiden, auf welchen Kreis er sich stellen muss und stellt dazu die passende Frage: „Wo kaufe ich Brot?“
Anschließend darf derjenige, der den Satz vorgestellt hat, in die Mitte wechseln.

## Material

zwei farblich verschiedene und unterschiedlich beschriftete Kreise mit „wo“ und „wohin“, Satzstreifen mit einem unterstrichenen Satzteil im Dativ oder Akkusativ (für jeden Spieler einen)

Ziel: Erfragen des Dativs und Akkusativs mittels der Fragewörter „wo“ und „wohin“

# Rätselhafte Begriffe

Aus den Bildkarten wird ein Themenfeld (z. B. Obst) ausgewählt. Die Spieler erhalten je ein Bildkärtchen mit einer Obstsorte. In kurzen Sätzen gibt der erste Spieler Umschreibungen zu dem jeweiligen Obstbegriff.

## Beispiel

- Mein Obst ist süß.
- Es hat eine krumme Form.
- Die Farbe ist gelb.

Wer das Obst errät, darf anschließend seine Obstsorte vorstellen.

## Material

Bildkärtchen mit Begriffen zu einem Themenfeld (z. B. Obstsorten)

Ziel: Begriffe erklären, Sätze bilden

# Sprachspiele für den Wortschatz

# Kofferpacken

Je nach Wortschatzbereich (Kleidung, Lebensmittel, Möbel ...) wird ein „Koffer gepackt". Der erste Spieler beginnt mit:
„Ich packe in meinen Koffer nur Kleidung und nehme eine Bluse mit."
Der Nachbar wiederholt immer die bereits genannten Begriffe und fügt einen neuen hinzu. Wer nicht mehr weiter weiß, scheidet aus.

Ziel: Wortschatztraining zu einzelnen Alltagsbereichen

# Pfänderspiel

Alle Spieler sitzen im Kreis. Die Spielleitung formuliert einen einfachen bis schwierigen Satz (je nach Lernstand), z. B.:
„Am Morgen steige ich in den Bus und fahre zur Schule."
Die Spielleitung ruft jetzt einen Spieler auf, der den Satz deutlich nachsprechen muss, und gibt diesem das „Pfand". Sobald sich der Spieler verspricht, gibt er das Pfand an die Spielleitung zurück. Bei richtiger Aussprache gibt er das Pfand einem anderen Spieler.
Je nach Lernstand kann der Satz immer komplexer formuliert werden, z. B.:
„Ich gehe heute ins Kino, weil wir keine Hausaufgaben bekommen haben."

## Material

„Pfand"-Gegenstand

Ziel: Ausspracheschulung

# Silbenrufspiel

Die Spielleitung überlegt sich fünfsilbige Wörter (z. B. Ba-na-nen-scha-le) und verteilt die einzelnen Silbenkarten an die Spieler. Diese zeigen ihre Silben und die Mitspieler müssen versuchen, diese zu einem Wort zusammenzusetzen.

**Material**

fünfsilbige Wörter auf Karten in einzelne Silben zerlegt

Ziel: Vokabeltraining, Ausspracheschulung

# Wörterquiz

Jeder Spieler macht sich eine Tabelle mit vorher festgelegten Oberbegriffen (je nach Lernstand), z. B. Tier, Stadt, Lebensmittel, Möbel, Beruf. Anschließend wird ein Buchstabe ermittelt. Dieser ist der Anfangsbuchstabe für die Unterbegriffe und jeder Spieler beginnt, seine Tabelle auszufüllen. Nach einer festgelegten Zeit werden die Spieler aufgefordert, mit dem Schreiben aufzuhören, und die erzielten Punkte werden ermittelt.

**Beispiel**

Buchstabe B: Bär, Berlin, Banane, Bett, Bäcker

Ziel: Wortschatztraining nach dem Prinzip „Stadt, Land, Fluss“

# Ich meine dich!

Die Spieler sitzen im Kreis. Ein Spieler steht mit einem langen Stock in der Mitte, ruft den Namen eines Mitspielers und lässt den Stock los. Der Spieler mit dem genannten Namen muss sofort reagieren und den Stock auffangen. Wenn das misslingt, muss dieser Spieler in die Mitte.

**Material**

langer Stock

Ziel: Kennenlernen der Namen der anderen Spieler

# Alle an Bord?

In der Zimmermitte liegen auf einem Stapel Verbkarten und auf einem anderen Stapel Vorsilbenkarten. Im Uhrzeigersinn dürfen die Spieler jeweils eine Verbkarte und eine Vorsilbenkarte ziehen. Wenn beide zusammen ein Wort ergeben, sprechen sie es laut vor und legen die Karten unter die Stapel. Bevor eine neue Runde beginnt, werden die Karten neu gemischt.

## Beispiele

- singen: vorsingen, nachsingen
- schreiben: vorschreiben, aufschreiben, nachschreiben, abschreiben

## Material

Wortkarten mit Verben und Karten mit Vorsilben

Ziel: Zuordnen von Vorsilben zu Verben

# Kettenreaktion

Die Spieler werden in Kleingruppen aufgeteilt. Jede Gruppe startet mit einem zusammengesetzten Nomen, z.B. Schultasche. Im Uhrzeigersinn soll jeder Spieler ein neues zusammengesetztes Nomen bilden, das mit dem jeweils zweiten Teil des vorherigen Wortes beginnt, z.B. Taschenuhr, Uhrzeit, Zeitplan. Die Gruppen schreiben ihre jeweiligen Wörter auf. So kann beliebig weiter verfahren werden, je nachdem wie viele Zusammensetzungen möglich sind. Am Ende lesen die Gruppen ihre Wortketten vor.

Ziel: Bilden zusammengesetzter Nomen zur Wortschatzerweiterung

# Finde deinen Partner

Alle Spieler sitzen im Stuhlkreis und jeder erhält eine Karte aus dem Themenbereich Gegensätze. Auf ein Zeichen fangen die Spieler an, sich im Raum zu bewegen. Die Aufgabe besteht darin, zu den einzelnen Karten jeweils den Spieler mit dem gegensätzlichen Teil zu finden.

## Beispiele

- Freund – Feind
- Wut – Freude
- traurig – fröhlich

## Material

Wortkarten (Nomen oder Adjektive) aus dem Themenbereich Gegensätze

Ziel: Finden gegensätzlicher Wörter

## Wörter sammeln

Ein Buchstabe des Alphabets wird spielerisch ermittelt, z. B. indem ein Spieler im Kopf das Alphabet aufsagt und ein anderer an beliebiger Stelle „Stopp“ ruft. Mit diesem Anfangsbuchstaben werden dann Wörter gesammelt. Je nach Lernstand können beliebig viele Wörter gebildet werden.

### Beispiel

Buchstabe H: Haustür, Hamster, Himmel ...

### Variation

Es treten zwei Gruppen gegeneinander an mit dem gleichen Anfangsbuchstaben. Welche Gruppe findet die meisten Wörter?

Ziel: Wortschatztraining

# Wortverwandtschaft

Die Spieler werden in Gruppen aufgeteilt. Einer der Spieler zieht einen Oberbegriff, legt diesen auf den Tisch und die anderen Mitspieler suchen möglichst viele passende Wörter dazu, die sie reihum auf ein Blatt Papier schreiben.

## Beispiel

- Verkehr: Straße, Autos, Ampel, hupen, Polizei
- Getränke: Wasser, Saft, Tee, Kaffee, Limonade
- Küche: Tisch, Stühle, Herd, Besteck, Töpfe

## Material

Wortkarten zu verschiedenen Oberbegriffen

Ziel: Wortschatzerweiterung

# Brettspiele zu Wortschatz und Grammatik

# Wo ist ...?

Die Spieler werden in Gruppen eingeteilt. Jede Gruppe erhält ein Spielbrett, das in 3 x 5 Felder eingeteilt ist. Auf die Felder des Spielbretts werden Nomenkarten mit Alltagsgegenständen gelegt oder mit Klebepunkten befestigt. Zudem erhält jede Gruppe einen Stapel mit Karten zu Möbelstücken. Der Spieler, der an der Reihe ist, würfelt, zieht mit seiner Figur auf dem Spielbrett vorwärts und nimmt eine Karte vom Stapel. Mit dem Alltagsgegenstand und dem Möbelstück soll ein passender Satz gebildet werden, indem der Spieler eine passende Präposition auswählt.

## Beispiele

- Der Stuhl steht vor dem Tisch.
- Die Tasse ist im Regal.
- Die Schuhe stehen im Schrank.

Material

für jede Gruppe: Spielbrett, Nomenkarten zu Alltagsgegenständen, Nomenkarten zu Möbelstücken, Spielfiguren, Würfel, evtl. Klebepunkte

Ziel: Satzbildung mit Präpositionen üben

# Kannst du richtig reagieren?

Die Spieler werden in Kleingruppen eingeteilt. Jede Gruppe bekommt ein Spielbrett mit 30 nummerierten roten und blauen Feldern und farblich dazu passende Aufgabenkarten. Die roten Karten enthalten sprachliche Aufgaben (Deine Freundin hat eine schicke Jacke an. Du möchtest gerne den Preis wissen), die blauen Bewegungsaufgaben (Laufe einmal um den Tisch herum!). Der erste Spieler würfelt. Kommt dieser auf ein rotes Feld, befolgt er die sprachliche Anweisung, kommt der Spieler auf ein blaues Feld, befolgt er die Bewegungsaufgabe. Bei falschen Ausführungen muss der Spieler zurück auf Start.

## Material

für jede Gruppe: Spielbrett mit 30 Feldern (zur Hälfte rot und zur anderen Hälfte blau), farblich unterschiedliche Anweisungskarten von 1-30 (rot: sprachliche Anweisung, blau: Bewegungsaufgabe), Spielfiguren, Würfel

# Brettspiel zum Themenbereich „Schule“

Die Spieler werden in Kleingruppen eingeteilt. Jede Gruppe bekommt ein Spielbrett mit 15 Feldern und eine nummerierte Liste mit Fragen zum Thema „Schule“. Je nach Augenzahl des Würfels ziehen die Spieler vorwärts und beantworten die jeweilige Frage. Damit möglichst viele Felder sprachlich bearbeitet werden, können mehrere Runden gespielt werden.

## Beispiele

- Nenne fünf Schulsachen.
- Was machst du in Mathematik?
- Wie heißt dein Hausmeister?

## Material

für jede Gruppe: Spielbrett mit 15 Feldern, Liste mit Fragen zum Thema „Schule“

Ziel: Wortschatztraining zum Thema „Schule“

# Brettspiel zu Schulräumen und Schulpersonal

Das eigene Schulhaus wird als Vorlage mit den einzelnen Stockwerken oder als Gebäude mit Zimmerangaben erstellt. Räume und Personen werden als Piktogramme, Bilder oder Wörter aufgeklebt. Zusätzlich werden Räume und Personen in Kleinkartenform vorbereitet. Die Spieler ziehen abwechselnd eine Karte, legen ihren Muggelstein auf den Lageplan und sprechen darüber.

**Beispiele**

- Das ist die Turnhalle.
- Hier kann ich singen.
- Unser Hausmeister heißt Herr Mustermann.

**Material**

Lageplan des eigenen Schulhauses, Piktogramme, Bilder oder Wortkarten in zweifacher Ausfertigung, Muggelsteine

Ziel: Wortschatzvertiefung zum Themenbereich „Schule“, Satzbildung üben

# Mein Tagesablauf

Das Spielbrett wird in vier Spalten und sechs Zeilen eingeteilt, wodurch sich 24 Felder ergeben. Die Spalten werden dann mit „Tageszeit“, „Tätigkeit“, „Person“ und „Ort“ überschrieben. In die einzelnen Felder werden verschiedene Angaben eingetragen. Die Felder in jeder Spalte haben eine Nummer von eins bis sechs. Der erste Spieler würfelt zu jeder Spalte und legt seine Muggelsteine in die zur Augenzahl passenden Zeile. Mit den erwürfelten vier Feldern muss der Spieler dann einen Satz bilden.

### Beispiele

- Am Morgen/geht/Herr Huber/ins Büro.
- Um 13 Uhr/isst/Ismael/auf dem Balkon/zu Mittag.
- Um 17 Uhr/spielt/Laura/im Wohnzimmer/mit ihren Freunden.

## Material

mehrfach unterteiltes Spielbrett, Würfel, vier Muggelsteine

Ziel: Satzbildung üben

# Brettspiel zu den Personalformen

Die Spieler werden in Zweierteams eingeteilt. Jedes Team bekommt ein Spielbrett mit 15 Feldern, auf dem Wortkarten zu Verben angeordnet sind. Der erste Spieler würfelt mit dem kleinen Würfel und setzt seine Spielfigur auf das nummerierte Feld. Der große Würfel zeigt das Personalpronomen an. Das Verb soll in die entsprechende Person gesetzt werden.

## Beispiel

- Karte zeigt „schwimmen“, Würfel zeigt „er“: er schwimmt
- Karte zeigt „laufen“, Würfel zeigt „wir“: wir laufen

## Material

für jedes Team: ein nummeriertes Spielbrett mit 15 Feldern, Wortkarten zu Verben, mit Personalpronomen beklebter großer Würfel, kleiner Würfel, Spielfiguren

# Meinen wir beide dasselbe?

Die Spieler bilden Zweierteams. Ein Spieler erhält ein Spielbrett, auf dem 15 Bildkarten verteilt werden, und fünf Muggelsteine. Der andere Spieler erhält die passenden Wortkarten. In Runde 1 nennt der Spieler, der das Spielbrett mit den Bildkarten vor sich hat, fünf Bildbegriffe mit den passenden Artikeln und legt die Muggelsteine darauf, während der andere Spieler aus seinen Karten die entsprechenden Wortkarten sucht. Zur Kontrollle vergleichen beide die Ergebnisse. In Runde 2 tauschen die Spieler ihre Aufgaben.

## Material

für jedes Zweierteam: ein Spielbrett, je 15 Wortkarten und dazu passende Bildkarten, Muggelsteine

Ziel: Wortschatzarbeit mit Artikelgebrauch

# Veränderte Adjektive

Die Spieler arbeiten in Zweierteams und bekommen pro Team ein Spielbrett, das von 1–15 nummeriert ist. Auf jedem Feld liegt ein Wortkärtchen mit einem Adjektiv. Die Spieler ziehen je nach Augenzahl des Würfels vorwärts und nennen jeweils die Steigerungsstufen des jeweiligen Adjektivs.

## Beispiel

- Grundform: schön
- Komparativ (1. Steigerungsstufe): schöner
- Superlativ (2. Steigerungsstufe): am schönsten

## Material

für jedes Team: nummeriertes Spielbrett (von 1–15), Wortkarten mit Adjektiven, Würfel, Spielfiguren

Ziel: Steigerungsstufen von Adjektiven üben

# Wie fühlst du dich?

Das Spiel kann in Partner- oder in Gruppenarbeit gespielt werden. Jede Gruppe erhält einen Kreis aus Pappe oder Papier, der in sechs Segmente eingeteilt ist. Auf jedem Segment steht ein Satzanfang, der von den Teilnehmern vervollständigt werden soll, z. B.:

- Ich habe Angst vor ...
- Ich mag ... gerne.
- Ich finde ... gut.
- Ich freue mich auf ...

Das Gefühlerad wird im Kreis herumgegeben und jeder Spieler bearbeitet die Segmente, zu denen er etwas sagen möchte.

## Material

für jede Gruppe: Kreis aus Pappe oder Papier mit Satzanfängen zu Gefühlen

Ziel: Wortschatztraining zum Bereich „Gefühle“

# Was tun die Leute dort?

Die Spieler werden in Kleingruppen aufgeteilt und jede Gruppe erhält ein Spielbrett mit 15 Feldern. Auf dem Spielbrett werden Wortkarten zu verschiedenen Orten des Alltags verteilt, z. B. Post, Schwimmbad, Wohnzimmer, Schule, Küche. Auf einem Blatt Papier stehen die beiden Arbeitsaufträge. In Runde 1 müssen die Spieler die Frage „Was tun die Leute dort?“ zu ihrem jeweils gewürfelten Spielfeld beantworten.

**Beispiele**

- Im Wohnzimmer sehen die Leute fern.
- In der Küche kocht die Mutter.
- In der Schule lernen die Kinder.

In Runde 2 müssen sich die Spieler Fragen zu den Orten auf den gewürfelten Spielfeldern überlegen.

**Beispiele**

- Schläfst du im Wohnzimmer?
- Kannst du hier einen Brief aufgeben?
- Kannst du hier fernsehen?

## Material

Spielbrett mit 15 Feldern, Wortkarten zu Orten des Alltags, Spielfiguren, Würfel, Arbeitsaufträge auf einem Blatt Papier

Ziel: Wortschatzarbeit zu Orten und Tätigkeiten des Alltags, Satzbildung üben

# Kartenspiele zu Wortschatz und Grammatik

# Memo-Spiel zu Eigenschaften

Die Spieler spielen paarweise. Die Wortkarten mit den gegensätzlichen Adjektiven werden verdeckt ausgelegt und die Spieler müssen jeweils gegensätzliche Adjektive finden, z. B. süß/sauer. Wer ein Paar hat, legt es aus und formuliert zu jedem Adjektiv einen Satz, z. B.: „Die Zitrone ist sauer. Die Schokolade ist süß.“ Falsch aufgedeckte Karten werden wieder umgedreht und der nächste Spieler macht weiter. Sieger ist, wer die meisten Wortpaare gesammelt hat.

### Material

Wortkärtchen mit gegensätzlichen Adjektiven

Ziel: Wortschatzerweiterung

# Vertiefen der Vergleichsformen von Adjektiven

Das Spiel ist eine Mischung aus Quartett und „Schwarzer Peter“. Die Spieler werden in Kleingruppen aufgeteilt (mindestens drei Spieler pro Gruppe). Die vorbereiteten Spielkarten werden ausgeteilt. Immer vier Karten gehören zu einem Quartett. Die fehlenden Karten können auf jeder Spielkarte nachgelesen werden. Zudem gibt es eine „Schwarzer Peter“-Karte. Jeweils vom rechten Spieler wird eine Karte gezogen. Wer ein Quartett zusammen hat, liest die Sätze darauf vor und darf diese vier Karten dann auslegen. Verlierer ist derjenige, der am Ende den „Schwarzen Peter“ hat.

## Beispiel für Quartett

Der Pullover ist weicher als die Bluse./Die Decke ist weicher als das Tuch./Der Teppich ist weicher als der Fußabstreifer./Das Handtuch ist weicher als der Waschlappen.

## Material

für jede Gruppe: 32 Spielkarten mit entsprechendem Satzmuster, eine schwarze Spielkarte

Ziel: Einüben der Vergleichsformen mit „als“

# Kartenspiel zu wollen, sollen, dürfen, müssen, können, mögen

Immer zwei Spieler arbeiten zusammen und bekommen einen Stapel mit beliebig vielen Karten zu verschiedenen Orten, z. B. Parkplatz, Supermarkt, Post, Schule. Ein Spieler nimmt verdeckt eine Karte und umschreibt diese mit der Verwendung der Modalverben (müssen, können, dürfen, sollen ...) und zwar so lange, bis der andere Spieler herausfindet, um welchen Ort es sich handelt, z. B.:

- Hier kannst du Obst kaufen. = Supermarkt
- Hier kannst du einen Brief aufgeben. = Post
- Hier darfst du nicht rauchen. = Schule

Ist der Ort erraten, zieht der Partner eine neue Karte und beginnt, den Ort zu umschreiben.

### Material

für jede Gruppe: Karten zu verschiedenen Orten

Ziel: Unterscheiden der einzelnen Modalverben und deren Gebrauch

# Quartettspiel zu Satzbildung und Artikelgebrauch

Die Spieler werden in Kleingruppen aufgeteilt (mindestens drei Spieler) und erhalten die vorbereiteten Quartettkarten. Diese bestehen aus acht Sets mit jeweils vier gleichen Bildern, die mit unterschiedlichen Farbpunkten versehen werden. Zu den einzelnen Farbpunkten gehören unterschiedliche Satzstrukturen, die als Anweisung in der Mitte liegen. Ein Spieler beginnt und bittet einen beliebigen anderen Spieler um eine fehlende Karte. Dazu benutzt er die jeweilige Satzstruktur. Wenn der befragte Spieler die gesuchte Karte hat, muss er sie dem fragenden Spieler geben. Andernfalls darf er selbst einen anderen Spieler nach einer Karte fragen. Wer alle vier Farben als Quartett zusammen hat, bildet nochmal die passenden Sätze und darf die Karten auslegen. Wer zuerst keine Karten mehr hat, hat gewonnen.

## Beispiel (Abbildung einer Birne)

Rot → Fragesatz mit einem bestimmten Artikel: Hast du die reife Birne?
Grün → Fragesatz mit einem unbestimmten Artikel: Hast du eine reife Birne?
Blau → Aussagesatz mit einem unbestimmten Artikel: Ich möchte eine reife Birne.
Gelb → Befehlssatz mit einem bestimmten Artikel: Gib mir bitte die reife Birne!

## Material

8 x 4 Bildkarten mit verschiedenen Farbpunkten (rot, grün, blau, gelb), Blatt mit Anweisungen zu Satzstrukturen

Ziel: Satzbildung und Artikelgebrauch üben

# Sage ich „nicht“ oder „kein“?

Jede Gruppe besteht aus drei bis vier Spielern und erhält einen Stapel Karten mit Nomen-Verb-Kominationen, die verdeckt auf dem Tisch ausgelegt werden. Der erste Spieler zieht eine Karte und bildet damit einen Aussagesatz, z. B.: Sonne – scheinen: „Heute scheint die Sonne.“/Brot – holen: „Ich hole Brot.“
Jetzt muss der Spieler diesen Satz verneinen: „Heute scheint die Sonne nicht.“/“Ich hole kein Brot.“ Bei einer richtigen Antwort darf der Spieler die Karte behalten. Wer am Ende die meisten Karten hat, gewinnt.

## Material

für jede Gruppe: Karten mit Nomen-Verb-Kombinationen

Ziel: Einüben der Verneinung mit „nicht“ und „kein“

# Kartenspiel zu Wortfeldern

Die Spieler werden in Gruppen zu vier Spielern aufgeteilt. Jede Gruppe hat eine Spielleitung, die jeweils die Oberbegriffe zu Alltagsthemen erhält. Zu allen Oberbegriffen gibt es vier Wortkarten, die gemischt und an die anderen Spieler ausgeteilt werden. Sobald die Spielleitung einen Oberbegriff auslegt, ordnen die Mitspieler die passenden Begriffe dazu. Wer zuerst alle Karten ausgelegt hat, hat gewonnen.

**Beispiel**

- Oberbegriff: Kleidung; Begriffe: Hose, Socken, Rock, Pullover
- Oberbegriff: Haus; Begriffe: Dach, Tür, Zimmer, Fenster

**Material**

für jede Gruppe: beliebig viele Oberbegriffe zu Alltagsthemen mit jeweils vier inhaltlich passenden Begriffen

Ziel: Wortschatzerweiterung zu Alltagsbereichen

# Quartettspiel zum Themenbereich „In der Stadt“

Die Spieler werden in Kleingruppen (mindestens drei Spieler) eingeteilt. Es werden Quartettkarten vorbereitet zu einem bestimmten Thema (z. B. „In der Stadt“). Zu verschiedenen Oberbegriffen werden jeweils vier Karten mit passenden Unterbegriffen beschrieben. Die weiteren Unterbegriffe stehen klein auf den Karten, damit die Spieler wissen, welche weiteren Begriffe zum jeweiligen Quartett gehören. Die Spieler müssen jeweils die fehlenden Karten erfragen mit: Hast du bitte die/das/den ...? Wer alle vier Karten als Quartett zusammen hat, darf die Karten auslegen. Wer zuerst keine Karten mehr hat, hat gewonnen.

**Beispiel**

Oberbegriff: Gebäude; Unterbegriffe: Krankenhaus, Schule, Polizei, Bücherei

## Material

Quartettkarten zu unterschiedlichen Oberbegriffen zum Themenbereich „In der Stadt“

Ziel: Wortschatzerweiterung zum Themenbereich „In der Stadt“

# Quartettspiel zum Bereich „Einkaufen“

Es wird ein Quartettspiel vorbereitet mit Bildkarten von acht verschiedenen Einkaufsgegenständen. Ein Quartett besteht aus vier Karten eines Einkaufsgegenstandes (z. B. Zitrone) und vier unterschiedlichen Farbpunkten. Zu den Farbpunkten gehören unterschiedliche Fragen, die als Arbeitsanweisung in die Mitte gelegt werden. Es müssen immer alle vier Farbpunkte zu einer Abbildung als Quartett zusammengetragen werden. Ein Spieler beginnt und bittet einen beliebigen anderen Spieler um eine fehlende Karte. Dazu benutzt er die jeweilige Satzstruktur. Wenn der befragte Spieler die gesuchte Karte hat, muss er sie dem fragenden Spieler geben. Andernfalls darf er selbst einen anderen Spieler nach einer Karte fragen. Wer alle vier Karten zu einer Abbildung hat, formuliert nochmals die Fragen und darf das Quartett auslegen. Wer zuerst keine Karten mehr hat, gewinnt.

## Beispiele für Fragen

- Rot → Gibt es bei Ihnen ...?
- Blau → Können Sie mir bitte ... geben?
- Grün → Haben Sie ...?
- Gelb → Wo finde ich ...?

## Material

jeweils vier Bildkarten mit einem Einkaufsgegenstand und unterschiedlichen Farbpunkten, Arbeitsanweisung mit Fragen

Ziel: Einüben von Fragestrukturen

# Kennst du dich mit der Vergangenheit aus?

Die Spieler werden in Zweierteams aufgeteilt und erhalten einen Stapel Karten mit Nomen-Verb-Kombinationen. In der Mitte liegen Karten mit „ja“ und „nein“. Der erste Spieler zieht eine Nomen-Verb-Kombination und zeigt sie dem anderen Spieler. Dieser bildet damit einen Fragesatz im Präsens. Anschließend wählt er, ob der erste Spieler mit „ja“ oder „nein“ antworten soll. Der erste Spieler formuliert die gewünschte Antwort im Präsens. In Runde 2 müssen beide Spieler die Sätze in die Vergangenheit (Perfekt) setzen. Für den nächsten Durchgang werden die Rollen getauscht.

**Beispiele**

- Karten: Wörter – lernen, ja
  Frage: Lernst du die Wörter?/Antwort: Ja, ich lerne die Wörter.
  Frage: Hast du gestern die Wörter gelernt?/
  Antwort: Ja, ich habe gestern die Wörter gelernt.

- Karten: Kaffee – kochen, nein
  Frage: Kocht deine Mutter Kaffee?/Antwort: Nein, meine Mutter kocht keinen Kaffee.
  Frage: Hat deine Mutter gestern Kaffee gekocht?/ Antwort: Nein, meine Mutter hat gestern keinen Kaffee gekocht.

### Material

für jedes Team: beliebig viele Karten mit Nomen-Verb-Kombinationen, Karten mit „ja“ und „nein“

Ziel: Einüben der Vergangenheitsbildung (Perfekt)

# „Patsch-Patsch“

Die Spieler sitzen im Kreis um einen Tisch. Jeder bekommt eine in Druckbuchstaben ausgefertigte Wortkarte verdeckt vor sich auf den Tisch gelegt. Auf dem Tisch liegen ungeordnet diese Wörter in verschiedenen Ausführungen und Schriftbildern. Mithilfe eines Weichgummiballs wird ein Spieler ausgewählt. Dieser darf jetzt seine Karte umdrehen und hat zehn Sekunden Zeit, sein passendes Wort mittels der Fliegenklatsche zu finden. Dabei ruft er „Patsch-Patsch“. Wer es geschafft hat, gibt den Weichgummiball weiter.

## Material

für jeden Spieler eine in Druckbuchstaben deutlich geschriebene Wortkarte und diese zusätzlich in verschiedenen Ausführungen und Schriftbildern, Fliegenklatsche, Weichgummiball

Ziel: Wörter schnell erkennen

# Don Bosco MiniSpielothek
# Klein, fein, alles drin

ISBN 978-3-7698-2545-9

ISBN 978-3-7698-2546-6

ISBN 978-3-7698-2539-8

ISBN 978-3-7698-2540-4

ISBN 978-3-7698-2520-6

ISBN 978-3-7698-2521-3

ISBN 978-3-7698-2509-1

ISBN 978-3-7698-2510-7

ISBN 978-3-7698-2503-9

ISBN 978-3-7698-2498-8

ISBN 978-3-7698-2497-1

ISBN 978-3-7698-2466-7

ISBN 978-3-7698-2465-0

ISBN 978-3-7698-2449-0

ISBN 978-3-7698-2450-6

ISBN 978-3-7698-2397-4

ISBN 978-3-7698-2398-1

ISBN 978-3-7698-2291-5